독 일 교 육,

성숙한 시민을 기르다

현지에서 바라본 독일 공교육의 가치와 이상

독일 교육,
성숙한 시민을 기르다

박경란 지음

교육은 인간의 마음에 불을 지피는 것

폭풍처럼 여름이 지나갔다. 내 책상 달력의 날짜 아래는 글자들로 빼곡했다. 청소년 당당 프로젝트 연극 모임이 있고, 두 건의 자서전 대필작업을 마무리해야 했다. 체코 인근에서 일주일간 열린 헤른후트 공동체의 세미나도 성황리에 끝났다. 상담심리학 대학원 수업도 빡빡했지만 기분 좋은 스트레스였다. 올여름은 피곤함도 최고, 행복감도 최고였다. 그런 와중에서 틈틈이 이 책을 정리하며 수정해갔다. 독일에서 딸 1호와 2호를 길러낸, 제도권 교육에 대한 나의 철학이 담긴 책이다. 그래서 어느 책보다 애착이 갔다. 입가에 피식, 미소가 피어났다. 피곤하지만 행복한 비명소리도 연달아 터져나왔다. 그 비명은 글을 쓸 때마다 내 영혼에서 퍼올려진 펌프질이었다.

이제 두 딸 모두 성인의 문턱을 들어섰다. 딸 1호는 독일 법대생으로, 미국계 로펌에서 아르바이트를 하거나 틈틈이 통역 일을 한다.

가끔 나보다 더 많이 번다. 딸 2호는 올해 김나지움을 졸업하고 역시 언니 따라 법대에 합격했지만 최종적으로 정치학을 선택했다. 아직 과정만 알 뿐 미래의 엔딩은 물음표다.

시인 예이츠는 '교육은, 물통에 물을 채우는 것이 아니라 인간의 마음에 불을 지피는 것이다'고 했다. 그 불을 지피는 역할은 부모가 해야 한다. 아이들이 자신 생의 리듬을 찾아갈 수 있도록 동기를 심어주는 것이다. 이때 필요한 자세는 지속 가능한 인내력이다.

지난 15년의 독일 생활은 약간의 삐걱거림은 존재했지만 '기어이' 해낸 삶이었다. 인생에서 변곡점이 늘 존재하지만, 난 독일에서 첫 발걸음을 떼었을 때라고 말하고 싶다. 비행기가 지상에 '쿵' 하고 닿을 때의 감흥처럼, 독일은 어색하고 떨리는 나라였다. 살짝 열린 독일문 속으로 스르르 들어갔다가 문화충격으로 문을 뛰쳐나오고 싶을 때도 있었다. 그럼에도 난 이곳에서 버티고 이겨내고 살아냈다.

원래 계획은 딸 2호가 김나지움을 졸업하면 고국행 비행기를 타려고 했다. 내 시선은 늘 고국이었다. 하지만 줄줄이 이어진 일들은 발목을 잡았다. 게다가 다 큰 줄 알았던 아이들은 여전히 나에겐 품 안에 자식처럼 울타리 속에 있다. 가족이란 끈끈한 고무줄처럼, 버둥거려도 다시 원위치에 서 있다. 그게 핏줄의 숙명인가 보다. 우리 부부는 그렇게 딸들과 상부상조의 길에서 협력과 보완의 동반자가 되어간다.

독일에서 사는 동안, 잡지사 기자라는 전직 탓에 줄곧 글과 책

속에서 살았다. 나름 밥벌이의 기능으로 닥치는 대로 글을 썼다. 아이들이 어릴 때는 보육칼럼을, 청소년기엔 교육칼럼에 손을 댔다. 봉사단체에서 홍보 협력 일을 수행하며 활자와 살았다. 그런 녹록치 않은 세월속에서 몇 권의 책을 내고 이번에 교육에 관해 또 한 권의 책이 나온다니 더욱 반가울 수밖에 없다. 좌충우돌 살다 보니 낯설었던 독일이 삶의 일부분으로 다가왔다. 보이지 않던 것들이 보이고, 조금씩 호흡을 가다듬을 수 있었다. 뿌리가 이곳이 아니라는 지형적 열등감은, 그러기에 이곳에서 살아남아야 한다는 에너지의 동력이 되었다. 말 그대로 전투적인 삶이었다.

어정쩡한 이방인처럼 고국행 공항 근처를 맴도는 나 자신이 싫을 때가 많았다. 가끔 도플갱어처럼 나와 똑같은 누군가가 있으면 싶었다. 그래서 다른 한 명은 한국에서 살면서 내 원가족과의 친밀감을 지속하고, 이곳에서도 완전한 정착을 꿈꿨다. 하지만 그게 어쩌면 지상에서 불안정한 나그네의 삶을 사는 우리 모습의 원형인지 모른다.

이 책은 독일 제도권 교육 하의 15년의 시간을 소소하게 담았다. 독일 교육과 관련한 사회, 경제, 보건복지 등을 전반적으로 다루었다. 독일의 소소한 정보 속에 도사리는 나의 교육 철학도 양념처럼 넣어두었다. 덤으로, 척박한 게르만 민족의 땅에서 견뎌낸 시간을 엄마의 시각을 담아 객관성의 틀에 넣고자 했다.

지루한 것은 건너뛰고 재미있는 것은 공감하고, 마음 편하게 독일 문화 속으로 들어오면 좋겠다. 무엇보다 교육에 관심 있는 이들과 독일에 대해 앎의 갈증이 있는 분들, 한국 내 이민자들이 읽으면 좋겠다. 또한 다음 세대가 희망이라고 생각하는 이들과 이국 땅을 힘겹게 살아가는 아이들과 함께 읽고 싶다.

딸 1호와 2호에게 이 책을 선물한다.

2022년 12월

독일에서 연강 박경란 지음

차례

Part. 6

독일 먹거리를 즐겨보라

Part. 7

학교 밖 정책을 탐구하라

Part. 8

독일 사회의 흐름을 인지하라

Part. 9

여전히 이민자임을 인식하라

Part. 10

감성에 시선을 돌려라

언제까지 독일 사회가 나를 차별한다고
고개 숙이고 있을 필요가 없다고 말해주고 싶다.
그것은 먼저 나 자신 내면의 근력이 부족해서
나 스스로 박탈감에 사로잡힐 때부터 시작한다.
사는 환경이 변하지 않는다면,
나 자신이 생각을 바꾸어야 한다고 생각한다.

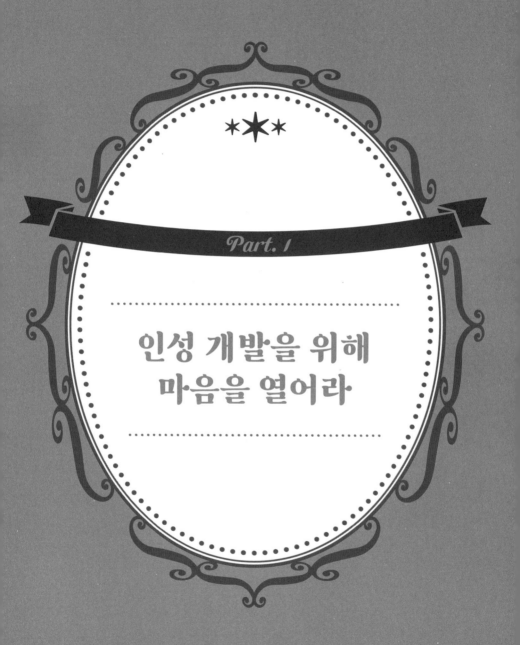

Part. 1

인성 개발을 위해
마음을 열어라

✹ 타인의 시선

나는 역사에 관심이 많다. 책을 읽거나 박물관에 가면, 줄줄이 적힌 내용 속에 담긴 숨겨진 이야기가 궁금해진다. 한 나라의 역사는 맛난 반찬처럼 나의 입맛을 당긴다. 독일의 역사는 유럽사와의 연관 속에서 성장했다. 게르만족은 4세기경에서야 민족 이동을 통해 유럽 역사에 등장했다. 그것은 그리스, 로마 문명 중심의 유럽 질서가 무너진 계기가 된다. 하지만 독일학교의 역사 교육은 주로 근대에 머물러 있다. 그것은 독일의 근대 이전의 역사가 꼭 독일만의 유물은 아니기 때문이다. 로마인들에게 '야만인'이라 불렸던 바바리안 혈통의 독일 역사가 그리 달갑지만은 않은 것이다.

황제 막스밀리안 1세는 신성로마제국의 마지막 기사라 불린다. 그는 독일 르네상스의 시발점이 된 인물이다. 전 생애에 걸쳐 전쟁을 일삼았다. 영토 확장의 계획과정에서 간접적으로 도운 여성들과 여러 번 결혼했다. 정략결혼이라고 하지만 여성편력이 의심스럽다. 그는 죽은 후 오스트리아 인스부르크에 매장되었다. 그의 화려했던 삶에 비해 마지막은 초라했다. 전쟁으로 손에 피를 많이 묻힌 삶 때문인지, 죽기 전 지옥에 가는 것을 두려워했다.

1519년, 대장암 말기였던 그는 생의 마지막 여행지로 오스트리아 린츠를 택했다. 그리고 죽기 전 유언을 남겼다. '자신이 죽으면 시신에 매질을 하고 머리카락과 치아를 뽑으라'고 명령했다. 마지막 회개의 뜻이었다. 그는 자신의 육체를 피폐하게 다루고 재를 뒤집어쓴 후에야 천국으로 들어갈 수 있다고 믿었다. 중세시대의 죄를 씻는 또 하나의 방법이었다. 그에게 지옥은 몸서리치게 가고 싶지 않은 곳이었다. 물론 어떤 인간이 지옥을 원하겠는가? 막스밀리안은 현세와 내세의 삶을 별개로 생각하고 내세에서도 천국을 누리고 싶어 했다.

현실주의적 신학자들은 지옥이든 천국이든 이 땅이 다음 세상의 리허설이라고 말한다. 나 또한 그 생각에 다소 동의한다. 그들이 말한 지옥 리허설은 다름아닌 현세에서 수월하게 경험할 수 있다. 즉, 지옥의 삶을 살려면 바로 타인을 의식하고 부단히 경쟁하면 된다. 자신의 존재에 대한 자존감 없이 타인을 의식하면 그 삶이 바로 지옥이다. 하지만 타인을 의식하지 않기에는 경쟁적 대립이 첨예한 요즘 시대에 쉽지 않은 마음가짐이다.

독일에 온 첫 해, 큰딸은 공립초등학교에 입학했다. 안 그래도 말수가 적고 내성적인 아이였다. 독일어를 못하니 학교 수업도 힘들었을 것이다. 그 모습을 보는 나 또한 그리 유쾌하지 않았다. 내 눈에 발랄하고 자신감 넘치는 독일 아이들이 은근한 부러움의 대상이었다. 그들에게서 괜한 경쟁심과 노파심이 생겼다. 그래서 아이를 돕는다는 핑계로, 욕망 어린 엄마는 팔을 걷어부쳤다. 수학 선행학습을 시킨 것이다. 한국에 있는 나의 친구들은 모두 자신의 아이들을 그렇게 가르치고 있었기에 당연하다 생각했다.

한두 달쯤 지났을까? 담임선생님이 면담을 요청했다. 닭 벼슬처럼 머리를 위로 땋아올린 전형적인 독일 여성이었다. 그분을 보면 나도 모르게 기가 팍 죽었다. 그녀의 눈빛에서 독일 비밀경찰 게슈타포의 집요함 같은 것이 느껴지곤 했다.

"아이를 위해 집에서 공부를 시키나요? 수학을 미리 가르치지 마세요!"

아이가 수업시간에 생각보다 빨리 이해했던 것 같다. 한편으론 마음속으로 묘한 흐뭇함이 올라왔다. 내 은근한 미소를 눈치챘을까? 선생님은 말을 이었다.

"독일 온 지 얼마 안 되었으니까 우선은 적응하는 게 필요해요. 다른 것은 차차 배우게 됩니다."

요지는, 아이에게 공부는 부차적인 것이라는 것이다. 아이가 먼저 학교 공간에 잘 적응하는 것, 친구들과의 소통에서 편안해지는 것, 모두 맞는 말이었다. 그러면서도 약간 비비 꼬인 마음을 억제할 순 없었다.

'뭐지? 저 선생님은 독일 온 지 얼마 안 된 동양 아이가 잘하는 것을 원치 않은 건가?

　　외국인이라는 존재적 열등감을 은근히 들킨 것 같아 얼굴이 조금 뜨거워졌다. 생각해보니 나는 선행학습을 통해 아이를 미리 안전한 틀 속에 넣으려고 했다. 더 나아가 우리 아이가 독일 아이들보다 우월하다는 것을 내심 보여주고 싶은 욕심이었는지 모른다. 뒤늦게 알게 된 것은, 독일의 수학은 1학년이 다 지나도록 숫자 10까지 겨우 배우는 정도였다.

　　아이의 독일어는 느리게 성장했지만, 아이는 금세 수업에 적응했다. 아주 친절하고 좋은 독일 친구를 알게 되었기 때문이다. 그 친구는 우리 딸을 무척 좋아하고 공부도 함께 했다. 딸은 그 친구 덕분에 굳이 채근하지 않아도 스스로의 마음속에서 동기부여를 찾은 듯 보였다. 결국, 먼저 친구를 사귀고 공부는 부차적이라는 선생님의 말이 맞은 셈이다. 아이를 위한다는 명목으로, 주변을 의식하고 초조해 하는 나를 보자 조금 부끄러워졌다. 아이가 1부터 10까지 숫자를 알아가는 동안 천천히 누려야 할 순간을 오롯이 만끽하지 못하도록 앞서 달리게끔 부추긴 셈이다. 그것은 깊이 통찰하면, 실존에 주목하지 않은 삶을 산 탓이다. 우리네 삶이 주변과의 경쟁을 거부하기 쉽지 않지만, 어떤 이들은 그 실존의 가치를 지키는 이도 있다.

　　프랑스 실존주의 작가, 장 폴 사르트르.

　　1964년에 노벨문학상 수상을 거부했다. 문학에 등급을 매길 수 없고 개인에게 주어진 특별한 영예가 싫다는 것이 이유였다. 그가 명예나 돈에 있어서 결벽주의자여서가 아니다. 그에게는 단지 인생에 있어서 실존이 우선했다. 우리에게 너무나 유명한 백남준의 일화도 있다. 백남준 작가는 독일에서 유학생활을 했다. 전위예술가로 한국보다 오히려 독일에서 유명세를 떨쳤다. 바이올린을 켜다가 갑자기 쾅하고 악기를 내던지질 않나, 공연 도중 자신의 넥타이를 가위로 자르는 등, 규범과 고정관념에 예속된 이들에겐 생경한 장면이었다. 작위적으로 보인다 할지라도 예술가의 손으로 들어가면 그것 또한 창조의 산물이 된다. 한 번은 그의 예술적 감성에 감동한 요셉 보이스가 전시회를 제안했다. 하나는 백남준 개인전시회, 하나는 그룹 전시회를 하자는 것이다. 그때 백남준이 개인전을 수락했다면 더 빨리 유명해질 수 있는 기회였다. 하지만 그는 개인전을 단번에 거절하고 그룹전에만 참여했다. 그는 자신이 다른 이들보다 돋보이는 것보다 함께 성장하는 것을 지향한 것이다. 전위예술이라고 하니, 관련한 재미있는 기사가 있다. 2016년, 독일 뉘른베르크 신박물관에 플럭서스 예술가인 아서 쾨프케_Arthur Koepcke_의 전시회가 열렸다. 그를 사랑하는 개인 수집가가 대여한 전시품으로 구성되었다. 쾨프케는 1970년대에 이미 세상을 떴지만 그의 유명세는 여전했다. 그의 작품은 8만 유로에 달했다. 딱 보기에는 퍼즐 퀴즈를 조각내어 붙인, 보통 사람이 보기엔 아주 허접한 전시품이었다. 하지만 그는 명망 있는 예술가로 죽어서도 오롯이 추앙받는 사람이었다. 그때 양로원에서 단체 관람을 온 노인들 중 90세의 할머니가 다가섰다. 그녀는 퍼즐 퀴즈에 볼펜으로 답을 기입하며 전시품을 훼손했다. 결국 그 사건은 법정까지 갔다. 하지만 재판석에서 독일 할머니는 오히려 당당했다.

"그건 내가 작품을 망친 게 아니라, 예술가의 생각을 완성시켰을 뿐이라오!"

할머니는 자기 덕분에 작품이 더 유명해졌고, 덩달아 가치도 올라갔을 거라고 덧붙였다. 난 이 사건을 신문에서 읽으며 제도와 시스템에 묶이지 않은, 독일 할머니의 당당함이 부러웠다. 분명 치매나 정신적 문제가 없다고 들었다. 그렇다면 남을 의식하지 않고 소신 있게 발언했다는 소리다. 물론 변호사의 변론 덕분인지도 모르지만 말이다.

독일인들은 자신의 의견을 말할 때 당당하고 구체적이다. 그것은 어릴 때부터 규격화된 교육 방식에서 벗어나 자유롭게 토론하는 문화에서 비롯되었다. 타인과의 사이에서 질서는 존중하되, 타인의 생각에 자신을 함몰시키지 않는다.

사르트르는 그의 희곡작품 〈닫힌 방〉에서 명언을 남겼다.

'타인은 지옥이다.'

그의 작품 내용은 닫힌 방에서 시작한다. 세 사람이 한 방에 갇힌다. 창문과 출구가 없는 방이다. 그들이 하는 일은 서로를 괴롭히는 것이다. 서로를 규제하고 감시하고 통제한다. 타인은 서로를 비추는 거울이다. 잠시 후 문이 잠깐 열리지만, 그들은 나가지 않는다. 이미 출구 없는 방에 적응되어버린 것이다. 연극을 통해 사르트르는 말하고 있다. 이미 타인에게서 자신의 본질을 보았고, 그 본질에 매몰된 우리는 더 이상 존재하는 현상의 지옥을 빠져나올 수 없다고.

교육은, 본질적으로 인간을 세뇌하고 학습하는 도구다. 그래서 어린 시절의 교육이 얼마나 중요한지 알게 한다. 타인의 시선 속에 사로잡힌 아이들은 주도적인 삶을 살기가 어렵다. 물론 사르트르의 말에서 '타인은 지옥'이라는 표현은 더러 맞기도 하고 또 틀리기도 하다. 타인 안에서 희망을 볼 수 있다면 그것은 지옥이 아닌 천국으로 변할 수 있을 것이다. 그것을 나는 생의 초월이라고 말하고 싶다. 세상은 우리가 보이는 것 이상으로 구성되어 있다. 어린아이의 미성숙함에서 보이지 않는 발전 가능성을 보기도 한다. 지치고 힘든 오늘에서 흐릿하지만 밝은 내일을 희망할 수 있다. 그것은 다른 삶을 살 가능성, 즉 희망을 놓치지 않을 때 가능하다.

프랑스 사제였던 샤를 드 푸코는 이렇게 말했다.

"그의 진정한 가치를 지금 내가 알고 있는 그의 모습으로만 한정하고 축소시킨다면 그에게로 향해야 할 우리의 사랑이 중단된 것이라고 말할 수 있습니다. 그럴 때 더 나은 모습으로 변할 수 있는 그의 가능성도 함께 중단됩니다."

인간은 타인의 갇힌 시선 속에서는 영원히 자신의 행위나 '나는 누구인가'라는 질문에 대해 답을 못하게 된다. 그렇게 되면 인간은 더 이상 출구 없는 방처럼 영원한 지옥 속에서 무의미한 행위만을 할 뿐이다. 타인의 시선에 갇혀있는 자들은 지금 지옥에서 살고 있다.

나는 나의 아이들에게 자신 스스로의 생각으로 당당하게 살아가라는 말을 하곤 한다. 며칠 전 둘째아이와 타인에 대한 관점과 시선에 대해 대화를 나눴다. 인생에서 행복할 수 있는 첫 번째 자세는, 타인과 비교하지 않고 나 스스로 존재할 때 가능하다는 것을 느끼고 있었다. 바로 그것이 지금 천국의 삶을 사는 방법이라고 우리 둘은 입을 모았다.

꿈꾸는 안네 이야기

우리 둘은 바깥을 내다보았다. 창밖에는 파란 하늘과 이슬을 머금은 벌거벗은 밤나무, 창공을 가르며 날아가는 은빛 갈매기와 새들의 반짝거리는 날갯짓을 볼 수 있었다"(1944년 2월 23일/〈안네의 일기〉)

황혼의 아름다움은 백발에 있고, 사랑의 애틋함은 이별에 있다. 그런데 그 애틋함이 너무 진해서 가슴이 아프다. 열여덟 살의 페터와 열다섯 살의 안네는 친구 사이였다. 그들은 간혹 갇힌 집 속의 다락에 올랐다. 그 순간은 행복했다. 다락은 바깥 생활을 내다볼 수 있는 그들만의 유일한 공간이었다. 둘만의 첫 키스에 대한 추억은 1945년 수용소에서의 죽음으로 끝이 났다. 안네 프랑크는 1945년 3월 베르겐 벨젠 수용소에서, 페터는 1945년 4월 마우트하우젠 수용소에서 삶과의 이별을 고했다.

안네는 자신의 13번째 생일에 빨간 체크 모양의 일기장을 선물 받았다. 그녀는 전쟁이 끝나면 은신처의 생활에 대한 소설을 쓰고 싶었다. 문학에 심취한 사춘기 아이가 가질 만한 꿈이었다. 단발머리, 짙은 눈썹, 깊고 슬픈 눈빛의 소녀.

어릴 적 독일 하면 떠오르는 인물이 유대인 소녀 안네 프랑크였다. 안네는 독일 프랑크푸르트에서 태어났지만 네덜란드 암스테르담에서 은신했기에, 얼핏 베를린과는 상관이 없는 것처럼 보인다. 하지만 베를린이 히틀러의 도시라는 오명 탓인지 이곳에서 안네를 연상하는 건 결코 무리가 아니다. 베를리너에게, 그녀는 과거 나치시대의 빗장을 여는 작은 열쇠다. 소녀 안네는 독일인들에게 '죄책'罪責이라는 주홍글씨를 끊임없이 상기시킨다. 독일인들은 부인할 수 없는 역사적 기록물과 증언 앞에서 어린 소녀의 초라한 발등에 입을 맞추고 고개를 숙인다.

처음 독일에 온 1년 동안은 여행자처럼 살았다. 광기의 역사가 지닌 도시의 잔해를 거닐면서도 지극히 감상적인 생각에 빠졌다. 그저 사물은 감상적 개체로만 존재했다. 가끔 길을 걷다 아래를 내려다보면 쇠붙이에 이름이 박힌 유대인 피해자의 이름이 적힌 동판을 보게 된다. 수용소에서 죽어갔던 이들의 이름과 십자가의 표식이 쓰여 있다. 과거를 기억하는 독창적인 방식이었다. 그들의 뼈저린 과거조차 나에겐 모두 관광객의 시선으로 본 낭만의 일종이었다.

여행자의 촉수에 걸려든 첫 풍광은 금방이라도 울음을 쏟아낼 것 같은 회색빛 하늘과 아침마다 귀를 애무하는 새들의 지저귐, 그리고 허공을 향해 외치는 교회 종소리였다. 하지만 깊이 들여다보니 누군가 하늘 향해 울부짖고 있는 것 같았다. 너무 그리워서 피울음을 토해내며, 결국 핏빛이 갈빛으로 변해가는 베를린의 하늘. 수많은 사연을 간직한 베를린에서 난 충격의 쓰나미를 당한 기분이었다.

베를린에서 가장 핫플인 하케세마크트*Hackeschermarkt* 거리를 걸었다. 서울의 홍대거리를 느끼게 하는 활기가 느껴졌다. 위장을 자극하는 레스토랑과 밀라노에서 막 건너온 듯한 따끈따끈한 패션들이 발목을 잡는다. 그곳 골목에서 우연히 만난 소녀가 안네 프랑크다. 젊은이들이 좋아하는 거리 한복판에 해맑은 얼굴을 한 그녀의 포스터였다. 여전히 그는 늙지 않고 그대로였다. 문득 〈안네의 일기〉를 보며 울었던 유년의 기억이 떠올랐다. 안네는 나와 동시대를 산 이들에게 일기의 중요성을 일깨워주었던 산 증인이다. 하지만 나에게 안네는, 일기를 써야 한다는 선생님의 교안수첩 속의 인물이 아닌, 암울한 시대 속 우울함의 표상이었다. 당시 책장을 넘기며 느낀 묘한 설렘과 그로테스크한 감정을 지금도 잊을 수 없다.

그녀를 기념한 박물관 입구 골목에는 다양한 색감의 스트리트 아트가 벽을 장식하고, 그 틈 속에서 미끄러지듯 소녀의 눈빛에 이끌린다. 밖에 나가 또래의 아이들처럼 자전거도 타고 싶고 춤도 추고 싶었던 십대 소녀 안네는, 다락에 올라 작은 창문 사이로 하늘을 가슴으로만 품어야 했다.

안네 프랑크 박물관 주변은 온통 젊음의 소음으로 가득 차 있다. 그녀가 간절히 염원했던 청춘의 열기가 거리 사이로 스며든다. 그녀의 눈빛은 그토록 만지고 싶어 했던 하늘과 새들의 날갯짓까지 모두 빨아들이고 있었다.

파울로 코엘료는 〈연금술사〉에서 이렇게 썼다.

〈그가 눈을 떴을 때 여전히 어두웠다. 그가 위를 바라보았을 때 지붕의 틈 사이로 비추는 별들을 보았다. Es war noch finster, als er erwachte. Als er nach oben schaute, sar er die Sterne zwischen den Dachbalken durchscheinen〉

양치기 산티아고의 삶의 여정과 꿈이 도도히 흐르는 책에서, 이상하게도 안네의 꿈을 떠올리는 것은 어렵지 않았다.

"무언가를 간절히 원할 때, 온 우주는 자네의 소망이 실현되도록 도와준다네!"

그 말이 맞다면 안네는 그때 죽지 않고 살아, 해피엔딩의 결말이어야 했다. 그럼에도 비록 짧은 생애를 살다 갔지만, 그녀의 꿈이 사라진 건 아니다. 괴테가 했던 명언 중에 '말하는 것은 순간이지만 글쓰는 것은 미래를 위하는 것이다'라는 말이 있다. 말은 순간의 힘이지만 글은 남겨진 흔적으로 오랜 여운을 남긴다. 안네는 그의 책 속에서 도도히 살아 십대를 거쳐간 많은 문학 소녀들에게 또 하나의 꿈으로 태어났다. 나도 그 중 한 명이다.

8년 전, 지독한 독감을 앓으면서도 네덜란드 암스테르담을 여행했다. 나에게 겨울감기는 한 해를 잘 넘기기 위한 통과의례에 불과했다. 뜨거운 감기일수록 삶의 장렬한 투쟁을 실감할 수 있으니까. 도시를 가로지르는 강 옆에 그녀가 은신했던 곳을 보존해 박물관으로 만든 '안네 프랑크 하우스'가 있었다. 이곳에서 그녀와 함께 한 여덟 명 중 아버지

오토 프랑크만이 유일하게 살아남았다. 전쟁이 종식된 후 1945년, 수용소에서 암스테르담으로 돌아온 그는 가족이 모두 사망했음을 알게 된다. 실의에 빠진 그에게 조력자 미프 기스는 안네가 쓴 일기를 건넨다. 오토는 오랜 고민 끝에 1947년 책으로 출간하게 된다.

안네의 아버지는 말했다.

"이미 일어난 사건은 바꿀 수 없다. 우리가 할 수 있는 일은 역사를 통해 배우고 무고한 사람들을 차별하고 박해하는 것이 어떤 결과를 가져왔는지를 깨닫는 것이다. 나는 모든 사람이 그러한 편견을 물리쳐야 한다고 생각한다."

그는 아픈 역사가 되풀이되지 않길 바라는 마음에서 딸의 일기를 세상에 바쳤다.

안네는 베를린에서부터 줄곧 내 사유 속으로 흘러들어와 끊임없이 내 삶의 언저리를 서성거렸다. 그녀가 암스테르담 은신처의 다락방 창문을 통해 보았던 갈매기의 몸짓과 벌거벗은 나무의 행렬은 변하지 않고 그대로 존재했다. 그녀를 향한 사람들의 관심은 시간이 흘러도 식지 않았다. 박물관 앞은 족히 300m는 넘을 만큼의 줄이 서 있었다. 그곳에 사는 시민의 말에 의하면, 입장하려면 보통 4~5시간 기다리는 것이 정석이란다. 아마도 은신처가 좁기 때문에 박물관 측에서 방문객들의 수를 적절히 조절하는 것 같았다.

강바람이 살갗을 강하게 때리고 몸을 파고드는 추위가 느껴졌다. 섰던 자리에서 황급히 자리를 떴다. 하지만 다시 발걸음을 돌렸다. 그녀가 내 손을 잡아끌었다. 가지 말라고 안네 프랑크가 나에게 말했다.

"나의 꿈을 들어줘요. 수없이 찾아 헤매던 나의 꿈을!"

그녀가 꼭 그렇게 말하는 것 같았다.

"쉿, 아빠. 조용히 하세요. 아빠 이쪽으로 오세요. 물을 내리지 마세요. 살금살금 걸으세요. 욕실에서 내가 늘 아빠께 하는 말이다. 8시 30분 종이 울리면 아빠는 거실로 나와야 한다. 물을 틀어서도 안 되고 화장실 물을 내려서도 안 되고 이리저리 걸어다녀도 안 된다. 어떤 소리도 내서는 안 된다(1943년 8월 23일/《안네의 일기》)"

베를린에서 여장을 풀었을 때, 얼마 지나지 않아 아래층 할머니가 올라왔다. 우리 아이들이 너무 뛰어다닌다며 짜증을 냈다. 소음에 관한 한, 독일 할머니들에 대한 악명은 지인을 통해 익히 들었던 터였다. 문을 쾅쾅 닫지 말라고, 살금살금 걸으라고, 밑에 다 들려서 잠을 못 자겠다고. 지금 생각해도 고약하고 예민한 전형적인 독일 할머니였다.

비약적인 생각이지만, 그때 안네 프랑크가 떠올랐다. 살얼음판 같았던 은신의 시간이었을 안네와는 달리, 난 누구에게도 속박되지 않는 자유의 몸인데 왜 숨을 죽여야 하지?

양치기 산티아고처럼, 난 그저 내 자신의 보물을 찾기 위해 '여행'이라는 시공간을 선택한 자유인이라고 생각했기에 마음을 추스릴 수 있었다. 어쩌면 안네 앞에선 나의 투정도 사치에 불과할지 모른다. 문밖을 나서기만 해도 죽음이 기다리는 상황에서 꿈을 꿀 수도 없었을 것이다. 내가 그녀의 상황이라면 살고 싶은 집착과 욕망 속에 꿈같은 것은 안중에도 없었을 것이다.

하지만 안네는 그렇지 않았다. 장티푸스로 삶을 마감하기까지도 꿈의 밧줄을 놓지 않았다. 생각이 거기까지 미치자 나의 투정이 힘을 잃었다. 시간이 흐르면서 이까짓 불편함이야 여행자로서의 삶에서는 당연하지 않을까, 날 다독이면서 점차 관대해졌다. 여행자의 시선은 이렇듯 너그러울 수밖에 없음을. 난 여전히 살아 있으니까 말이다.

"글을 쓰면 걱정을 떨쳐버릴 수 있어서 좋다. 슬픔이 사라지고 기분도 좋아지기 때문이다(1944년 4월 5일/〈안네의 일기〉)"

그녀의 고백은 바로 나의 것이 되었다. 이방인의 삶에서 힘들고 지칠 때 안네를 떠올렸다. 최근 김나지움을 졸업하고, 대학문을 여는 둘째딸에게도 안네가 했던 말을 나누곤 했다.

오스카 와일드는 이렇게 말한다.

"너는 네가 되어라. 다른 사람은 많으니까"

바로 나 자신을 찾는 것이 바로 꿈꾸는 사람의 모습이다. 안네가 다락을 통해 보았던 가녀린 꿈의 빛줄기도 그렇게 안네의 인생을 아스라이 비췄을 것이다. 〈연금술사〉에서 청년 산티아고의 눈에 비친 지붕 틈 사이의 아스라한 별빛처럼, 꿈은 자연스럽게 내 인생의 실루엣을 아주 미세하게 비춰주었다. 지금도 여전히 그 꿈이 선사하는 빛은 환하기만 하다. 인생은 가도 꿈은 언제나 살아서 빛을 발하니까.

※

궁전에서 과거와 현재를!

베를린 슈프레 강 옆에 우뚝 솟은 프로이센 왕궁!

문득 화려한 귀환자를 보는 것 같다. 마법의 손을 지닌 건축가 쉰켈*Karl F. Schinkel*의 정신이 곳곳에 꿈틀거린다. 독일의 건축은 쉰켈에서 시작했다고 해도 과언이 아니다. 1505년에 공사가 시작되어 이후 증, 개축이 이어졌다. 1716년 신고전주의 양식의 대가인 쉰켈과 그 제자 스틸러의 노력으로 바로크 양식의 돔이 설치되고, 추가 공사가 계속돼 1901년에야 최종 마무리됐다. 이후 왕국은 독일 제국이 해체된 이후 바이마르공화국 시절까지 박물관으로 사용되었다. 하지만 2차 세계대전 당시 폭격으로 심각한 손상을 입었다. 이후 동베를린 영역으로 예속되자, 동독 정부는 프로이센 제국주의 잔재라는 이유로 1950년 완전히 철거했다. 하지만 역사는 시민들의 염원 속에 부활했다. 통일 후 오랜 논의를 거쳐 2002년 독일 연방의회의 결의를 통해 왕궁 복원계획이 수립되었다.

프로이센 왕궁은 현재 완연히 그 몸통을 드러내고 있다. 그렇게 베를린은 과거와의 화해를 시도한다. 과거와 현재가 어깨동무한 도시 베를린은 격랑의 시대 속에서 살아남았다. 베를린이 빛나는 것은, 전쟁의 포효 속에서도 역사가 사그라들지 않고 이어왔다는 점이다. 과거를 금방 유추할 수 있다는 현존물의 존재감과 기록이 실재하기 때문이다.

15년 전, 이 도시의 첫인상은 회색빛 하늘이었다. 잿빛 하늘은 도시 곳곳에 산재된 도로의 공사더미와 마주하며 지독한 어둠을 뿜어냈다. 통일 후 도시의 욕망은 콘크리트 더미 속에서 꿈틀거렸다. 완벽하게 짜여진 서울 생활에 익숙해진 나로선, 미완성인 듯한 베를린이 답답했다. 전쟁의 풍상이 가득한 베를린을 벗어나고 싶었다. 무작정 기차를 타고 베를린 인근 포츠담을 찾았다. 이곳은 대한독립의 기치를 올렸던 포츠담 선언이 열린 소도시다.

포츠담에는 프로이센의 대왕 프리드리히 2세의 여름 별장인 상수시 궁전이 있다. 왕은 번잡한 베를린을 벗어난 포츠담에 궁전을 지었다. '늙은 프릿츠'라는 별명을 가진 프리드리히 2세도 나처럼 베를린의 한복판이 갑갑했던 모양이다. 그는 가족 없이 이 별장에서 머물렀다. 젊은 병사들에 둘러싸여, 동성애자라는 의심을 받기도 했다. 특히 여자에게 관심 없던 그는 왕비인 엘리자베트 또한 멀리했으며, 평생 불행한 가정생활을 했다. 오죽했으면 누나에게 보낸 편지에서 '비록 의무에 따라 결혼하는 것이지만 우리 사이에는 사랑도 우정도 있을 수 없다. 차라리 자살하고 싶다'고 썼을까? 결혼 직후부터 동침하지 않고 별거했고, 왕위 즉위 후에는 아예 아내를 베를린 궁전에만 살게 했다. 물론 가정적으로는 불운했지만, 국가적으로 칭송을 받은 왕이었다. 그것은 감자를 식생활에 도입한 것에도 기인한다. 왕은 독일 민초들에게 처음으로 감자를 보급했다. 1774년 전국에 대흉작이 발생하자 이 문제를 해결할 구황작물, 식량 증대, 전투식량 확보 등의 목적으로 전국에 감자를 심으라고 명령했다. 그러자 사방에서 "맛없어서 개도 안 먹는 걸 사람더러 먹으라니 너무하지 않냐."라는 반발이 터져나왔다. 프리드리히 2세는 여론을 무마시키기 위해 수랏상에 매일 감자로 만든 요리들을 적어도 한 가지 이상 필수로 올리라고 했을 정도다. 결국 굶주림에 허덕이는 백성을 구했고, 영토 확장에 이바지했던 왕이다. 친구의 죽음으로 일찌감치 삶의 가벼움을 알아버린 그는 40세가 되기 전에 유언을 남겼다. 유언은 다름 아닌 초라한 무덤에서 자신의 애견들과 묻어달라는 것이다. 하지만 그는 70세가 넘은 나이까지 살아남았다.

궁전 정원을 거닐다 보면 200년 전의 그와 걷는 것 같은 착각에 빠진다. 늙은 프릿츠가 앉았을 벤치, 그가 만졌을 포도나무 잎사귀와 그의 눈을 부드럽게 해줬을 산책길의 들꽃들이 현재의 나에게 말을 건다. 난 가슴이 답답해지면 이곳 상수시 궁전을 찾는다. 프랑스어 상수시_sans souci_는 '근심 없음'_Keine Sorge_이라는 뜻이다. 그래서일까? 이곳에 가면 저절로 근심이 사라지는 묘약을 마실 것만 같다.

프로이센의 프리드리히 대왕은 전쟁을 강요했던 아버지와 달랐다. 아버지는 아들이 용맹스런 군인대왕으로 자라길 바랐다. 하지만 그는 책과 예술을 가까이하고 플루트 연주를 좋아했다. 아버지는 그런 아들이 유약하다며 야단치거나 심지어 체벌도 서슴지 않았다. 이를 견디다 못한 왕세자는 아버지의 그늘에서 벗어나기 위해 영국으로 탈출을 시도한다. 탈출은 성공하지 못했고 붙잡혀 사형선고까지 받는다. 결국 가까스로 왕의 부하들의 권유로 사형은 면하게 된다. 하지만 대신 그와 탈출을 모의했던 친구가 형장의 이슬로 사라진다. 프리드리히 대왕은 친구의 죽음을 보고 일찌감치 생의 고뇌를 느꼈다. 시대의 반항아였던 그는, 아버지의 엄격한 교육 속에서 숨 막히는 궁중 생활을 이어간 고뇌에 찬 남자였다. 아이러니하게도 프리드리히 대왕은 군사왕이었던 아버지를 싫어했지만 왕에 오른 후에는 오히려 아버지보다 정복 활동에 치중했다. 자신 안에 부모 자아가 각색되어 뿌리 깊게 인생을 흔들었기 때문이다. 하지만 그는 결코 행복한 삶을 살았다고 볼 수 없다. 아버지에 대한 증오 때문인지 가족의 의미를 상실했다.

교류 분석의 창시자인 에릭 번은 인간의 자아 상태를 3가지로 구분했다. 부모자아_Parent_, 어른자아_Adult_, 어린이 자아_Child_다. 각 자아 상태는 각각 고유한 행동과 사고와 감정으로 구성되어 있다. 부모자아는 부모로부터 받았던 영향을 비판이나 여과 없이 그대로 재현시키는 상태를 말한다. 예를 들어 부모의 가장 싫어했던(혹은 좋았던) 모습을 나도 모르게 그대로 따라하고 있는 상태이다. 과거의 흔적은 이렇듯 치열하게 현재의 삶을 지배하고 파고든다. 어린 시절의 교육이 성인의 현재에 얼마나 큰 영향을 주는지를 암시하는 대목이다. 어린 시절의 경험 또한 어른이 될 때까지 메시지를 남긴다.

몇 년 전 독일 벼룩시장에서 오래된 루터 성경을 발견했다. 누군가 서명한 글씨 아래에 '1878년'이라는 숫자가 또렷이 적혀 있었다. 140 여 년 전, 누군가 이 성경에 밤마다 손을 얹었을지 모른다. 시간의 퇴적 층에서도 건너고 온 성경책이 경이롭다. 성경책을 만졌던 인간은 이미 존재하지 않지만 흔적처럼 필체가 남아 있다. 흥정 끝에 5유로에 성경 책을 샀다. 세월의 손때가 묻은 성경책에 영혼이 있는 것처럼, 꿈에서 도 19세기 언저리를 돌아다녔다.

벼룩시장에서 오래된 물건을 만진다는 것은 죽은 자의 또 다른 과거를 대신 경험하는 일이다. 오래전에 누군가 썼을 그릇과 누군가의 사진들과 엽서, 그리고 오래된 촛대는 한 시대를 거슬러 사라지지 않고 현재에 서 있다. 개개인의 소소한 이야기는 한 무더기가 되어 또 하나 의 역사를 만든다.

큰딸이 김나지움(인문계 중고등학교)에 다닐 때였다.

"엄마, 우리 집에 오래된 물건이 있나요?"

"그건 왜? 여기 산 지 겨우 10년째인데… 오래된 건 한국 올 때 다 정리했지."

"그래도 한 번 찾아보세요. 역사 시간에 선생님이 의미가 담긴 오래된 물건을 가져오래요."

문득 돌아가신 시어머니의 유품이 생각났다. 결혼할 때 끼었다 는 옥반지였다. 우리집에서 그나마 골동품에 속한 물건이었다. 반세기 는 족히 된 것 같다. 그날 학교에서 돌아온 아이는 역사 수업에 대해 이 야기를 풀어놓았다. 반 친구들 중 누군가는 대대로 물려온 오래된 화석 을 가져오거나, 괴테의 친필서신을 가져왔다고 한다.

딸은 친구들에게 들은 이야기 중 가장 기억이 나는 물건에 대해 들려주었다.

1948년 러시아가 11개월간 서베를린을 봉쇄할 때, '캔디 폭격'이라는 이름으로 연합군이 서베를린 지역에 밀가루 포대나 사탕, 초콜릿 등을 헬기에 실어서 내려다주었다고 한다. 할머니는 어린 시절, 전쟁통에 배고픔을 극복하게 해준 밀가루 포대를 목숨처럼 아꼈다. 그 포대는 현재의 풍요로움에 대한 감사와, 과거를 잊지 않은 겸허함을 일깨우는 도구였다. 딸에게 들은 수업내용은 과거를 반추하고 되새기는 실제적인 역사의 한 토막이었다.

독일의 교육은 과거를 기억하고 현재에서 배울 점을 이야기한다. 간혹 역사적 트라우마도 함께 뒤섞인다. 히틀러를 되새기고 반유대인 정책에 대해 신랄한 비판도 서슴지 않는다. 나쁜 기억을 무조건 덮는 것보다 드러내어 다시 통찰해보는 것도 교육의 일환이다.

나는 아이들에게 뼈아픈 우리 역사를 들려주곤 한다. 그중 최근이라고 볼 수 있는 일제 강점기 시대는 자료가 많아 더욱 실제적이다. 그 시대를 다룬 영화를 함께 본다거나, 토론을 나누다 보면 좀 더 객관화된 역사를 보게 된다.

시간이 되면 아이들과 오래된 궁전을 가라! 그곳에서 과거와 조우하고, 현재를 넘어 미래를 보게 될 것이다.

바람결에 실리는 꽃향기가 늙은 프릿츠를 그립게 한다. 조만간 또 그를 만나러 갈 것이다.

학생들의 자율성을 키우는 코로나?

　　1440년, 독일 마인츠에 사는 금 세공업자인 구텐베르크는 인쇄기의 발명으로 지식혁명의 방아쇠를 당겼다. 그가 이룩한 인쇄술은 새로운 시대정신의 첫발이었다. 이는 이후 일어난 르네상스와 종교개혁의 불을 지핀 것과도 무관하지 않다. 세상은 한 번쯤 충격적 사건을 겪고 나면 문화 패러다임의 변화를 경험한다.

　　20세기 이후의 키워드는 단연 멀티미디어다. 종이 문화의 근간이 된 아날로그에서 인터넷을 중심으로 한 디지털로의 변신이 바로 그것. 어쩌면 디지털은 거부할 수 없는 현대사회의 공존 모드다. 우리 사회에 디지털의 영토는 점점 확장되고 있다. 이제 편리의 대명사처럼 소통의 안방을 차지한다. 2020년 코로나가 시작되면서 이 양상은 더욱 심화되었다. 재택근무는 기본이고, 화상회의로 중요한 사안이 결정되고 있다.

독일에 코로나가 본격적으로 자리를 튼 것은 2020년 3월경부터다. 갑자기 전 세계가 팬데믹으로 꽁꽁 묶여버렸다. 코로나는 교육 생태계의 변화도 가져왔다. 독일은 여태껏 디지털에 대해 문맹이다시피했다. 그러다가 덜컥 뭇매를 맞은 것처럼 언택트 문화가 닥쳤다. 성인들의 재택근무야 개인 사정이고, 가장 큰 문제는 아이들 교육 문제였다. 온라인 수업으로 전환되면서 학령기 세대들에 대한 우려가 가장 컸다. 최근 연방통계청의 발표를 보면 16-74세 사이의 독일 국민 중 6% 정도가 인터넷을 한 번도 사용하지 않았다고 말했다. 연령대가 높아질수록 더 심각하다. 학교 교사들의 연령대는 여전히 5-60대가 많고 그들은 인터넷에서 그리 자유롭지 못한 세대다. 지금 아이들처럼 태어날 때부터 스마트폰을 쥐고 있는 디지털 네이티브와는 격차가 너무 크다. 아날로그 세대인 그들이 온라인 수업을 강행해야 한다니 배워야 할 게 너무 많았다.

둘째딸 학교에서는 코로나가 시작된 2020년, 10학년에 치르는 MSA(중학교 졸업시험쯤)도 훌쩍 건너뛰었다. 그나마 김나지움 학생들에겐 난이도가 높지 않아 대부분 통과할 수 있는 시험이지만 그래도 절차를 중요시한 독일에서 의외였다.

시험뿐만이 아니다. 보통 11학년 때 가게 되는 수학여행도 취소되었다. 아이가 다니는 학교는 고대 언어를 중점으로 다루는 학교이기에 김나지움 졸업 전 '고대문화 탐방 수학여행'을 떠난다. 일주일 정도 그리스나 로마의 유적지로 향한다. 아이들은 1년 전부터 들떠 있고, 학부모들은 1년 전부터 수학 여행비를 지불한다. 하지만 이 여행 또한 코로나 앞에서 무력했다. 김나지움 시절 추억에 남을 여행인데 취소되어 아이는 무척 아쉬워했다.

또한 아비투어(베를린의 경우)에서 내신이 반영되는 11학년과 12학년 시험은 아주 중요하다. 그런데 12학년 2학기 시험에서 단지 중점과목 3과목만 필기시험을 치르고, 나머지는 구술시험으로 대체했다. 이 학교 창립 이래 처음 있는 일이라고 한다.

김나지움 교사들은 고학년 학생들에게 대학에서 공부할 만한 수준으로 가르친다. 또한 한 테마에 대해 깊이 고민하고 성찰하도록 한다. 고학년이 되면 아이들은 한 과목에 보통 5시간이 넘는 시험을 치른다. 한 과목에 A4 20페이지는 거뜬하게 채운 아이도 있다. 이는 모두 대학 공부를 위한 전초전이라고 생각하면 된다. 심도 깊은 토론과 사유의 경험이 없으면, 독일 대학 공부는 더더욱 힘들다. 그 시험을 다 치르고 나면 팔목이 저리고 아프단다. 하지만 아이러니하게도 이상한 쾌감을 맛본다나. 아마도 마음껏 지식 에너지를 쏟아부은 후에 느끼는 희열일 것이다. 나의 경우, 책 집필을 끝까지 마쳤을 때 느끼는 감동과 비길 수 있지 않을까 싶다.

코로나로 인해 아이들에겐 그 어느 때보다 자율성이라는 숙제가 던져졌다. 세계 초유의 팬데믹 사태 속에서 아이들은 꾸준히 자신과의 싸움에서 자율성을 검증받는다. 집에서 온라인으로 수업에 참여하게 된 아이들은 자신의 기상시간과 게으름과의 싸움에서 이겨야 한다. 또한 스스로 공부해야 하는 강박에서 자신을 다스릴 수 있어야 한다.

어쩌면 코로나는 그 어느 때보다 학생들에게 도전적인 시험대라고 볼 수 있다.

교사들은 걱정한다. 코로나 기간의 학력 수준이 그 어느 때보다 떨어졌을 거라는 우려감이다. 오랜 세월이 흐른 후, 이때를 거친 학령기 아이들의 수준이 비교적 낮다는 연구 결과가 나올지도 모를 일이다.

둘째딸 혜니는 학창시절 가장 중요한 김나지움 고학년의 시간을 코로나와 함께 보냈다. 하지만 그 어느 때보다 자유롭고 편안했다고 말한다. 가족 간의 대화도 많아지고 건강 관리도 잘할 수 있었다. 또한 스스로 만다라트를 만들어 일정관리를 챙긴다. 만다라트는 나 또한 활용하는 일종의 계획표다.

만다라트 기법은 1979년 마쓰무라 야스오松村寧雄 클로버 경영연구소장이 고안한 사고思考법이다. 책으로 발간된 후 여러 일본 기업에서 경영 전략이나 업무 개선 등 아이디어를 내는 데 활용되어왔다. 혜니에게는 코로나가 자율성이 중요한 대학생활을 미리 체험하는 기회였을 것이다. 왜냐하면 대학은 더더욱 자신의 시간과 체력, 공부 관리가 중요한 시기이기 때문이다. 그런 면에서 코로나는 어쩌면 모두에게 던져진 저울이자 시험대다.

코로나 기간에 거리두기를 한 탓에 라틴어 시험을 큰 강당에서 치렀다고 한다. 창문까지 열어놓은 통에 감기에 걸릴 뻔했다고 징징거린다. 그러면서도 열심히 쓰다 보니 춥지는 않았다고 다시금 태세전환이다. 라틴어 한 과목에 3시간 이상을 쓰고 와서는 웃고 있는 모습에 이제 다 컸구나, 생각이 들었다.

디지털 문명으로 치달으면서 독일 아이들 중에는 반대로 디지털을 의도적으로 거부하는 학생들도 있다. 딸 친구는 그 흔한 왓츠앱과 페이스북, 인스타를 개인정보 유출 때문에 사용하지 않는다. 학교에서도 선생님이나 반 친구들 간에 왓츠앱 단톡방을 개설했지만 참여하지도 않고 자발적 왕따를 선택한다는 것이다. '그럼 학교에서 알림 내용이 있으면 그 아이는 어떻게 하냐'고 딸에게 물었더니, 그 아이가 먼저 친구들에게 수시로 유선전화를 한다는 것이다. 친구는 사진이 노출될까봐 학교 앨범에 들어갈 사진은커녕, 졸업식이나 아비발(김나지움 졸업파티)에도 오지 않았다는 것이다. 그럼 그애에겐 친구들이 없겠다고 했더니, 의외로 비슷한 애들끼리 친하다고 한다. 요즘 같은 디지털 시대에 그렇게 살아갈 수 있다는 것이 신기할 따름이다.

2022년 4월 이후부터 점차 코로나가 완화되면서 다시 대면수업이 활성화되었다. 하지만 이미 온라인 수업에 적응된 교사들이 오히려 내키지 않는다는 느낌이다. 아마도 코로나 이전으로 완전히 돌아가기는 힘들 것 같다. 이미 모두가 공인한 암묵적인 편리함(?)의 강을 건너 버렸는지 모른다.

이방인 아이에게 꼭 필요한 정체성

'축복은 문제 보따리에 쌓여서 온다.'

이 말은 축복과 함께 문제도 함께 딸려서 올 수 있다는 뜻이다. 그 보따리를 푸는 일은 어느 누구도 해줄 수 없다. 그 보따리를 풀기를 기다리며 불평하기보다는 그 시간과 에너지를 보따리를 푸는 데 사용해야 한다. 무엇보다 자신의 인생에 대해 스스로 책임을 져야 한다는 것. 그리고 그 문제의 보따리 속의 축복도 자신의 것이다.

독일에서 아이들을 키우다 보니 외국인이라는 기본적인 박탈감 속에서 크고 작은 문제를 만난다. 특히 사춘기는 첫 번째 허들이다. 종종 청소년기에는 자신의 내면보다는, 외부 환경에서 정체성이나 행복을 찾곤 한다. 대표적인 외부 환경은 친구와 학교다. 자신이나 가정의 테두리에서 벗어나, 부모가 아닌 친구의 말에 영향을 받는다. 가치관과 인식의 폭이 넓지 않은 사춘기에는 외부의 압력을 견디지 못하고 넘어지기 쉽다. 그것은 압력을 넘을 수 있는 단단한 내면의 힘이 없기 때문이다. 내면의 힘은 바로 정체성에서 비롯된다.

루즈벨트 대통령은 '사람은 운명이라는 감옥에 갇혀 있는 것이 아니라, 자신 마음의 감옥에 갇혀 있는 죄수다'라고 말했다. 결국 스스로의 생각이 삶을 주도한다는 것을 의미한다.

생각이 삶을 지배한다는 것을 보여주는 사례가 있다. 1950년대 영국의 컨테이너 박스 냉동 화물칸에서 죽은 선원 이야기다. 선원은 실상 화물칸 온도가 19도밖에 되지 않았지만 자기 혼자만의 상상 속에서 마치 얼어 죽은 것처럼 숨을 거두었다. 신라시대 고승인 원효대사도 비슷한 경험을 한다. 그는 잠결에 목이 말라 옆에 돌 틈에 고인 물을 마시게 된다. 밤에 갈증을 달래준 달콤한 물이 다음 날 보니 해골 바가지에 고인 물이었다.

"해골에 담긴 물은 어젯밤과 오늘 모두 똑같은데, 왜 어제는 단 물 맛이 나고 오늘은 구역질을 나게 하는 것인가? 바로 그것이다! 어제와 오늘 사이 달라진 것은 물이 아니라 나의 마음인 것이다. 진리는 밖이 아닌 내 안에 있는 것이다."

자신의 생각이 삶을 얼마나 지배할 수 있느냐를 말해준다. 또한 그 감정과 생각이라는 것이 얼마나 부질없는지를 보여준다.

독일에서 두 아이를 키우며 청소년기를 지켜보았다. 똑같은 자궁 속에서 열 달을 지냈지만 두 아이의 성향은 조금 다르다. 외부의 압력에 대처하는 방법도 차이가 있다. 둘째 혜니는 7학년에서 8학년 사이에 내적 방황 상태에 빠졌다. 돌출된 행동은 보이지 않았지만 학교 공부도 흥미가 없어 보였고, 친구 관계에서도 실망을 많이 한 것 같았다.

　언젠가 독일인 담임 선생님과 면담을 했다. 이야기를 듣다 보니 아이가 가진 문제의 근원은 다름 아닌 선생님이었다. 드러내지는 않지만 인종차별적인 분위기를 풍기는 수학 과목 선생님이었다. 나중에 아이와 이야기를 하던 중, 아이는 선생님의 차별에 대해 심한 자괴감이 있다는 것을 시인했다. 엄마, 아빠가 걱정할까봐 말을 할 수가 없었다, 고 털어놓았다. 사실 엄마, 아빠가 해결해주지 못할 것이라고 미리 포기한 면도 있었을 것이다. 아이는 유독 담임 선생님이 독일인들만 편애한다고 생각했다.

　아이의 학교는 꽤 전통이 오래된 명문 고등학교다. 그래서인지 교장을 포함해 몇몇 선생님에게서 종종 독일 우월주의적인 모습을 발견하곤 한다. 이방인 아이들에게 대하는 태도도 사뭇 다른 것처럼 느껴질 때도 있다. 딸의 말에 의하면 외국 아이들과 독일 아이들에게 대하는 태도가 확연히 차이가 있다고 한다. 헤니의 담임 선생님은 특유의 외교적인 웃음, 겉으로는 친절한 듯 하나 속으로는 냉대하는 시선이 가득하다. 내 눈엔 그렇게 보였다. 나는 결국 선생님 앞에서 마음속으로는 마그마가 끓어올랐지만 그들처럼 외교적인 웃음을 띤 채 헤어졌다. 아이에게 혹여나 불이익이 가지 않을까 우려되었기 때문이다.

　그런 나의 생각에 객관성을 부여해주는 학교 내 역사가 있다. 아이의 학교는 나치시대에 히틀러에 동조했다. 그 당시 상황으로는 불가피할 수 있었겠지만, 지금 시대에는 당연 묻고 넘어가야 할 부분이기도 하다. 게다가 풍문으로는 몇 년 전까지만 해도 교사들 중에 나치 성향이 있다는 말도 들었다. 네오나치적 발언을 한 교사가 있어 파장이 일었다. 그 사건 때문인지 이 학교를 지원하는 학생들이 줄어들었다고 한다. 하지만 여전히 아비투어(고등학교 졸업시험)에서는 베를린에서 최고 상위권에 달해 유명세를 떨친다.

100년 전만 해도 라틴어 학교로 자부심이 대단했고, 소수만 가는 고대 언어 김나지움으로서의 우월의식이 대단했다. 그러기에 대를 이어 그 학교 출신은 자녀들을 같은 학교 후배로 키워냈고, 그것을 가풍처럼 여겼다.

혜니의 절친 또한 할머니와 할아버지가 이 학교 출신이다. 언젠가 딸아이가 친구의 조부모 댁을 방문한 적 있었다. 친구의 가족 하우스콘서트에 초대받은 것이다. 널찍한 정원을 지나 전형적인 독일식 집 현관을 들어서자 문 앞에 누군가의 동상이 떡하니 서 있었다. 지금 이름은 기억나지 않지만, 자신의 조상인 어느 독일인 음악가의 동상이었다고 들었다. 거실에서는 바흐의 음악이 흘러나오고 엔티크한 가구들이 즐비했다. 오래된 독일식 집처럼 천정은 높았고, 삐그덕거리는 계단을 타고 2층으로 올라가면 게스트룸과 서재가 학자의 가문을 느끼게 했다. 그날 온 식구가 둘러앉아 큰 촛대를 가운데 두고 저녁을 먹었다. 할아버지의 기도가 이어졌고, 밝고 따스하고 정겨운 말이 오갔다. 저녁을 먹은 후에는 온 가족이 콘서트를 열었는데 할아버지는 피아노를, 할머니는 바이올린, 아빠는 첼로, 엄마는 플루트를 연주했다. 딸의 친구는 가냘픈 목소리로 헨델의 아리아를 불렀다. 혜니는 손님이었지만 노래를 곧잘 해 친구의 노래에 화음을 넣었다. 가족 구성원의 직업이 모두 음악가는 아니었다. 할아버지는 판사로 퇴직했고, 딸의 아빠는 물리학자, 엄마는 고등학교 선생님이다. 음악은 그 가정의 위엄과 가풍을 나타내는 상징이었고, 품위를 표방하는 갑옷이었다. 딸은 그 집을 다녀온 후 타임머신을 타고 독일의 중세를 다녀온 느낌이라고 웃었다.

독일 학교는 성적 평가에서 선생님의 재량이 높다. 수업 참여도나 발표 등에 50% 이상의 점수를 할애한다. 결국 선생님의 사랑을 받으면 점수 평가가 높게 나올 수밖에 없다. 선생님이 신이 아닌 이상, 편협적인 평가가 불가피하고 그러기에 공정성 기대도 하기 힘들다. 이는 정신분석학자인 카를 융의 일화에서도 엿볼 수 있다. 융은 스위스와 독일 국경인 바젤에서 태어났다. 그가 김나지움 재학시절 에세이 숙제를 한 적이 있다. 평소 관심 가진 주제여서 열정적으로 과제를 했다. 에세이에서 최고 점수를 받으리란 기대도 했을 것이다. 하지만 결과는 그와 반대였다. 오히려 선생님에게 호되게 꾸중을 듣고 낮은 점수를 받은 것이다. 선생님은 융에게 '남이 써놓은 논문을 베꼈다'는 오해까지 받았다. 독일 선생님의 지적 오만을 극도로 보여주는 대목이다. 독일 선생님의 평가 점수는 다소 주관적이다. 자신의 생각에 상반되거나 요구하는 서술이 아니면 가차 없이 낮은 점수를 던진다. 아인슈타인이 학교에서 저능아로 불린 이유기도 하다.

또한 독일 공립학교도 정부 지원만으론 재정 충당이 어려워 학부모들의 기부금을 공공연히 요구한다. 물론 언어적 이유로 독일인 부모들의 학교 참여도가 높기 때문에 반대로 외국인 학생과 부모는 소외

되기 쉬울지도 모른다.

　　학교 내 아이들 간 인종차별도 고질병이다. 내가 아는 한독 가정이 있다. 한인 여성은 독일인 남성과 결혼해 아이가 있다. 아이가 다니는 초등학교는 구 동독에 위치해, 외국인 차별이 심한 지역에 있었다. 학교 아이들은 노골적으로 아이를 향해 인종차별적 언행을 했다. 눈이 가로로 찢어진 흉내를 낸다거나 '네 고향으로 돌아가라'는 모욕적인 말도 들었다. 혈기 왕성한 한인 어머니는 학교를 찾아갔지만 교장이나 선생님도 미온적이었다. 급기야 참지 않고 시장에게 투서를 썼다. 인종차별은 히틀러 시대를 떠올리게 하기에 독일 사회에서는 금기시한 테마다. 그런 상황에서 외국인 어머니가 분노에 차서 시장에게 편지를 썼으니, 일말의 조치는 내려올 수밖에 없다. 하지만 조치라 해봐야 학교 측에 겨우 권고를 하는 수준이었고 결국 아이만 학교를 옮기게 되었다. 지금은 다행히 새로운 학교에서 안정을 찾았다고 한다. 해당 한인 어머니는 독일의 인종차별과 잘못된 교육시스템에 늘 열변을 토해내며 비판을 서슴지 않는다. 자신은, 독일교육이 좋다는 말을 인정할 수 없다고 거품을 물며 이야기했다. 가장 큰 문제는 아이였다. 사춘기에 들어서면서 정체성의 혼란이 온 것이다. 독일인 아빠와 한국인 엄마 사이에서 자신은 '명백한 독일인'이라고 생각했다. 하지만 정작 학교 친구들은 그 아이를 아시아인으로 인식했다. 아들은 정작 엄마의 고향인 한국에 대해서도 아는 게 없었다. 엄마를 향해 '엄마가 태어난 고향으로 가세요'라고까지 이야기했다고 한다. 나는 그 아이가 국가적 정체성은 물론 자신에 대해서도 자존감이 없다는 것을 느꼈다. 정체성은 문화와 언어를 통해 성장한다고 생각한다. 한국어를 가르쳐보라는 조언에, 그 어머니는 며칠 후에 아이와 한국어를 공부하는 사진을 찍어 보내주었다. 언제까지 독일 사회가 나를 차별한다고 고개 숙이고 있을 필요가 없다고 말해주고 싶다. 그것은 먼저 내 자신 내면의 근력이 부족해서 나 스스로 피해의식에 사로잡힐 때부터 시작한다. 사는 환경이 변하지 않는다면, 나 자신이 생각을 바꾸어야 한다고 생각한다.

나 또한 혜니 담임 선생님에게서 느낀 박탈감을 지켜보며 아이의 내면을 깊이 관찰하지 못한 것을 반성하게 되었다. 그리고 함께 아이의 내면을 찾아가기 시작했다. 그때 유용했던 방법이 맥킨지의 WHY, HOW 로직트리였다. 딸이 왜 그러는지, 그리고 결국 대안으로 어떻게 해야 하는지 이야기를 나눴다. 자신의 진로 문제 등에 대해서도 로직트리를 통해 알아갈 수 있었다.

위대한 철학자 니체도 '왜 살아야 하는지 아는 사람은 그 어떤 상황도 견딜 수 있다'라고 말했다. 먼저 나는 누구인가, 라는 고민이 먼저다. 기본적으로는 국가적 정체성도 중요하다. 나는 딸에게 '네가 태어난 한국이 얼마나 대단한 민족인지 알아?'라고 말하며 여러 한글책을 읽으라고 권유했다. 다행히 어릴 때부터 아이에게 한글책을 읽어준 덕분에 한국말하기와 쓰기는 실력이 좋아졌다. 함께 책을 읽으며 정체성이 회복되자 자존감도 높아졌다. 수업시간에 선생님들에게도 주저하지 않고 자신의 생각을 솔직하게 표현할 수 있었다. 그래, 딸이 방황했던 것은 정체성의 어려움으로 인한 자존감의 부재였다. 외국생활에서 어른들도 힘든데 아이는 얼마나 더 힘들었겠는가? 그때 이후 아이와 많은 대화를 나누면서 사춘기를 지혜롭게 넘길 수 있었다.

아이는 특유의 유머와 재치가 있는 성격이다. 아이의 강점을 살려주고 자존감을 회복시켜주는 노력이 필요했다. 자존감은 결국 자신의 미래를 구축하기 위한 동기부여로 이어진다. 물론 자존감을 높여준다는 것을 잘못 이해해 아이를 혼자만 아는 무례한 아이로 키워서도 안 된다. 그 경계선에서 부모의 지혜가 필요하다.

독일교육에서 두드러지는 것은 논리적 화법이다. 나는 되도록 아이들에게 논리적이고 합리적인 대화를 시도하려고 한다. 무엇보다 아이와 함께 해결점을 찾아가는 과정에 두루뭉술해서도 안 되었다. 그래서 엄마는 부단히 배워야 한다.

니체는 자신의 책 〈차라투스트라는 이렇게 말했다〉에서 '위버멘쉬'*Übermensch*라는 말을 했다. 이는 스스로 주도적으로 새로운 가치를 창조해 조금씩 바뀐 모습으로 되돌아오는 자유정신을 가진 인간을 말한다. 말 그대로 자기 주도형 인간이다. 그런 유형으로는 알렉산더 대왕, 나폴레옹, 괴테를 들 수 있다. 대부분 진취적이고 자기 주체적인 삶을 살았던 사람들이다. 니체 또한 자신을 부정하며 자기 극복을 한 철학자다. 논리적인 철학자들의 영향 탓일까? 독일인들은 자신의 의견을 조목조목 잘 표출한다. 자신의 생각이 맞다고 판단하면 설득하는 기술도 뛰어나다. 감정적 표현은 스스로 자제하고, 나이 고하에 상관없이 상대방의 눈을 바라보며 정확하게 이야기한다.

아이가 어느 환경에서든 자신을 먼저 알고 통찰한다면 내면의 힘은 더욱 단단해진다. 그리고 아이가 자존감을 느낄 수 있는, 작은 성취를 맛보는 기회를 주어야 한다. 이건 어른인 나에게도 해당되는 말이다.

사춘기, 인생의 클라이맥스

여중 시절, 셋째 언니와 함께 사용했던 방은 커다란 창문이 있었다. 낮이면 환한 창문 사이로 따스한 햇빛이 흘러들어왔고, 밤이면 수많은 별빛이 어룽댔다. 그때 여고생이던 언니는 피비 케이츠와 소피 마르소 사진 사이에 'Say you, Say me'의 라이오넬 리치의 브로마이드를 붙여놓으며 흥얼거리곤 했다. 라디오에서 흘러나오는 이종환 씨의 목소리를 들으며 언니가 울면 나도 울었다. 밖에서 엄마, 아빠의 인기척이 들리면 후다닥 라디오를 끄고 책을 펼치던 기억들. 우리들 십대의 모습이었다.

독일에서 십대를 사는 내 딸들은 어떨까?

조용해서 문을 열어보면 늘 두꺼운 벽돌책을 읽던 책벌레 아이들이 언젠가부터 무선 이어폰을 끼고 산다. 이어폰을 귀에 꽂고 최신 음악을 듣고 있다. 케이팝 한류열풍이 독일까지 진입한 덕분에 한국 아이돌의 노래를 다운받는다. 친구들에게 생일선물로 줄 사진영상을 직접 만든다. 엄마가 기웃거리면 아랑곳하지 않고 싫은 내색을 한다. 내 아이들의 십대 풍경이다.

주니가 8학년(중2)이 되던 때, 아이 반 부모들끼리 저녁 커피타임을 가진 적이 있다. 물 오른 주제는 아이들의 사춘기였다.

"밀레나를 이해할 수가 없어요. 방을 치우라고 이야기했더니 갑자기 '나는 엄마가 싫어요' 하며 소리를 지르는 거예요. 나한테 불만이 많다는 거잖아요. 우리는 지금까지 서로 많은 이야기를 나누었거든요."

"내 아들 밀란도 그래요. 그전에는 집에 와서 이것저것 학교생활을 털어놓았거든요. 그런데 언제부터인가 집에 오자마자 자기 방 문을 쾅 닫고는 나오질 않아요."

그랬더니 항상 잘난 체하는 과학자 엘린 아빠가 말했다.

"우리 아이들이 청소년 아닙니까? 청소년기엔 호르몬이 미치게 해요. 전두엽도 재정립시기고 말이죠. 다 호르몬 때문이죠! 지금 안 미치면 40대 때 미쳐요. 그냥 기다립시다. 허허."

그때 독일 부모들의 이야기를 듣는 순간 떠오르는 말이 생각났다. 한국 사람들의 우스갯 이야기에서 가장 무섭다는 중2병 생각이 난 것이다. 아이들이 딱 그 시기였다.

그때까지도 주니는 초경 전이었다. 성장이 빠른 독일 아이들에 비해 키도 턱없이 작고 어린아이 같았다. 게다가 나의 DNA를 가진 아이라면 결코 세간에서 떠도는 거친 사춘기는 부모에게 안겨주지 않으리라, 그렇게 굳은 확신을 가진 터였다.

하지만 딸은 9학년(중3)이 된 후 전혀 다른 양상으로 남편과 나의 기대를 따돌렸다. 늘 책을 읽어 나의 마음을 든든하게 했던 딸이었다. 읽을 책이 즐비했던 책상 위는 어느새 화장품들로 빼곡하게 쌓여 있었다. 책을 빌리기 위해 도서관을 드나들던 아이가 어느 때부터는 주말이면 친구들과 쇼핑을 갔다. 게다가 인스타그램 등 SNS에 열혈광이 되곤 했다. 가끔 공부에 대해 언급하면 오히려 부모인 우리보다 더 논리적이고 체계적인 반론을 펼치는가 하면, 자신의 미래에 대한 청사진을 펼쳐보이기도 했다. 물론 독일교육 자체가 어릴 때부터 토론을 강조하고, 연령에 상관없이 자신의 의견을 소신 있게 펼치는 기술을 수업 중에 가르친다. 그래서 1960년대에 독일에 오신 파독 광부와 파독 간호사들이 이곳에서 낳은 자녀들과의 가치관 차이와 소통 부족으로 어려움을 겪었다는 이야기가 있다. 그 당시에 오신 분들은 대부분 고지식한 구한말 시기를 거친 자신 부모의 관습을 그대로 아이에게 요구했을 수도 있다. 독일에서 한국식 고정관념으로 키운다는 것은 지혜가 필요하다. 부모도 논리성을 키우지 않으면 옴짝달싹 아이들이 쳐놓은 그물망에 걸릴 뿐만 아니라 '아예 무시'라는 보너스까지 얻게 된다. 다행히 딸은 관심사가 살짝 비껴가긴 했지만, 여전히 학교 공부에서는 뒤처지지 않고 기대를 저버리진 않았기에 망정이다.

언젠가 독일 신문에서 사춘기에 관한 글을 읽은 적이 있다. 청소년 문제 전문 심리학자의 인터뷰 내용 중에 눈에 띄는 문구가 있었다.

"부모는 사춘기 아이들을 관찰하고 주목하라_anschauen_, 인정하고 사실 부모들은 아이들이 내 소유라고 생각하며 의도대로 이끌어가려는 경향이 있다. 나 또한 은연중에 우리 아이들을 내가 원하는 틀에 맞춰보려는 생각을 한다. 외국에 살기 때문에 이방인으로 자국민에게 뒤지지 않아야 한다며, 때론 무언의 압박을 하기도 한다. 하지만 주입식 교육을 받은 나의 세대와 자유로운 사고를 꿈꾸는 지금 세대는 흑백과 컬러처럼 다르다. 그 아이들에게 필요한 것은 한 인간으로서 인정하는 것이다. 심리학자가 말한 관찰과 주목은, 다름 아닌 인간적인 관심이다. 집착이 아닌 관심을 가지고 아이들을 지켜보는 것부터 출발해야 한다는 것. 아이들의 청소년기를 겪으며 학부모 회의에 참석하고 다른 부모들과 이야기하며, 독일 부모들의 고민도 우리와 비슷하다는 것을 느꼈다. 그들 모두 아이들과 토론을 하더라도 내 의견을 고집하기보다 들어주고, 인정해주는 훈련을 해야 할 숙제를 안고 있었다.

나의 경우 한국에 살아도 마찬가지였겠지만, 아이들 또래 집단에서의 트렌드에 늘 촉각을 세운다. 특히나 술이나 마약 등에 있어 부적절한 음용이 청소년기에 미치는 영향들을 알고 있다.

독일은 만 16세가 되면 술을 마실 수 있고, 14-15세 청소년은 부모와 함께하면 가능하다고 법에 명시되어 있다. 담배나 마리화나(대마초) 등 흡입이 어느 정도 느슨하다. 대마초의 경우 재배나 판매 등 판매자에게는 비교적 까다롭지만 사용자에게는 6g 미만을 소지하면 저촉되지 않는다. 최근에는 독일 정부가 대마초 합법화를 추진 중이어서 사실상 허용 수준이라고 볼 수 있다.

독일의 학교 수업은 통상 오후 3시 전이면 끝난다. 그러기에 주로 오후 시간은 스스로 시간을 계획해야 한다. 공원에서 종종 십대의 아이들이 무리를 지어 담배나 대마초를 피는 경우를 심심찮게 볼 수 있다. 물론 그들 모두 그런 행위를 한다고 해서 불량학생으로 간주되는 것은 아니다. 하지만 배움에 가장 적절한 청소년기에 짜릿하고 짧은 유희로 시간을 보내는 것이 안타까울 뿐이다. 보통 김나지움 반 아이들이 입학부터 10학년까지 같은반으로 이어지기 때문에 취향에 맞는 아이들이 삼삼오오 작은 그룹을 형성하게 된다. 대체로 공부하는 그룹과 노는 그룹이 확연히 구분되기도 한다. 물론 김나지움의 경우 대학 입학을 위한 아비투어를 준비해야 하기에 방향점은 같지만, 그중 대학을 포기하고 곁길로 가는 아이들도 있다. 독일 아이들도 동일하게 공부에 대한 스트레스가 있다. 본능을 지나치게 의지하다 보면 가출하는 경우도 많다. 베를린에 번화가가 밀집해 있는 지하철역에는 가출 아이들의 일탈 행위 등을 왕왕 볼 수 있다.

독일에 온 기러기 가족이나 재독 동포 자녀들도 마찬가지다. 내가 아는 만 15살 된 남자아이 K의 예를 들겠다. K는 태어난 지 얼마 안 되어 부모가 이혼한다. K의 아버지는 이혼 후 곧바로 독일로 유학을 오게 된다. 그리고 이곳에서 한국인 유학생 여성과 재혼한다. 물론 K의 어머니는 한국에 살고 있었다. K는 줄곧 한국의 친할머니 집에서 살다 13살이 되던 해 독일에 사는 아버지 곁으로 왔다. 물론 어린 유학생 새엄마와 아빠가 한창 신혼의 단꿈에 젖어 있을 때였다. 어정쩡한 사춘기에 독일에 온 K는 이방인의 고독을 견디지 못했다. 언어의 장벽이 너무 컸고, 어울리는 친구들은 밤거리를 헤매는 비슷한 아이들이었다. 그러다 보니 아버지의 훈계를 받기 일쑤였다. 매일 한국 프로그램과 게임에 빠져 있다가 어느 날 말도 없이 비행기를 타고 한국으로 장거리 가출을 감행했다. K가 아버지 몰래 비행기 표 값을 모으고 한국행 가출을 시도하기까지 얼마나 힘든 시간을 보내었을지 상상이 간다.

기러기 가족 중에 비슷한 사례가 있다. 어머니와 남동생과 함께 열 살의 나이에 독일로 온 J는 4년을 버티다 결국 한국으로 돌아갔다. 어머니는 한국에서 아버지가 송금한 돈으로 만족하지 못했다. 밤늦게까지 청소부로 일하는 어머니는 자신의 힘듦에만 주목한 나머지 아이들에게 관심을 기울이지 못했다. J는 학교에 간다는 거짓말을 하고 일주일간 학교에 안 간 적도 있었다. 한 번은 J 학생을 위해 학교 상담을 도와주러 간 적이 있었다. 언어 장벽과 친구들 간의 어려움이 이유였다. 현재 J 학생은 한국에 돌아가 한국 학교에 잘 적응하며 그 어느 때보다 행복한 생활을 하고 있다고 한다.

이 두 명의 사례에서 보듯 청소년기에는 부모의 보살핌이 무엇보다 필요하다. 청소년기 아이들에게는 부모가 '자신을 내버려두지 않고 관심을 가진다는 인상과 그럼에도 인정해주고 있다'는 확신이 중요하다. 이국에서 사는 아이들은 특히 본질적이고 지정학적인 열등감에 쌓여 있다. 어른인 나 또한 마찬가지다. 그것은 홈그라운드가 아니라는 것에서 오는 무의식적 상실감이다.

하지만 빌 게이츠의 말처럼 삶은 어쨌든 불공평하다. 내가 태어난 곳이 아닌 낯선 환경에서는 언어적으로도 힘들고 척박하다. 당연히 출발선이 다르다. 그러기에 불공평을 인정하고, 삶에 익숙해지며, 더 나아가 스스로 해결책을 찾아가는 노력이 필요하다. 약간 자조적이고 회의적인 말이지만, 그렇다면 내가 환경을 바꾸면 된다. 내가 가지고 있는 것에 더 집중해야 한다.

난 우리 아이들과 가끔씩 집 인근 분위기 좋은 노천카페에 가서 진지한 이야기를 나누곤 한다. 내 고민을 털어놓고 아이들에게 조언을 구하거나, 가족의 미래를 함께 나누고 아이들과 해답을 찾아가곤 한다. 환경을 바꿀 수 없다면 내가 달라져야 한다.

진정한 성인이란?

　　독일의 작은 도시 바이마르는, 괴테가 인생 중 58년의 삶을 바친 곳이다. 그가 바이마르로 간 것은 대공 부인의 부름 때문이었다. 바이마르 공국의 왕비인 안나 아말리아는 1756년 16세에 결혼해 2년 후인 18세에 남편을 잃었다. 남편이 죽고 이후 아들이 성년이 될 때까지 실질적 통치자였다. 왕비는 아들의 지적인 성장을 위해 똑똑한 사람들을 아들 곁에 두게 했는데 그중 괴테도 포함되었다. 아들은 이러한 주변 지성인들의 교육 덕분에 지성과 인성을 갖춘 청년으로 자라났다. 대공 부인은 아들이 자랄 때까지 통치한 후 아들이 만 18세 성년이 되자 자리에서 완전히 물러났다. 그렇듯 독일에서 성인은 충분히 어른으로서 인정받는다는 의미를 내포한다. 실질적으로 부모로부터 독립할 수 있는 사회적 나이다. 독일에서는 만 18세가 되면 성년식을 치른다. 대부분 고등학교를 졸업하는 시기이기에 삶의 갈림길에 서는 때다. 직업학교에 가거나, 대학에 가는 등 학업에 정진하는 시기다. 이외에도 다른 나라로 여행을 떠나거나, 일을 하기도 한다. 물론 대책없이 무작정 쉬는 아이들도 있다.

유대교의 경우에는 성인식 후 1년을 중요하게 생각해, 이 기간 동안 성인 훈련을 받는다고 한다. 유대인들에게 성인이란, 온전한 유대교의 전통을 지키고 그것을 통해 사회에 기여하는 사람을 뜻한다. 그에 비해 독일은 성인식 예식자체에 의미를 둔다. 이날 많은 친지들이 모이고 식을 치른 후에 파티를 연다. 재력이 있는 집은 아이들에게 재정적 도움을 주기 위해 거액의 금일봉을 건네거나 비싼 선물을 준다. 큰딸의 친구는 성년식에 말 한 필을 부모로부터 받았다고 한다. 승마는 독일 아이들의 가장 큰 로망이기에, 말을 선물 받았다는 것은 집안의 재력을 한 눈에 볼 수 있는 증거다. 또한 어떤 부모는 아이들이 태어날 때부터 받은 킨더겔트(아동수당)를 18년간 모아놨다가 이날 아이에게 적금을 타듯이 건넨다. 나의 경우는 아쉽게도 큰딸의 18세 생일에 한국에 있었고, 그러다 보니 제대로 챙겨주지 못했다. 돌아와서 함께 분위기 좋은 레스토랑에서 외식을 했던 기억만 난다.

성년식을 치른 아이들은 이제 더 이상 부모에게 일일이 허락받지 않고 독립적이고 자주적으로 결정할 수 있다. 성년이 되면 박물관 등 입장료에서의 할인도 제외된다. 베를린의 경우 시내 대중교통은 만 18세까지만 무료다. 엄밀히 말하면 고등학교 때까지 무료로 통학이 가능하다. 하지만 이후에는 성인 대우를 받기에 그 혜택도 사라진다.

작은 시골마을의 경우, 성년이 된 아이들은 지역 신문에 광고를 내어 소식을 듣고 찾아온 이웃들이 선물을 주기도 했다. 진정으로 성인의 문에 들어선 것을 온 지역사회가 축하하는 것이다.

친하게 지내는 독일인 가족의 자녀도 최근 성인식을 치렀다. 어느 날 아들이 아버지에게 아주 당차게 말하더란다.

"아빠, 이제 저도 성인이 되었습니다. 저에게도 권한이 부여되고 스스로 모든 것을 결정할 수 있는 나이가 되었습니다. 이제부터는 제가 하는 일에 저의 권리가 있습니다."

그러자 아버지는 빙그레 웃고는 일단 고개를 끄덕이고 아이에게 말을 건넸다.

"좋아! 성인이 된 것을 먼저 축하한다. 아들! 그 대신 해주고 싶은 말이 있구나. 네가 네 권리를 가지고 스스로 할 수 있으려면 먹고 사는 것, 즉 경제적으로 해결할 힘이 있어야 한다. 부모의 도움을 받는 것을 벗어나 네 생활문제를 스스로 해결할 수 있는 능력을 가질 때 너의 권리가 온전히 자유롭게 되는 거야. 너는 아직까지 아빠, 엄마의 도움을 받아야 하기에 네 권리보다는 엄마, 아빠에게도 같은 권리가 있다는 것을 알아야 한다."

독립을 한다는 것은 자신이 모든 일을 결정한다는 것에 앞서, 경제적 독립도 중요하다는 것을 상기시켜준 것이다. 그 아이는 집에서 머물다, 이후 다른 나라로 1년 동안 워킹홀리데이를 떠났다.

요즘은 성년이 되어도 완전한 독립을 하기가 힘들다고 한다. 부모집을 떠나지 않는 아이들도 늘어났다. 통상 독일 아이들은 이 나이가 되면 아르바이트와 공부를 병행하며 경제적 자립을 한다. 아르바이트

비용으로 살기 힘들면 바펙Bafög을 신청한다. 바펙은 1971년에 도입되어, 대학생이 학업을 원활하게 할 수 있도록 정부가 생활과 교육을 위해 지원하는 돈이다. 가족과 본인 소득, 가족의 수 등 학생의 사회 경제적 배경을 고려하여 지원한다. 바펙 지원금의 절반은 무상이고 절반은 대학을 졸업한 후 소득이 생기면 상환하는 제도다. 물론 이 제도는 비유럽연합 외국인 학생비자의 경우는 해당되지 않는다.

나의 큰딸도 성년이 된 지 몇 년이 지났지만 여전히 부모 곁을 떠나지 않는다. 물가는 오르고 집세를 감당할 자신이 없기 때문이다. 아르바이트를 하더라도 집세 충당이 어렵고 그렇게 하다 보면 공부는 소홀히 할 수밖에 없는 것이다. 물론 직장만 다니게 된 경우는 예외겠지만. 요즘 딸은 스스로 아르바이트를 하면서 자신의 생활비는 알아서 처리한다.

언젠가 집을 따로 나가 살 생각이 있느냐고 물은 적 있다. 그러자 딸은 정색을 한다.

"전 한국 음식이 좋은데 시간이 오래 걸리고 해먹을 시간도 없어요. 그리고 집세를 낼 자신도 없고. 일단 공부할 게 많아서요. 그리고 엄마의 맛난 음식에서 헤어날 수가 없어요. 헤헤."

'고 녀석, 참 사회생활 잘하네' 하면서도 싫지만은 않다. 당연히 부모와 사는 게 자신으로서는 편할 수밖에 없다.

내가 사는 베를린의 집세도 턱없이 올랐다. 처음 베를린에 정착했을 때와는 상황이 완전히 다르다. 베를린은 통독 후 수도 이전을 거치면서 꾸준히 인구가 늘어났다. 현재 물가는 하늘을 치솟고, 그나마도 집이 없어서 아우성이다. 건축물은 계속 늘어나는데 집은 부족하단다. 베를린은 국제도시의 면모를 지니고 전 세계 이민자들의 거처가 되고 있다. 특히 수도가 가진 이점이 많기에 독일 내에서도 베를린으로 이주를 꿈꾸는 이들도 많다. 젊은이들도 베를린으로 몰려든다. 그만큼 사회기반시설이 늘어나고 있기 때문이다.

자신이 결정하고 선택하는 것은 그만큼의 대가 지불이 필요하다. 선택에는 책임과 기대, 그리고 자기 선택을 통해 영향을 미치는 결과까지 부담으로 작용한다. 자신의 선택이 지닌 힘을 인식해야 하기에 섣부른 결정은 책임이 많아지기 쉽다. 그래서인지 요즘 아이들은 스스로 결정하기보다, 마음 편하게 누군가 리드해주길 바라는 것 같다. 영리하게 살 길을 아는 것인지도 모른다.

거창한 명문을 내세우지 않더라도
삶의 스트레스를 날려버리기 위해
축제만큼 좋은 것은 없다.
전통축제는 지역사회가 인정하는
가장 저렴하고 합리적인 놀이다.
긍정적이고 행복한 삶을 누리려면
순간순간 지역축제에 참여해보자.

Part. 2

문화 속에서
다양성을 배워라

부활절에 토끼를 먹니?

독일은 유독 철학자들이 많다. 니체, 칸트, 쇼펜하우어, 마르크스, 엥겔스 등등 이름만 말해도 고개가 끄덕여진다. 그렇다면 철학자가 많은 이유가 독일인들의 뇌 구조가 복잡다단해서일까? 내 개인적인 생각으로는 여러 이유가 존재하는데 그중 종교적 사유와 변화무쌍한 계절의 변화에서 연관성을 찾을 수 있을 것 같다. 독일은 하루에도 여러 계절이 존재한다. 아침에 반팔 티셔츠 위에 두꺼운 카디건을 걸치고 갔다가 정오에는 벗어젖힌다. 사계절이 뚜렷한 나라에서 특히 우울증환자가 많다는 것은 이상심리학적 적응장애 때문이다. 매 계절마다 몸이 적응해야 하는 시간이 있기 때문에 스트레스를 유발할 가능성이 높다는 것이다. 또한 독일처럼 햇빛이 귀한 나라에서 우울증 지수가 높아 비타민 D는 상비약이다. 이러한 날씨의 변동과 우울한 하늘은 마음의 심리까지도 움직여 철학적 사유까지 이끌어내는지도 모른다.

이렇듯 변화무쌍한 날씨와 함께 유추할 수 있는 것은 문화 속에 스며든 신학적 토대다. 독일은 명백한 기독교 국가다. 기독교 교회는 독일 사회의 중요한 영역이다. 그동안 부와 번영은 기독교 국가들을 중심으로 자연스레 뿌리내렸다. 기독교 정신이 노동의 윤리에 적합한 토양이라는 것도 같은 맥락이다. 막스 베버의 프로테스탄티즘의 기초에는 '일의 신성한 의무에 대한 존중과 성서적인 반쾌락주의, 즉 술이나 사치 등에 돈을 사용하지 않고 합리적 소비에 따른 부의 축적'이라는 내용이 담겨 있다. 그래서 부유한 국가들을 들여다보면 기독교적 토대가 출발선이다. 교회는 오랫동안 독일의 정치사회적 커뮤니티의 거점이었다. 교회가 마을의 중심이었고 그 안에서의 교육이 삶을 이끌었다. 결국 독일 교육은 기독교 문화와의 융합 속에서 성장했다.

　　독일의 명절 또한 기독교적 기반에서 유래한다. 이러한 절기마다 아이들의 방학이 정해진다. 2월경의 일주일 스키 방학, 부활절 방학, 예수 승천일, 여름방학, 추수 때의 가을방학, 성탄절 방학 등이다. 그중 부활절 방학은 2주 정도의 긴 시간으로 비중이 높다. 독일 학교들이 부활절 방학에 돌입하면 부모들도 휴가서를 제출한다. 거리 곳곳에 부활절 달걀과 토끼로 봄의 크리스마스를 방불케 한다. 아이들은 누구나 할 것 없이 달걀 모양, 토끼 모양의 초콜릿 선물을 받는다. 부활절 방학에 돌입하기 전, 학교에서는 아이들과 함께 달걀을 만들거나 소풍을 떠난다.

　　명절은 그 사회의 문화의 전통을 대변하기에 아이들에게 교육적인 측면도 있다. 부활절은 기독교적 전통이지만 계란이나 토끼는 게르만 전통에 따른다. 계란은 새로운 탄생을 의미하고, 부활절 토끼는 봄의 여신에서 비롯되었다. 부활절을 뜻하는 오스턴Ostern은 게르만 신화에 등장하는 봄의 여신 '에오스트레'Eostre에서 자연스레 구전되었다. 봄의 여신 에오스트레는 어느 초봄, 날개가 얼어 죽어가는 새 한 마리를 토끼로 바꾸어 살려내었다고 한다. 덤으로 다산의 상징인 토끼가 부활절의 의미로 사용되어 지금까지 흘러오고 있다.

2주간의 휴가는 아이들을 위한 특별한 축제들을 만나게 한다. 꽃을 피우는 시기랑 잘 맞으면 튤립 축제도 볼 만하다. 베를린에서 가장 아름다운 장소라 불리는 브리츠 공원에는 유럽에서 가장 규모가 큰 튤립 축제가 열린다. 코로나 전만 해도 매년 100만 명이 찾는 큰 축제다. 튤립 속에서 가족들이 편안한 한 때를 즐길 수 있다.

언젠가 부활절 기간에 열린, 아랍과 터키인들이 모여 만든 안달루시아 앙상블 'Naqqara(나콰아라)'도 볼 만했다. 다양한 오리엔트 전통음악과 독일문화가 어우러진 축제 공간이었다. 또한 베를린 북부 마찬 지역에 위치한 '세계의 정원'에도 벚꽃축제가 열린다. 한국, 일본, 중국을 중심으로 아시아 문화의 진수를 보여주는 동양적 색채가 강한 축제다. 이곳에 가면 만개한 벚꽃의 화려함에 숨이 멎을 정도다. 한국정원은 아담한 정자와 건축물이 고국을 방문하는 것 같은 감동을 준다. 부활절 기간에는 먹거리도 빼놓을 수 없다. 레스토랑에서는 부활절 특별 메뉴를 만들어 고객들의 입맛을 끌어당긴다. 연어와 쌀밥, 샴페인이 곁들인 메뉴를 제공하고 부활절 아침식사에 토끼 모양의 다양한 빵도 위장을 유혹한다. 부활절 전통 빵, 로지넨 브뢰첸Rosinenbrötchen은 만드는 방법도 간단하다.

재료는 500g 밀가루, 60g 버터, 60g 설탕, 7g 소금, 35g 이스트, 200ml 우유, 계란 1개가 필요하다. 모든 재료를 섞어 둥글게 반죽해, 20분 정도 그대로 놔둔다. 그런 다름 부활절 전통 빵 모양으로 만든 다음 30-40분 더 놔둔다. 이후 220도 온도의 오븐에 10-40분 정도 빵 색깔이 노르스름해질 때까지 굽는다.

이웃들과 부활절 초콜릿과 달걀을 나누며 정담을 나누는 모습은 훈훈하다. 아이들도 부활절에 받은 초콜릿을 저장식품처럼 아껴 먹는다. 긴긴 독일의 겨울을 지낸 후, 봄이라는 계절에 맞추어 또 다른 엑센트를 주는 시간이다. 누군가는 봄의 크리스마스라고까지 한다. 가만히 있어도 흘러가는 세월, 좀 더 행복하게 살고 싶은 나름의 방식일 게다. 아이들은 짧지 않은 부활절 방학에 다양한 문화 체험을 통해 성장한다.

잦은 방학은 아이들을 '학습'이라는 제도에 얽매이지 않도록 틈을 준다. 부활절 연휴와 함께 방학을 추가로 덧붙여 아이들에게 가족의 시간을 오롯이 사용하도록 권장한다. 잘 노는 아이가 공부도 잘한다고 말하는 것 같다.

〈에밀〉의 작가 장 자크 루소는 열두 살이 될 때까지 공부를 해서는 안 된다고 말했다. 놀고 뛰고 실패하고 다시 일어서는 것을 반복해야 한다는 것이다. 놀이는 그 과정 속에서 인정받아야 한다. 루소는 영혼이 자유롭고 사랑받은 아이가 마음이 튼튼하고 행복한 어른으로 자란다고 주장했다. 피아제의 발달단계를 유추해 볼 때도 마찬가지다.

그의 이론은 아동의 발달이 준비되지 않은 상태에서 조기 교육 등은 무의미하다는 식의 논조다. 결국 아동기에는 그에 걸맞게 많이 놀게 하는 것이 발달심리학적 이론에서는 가장 최적의 교육이다. 하지만 그게 어디 쉬운 일인가? 늘어가는 정보의 홍수 속에서 아이들도 공부강박증에 시달린다. 그 안에 함몰되어 머리만 큰 어른아이가 되어간다.

삶과 죽음을 학습하다

라틴어 '메멘토 모리*Memento mori*'는 말 그대로 죽음을 기억하라는 뜻이다.

16세기 프랑스 사상가인 미셸 드 몽테뉴는 '우리 모두 가능하면 묘지 가까이에 살아야 한다'고 말했다. 그것은 삶과 죽음을 따로 떨어져서 생각할 수 없다는 말이다. 나는 가끔 아이들과 공동묘지를 방문한다. 독일에는 도심 한가운데에 공동묘지가 있다. 그곳엔 한 시대를 풍미했던 독일의 위인들이 누워 있다. 교과서에서 보았던 인물들이 무형이 아닌 실제 존재했던 그들임을 실감하게 된다. 삶 속에서 영욕의 시간을 보냈던 이들도 죽음 앞에서는 무력하다. 그들도 나도, 우리 모두 결국엔 한 줌의 흙으로 사라진다.

공원묘지의 바람결 속에서 그들이 이야기하는 것을 듣고 있다는 착각에 빠진다. 삶과 죽음은 한 끗 차이다. 결국 메멘토 모리는 아모르 파티(네 운명을 사랑하라)와 자연스레 연결된다.

　우리나라 사람들에겐 죽음은 다소 두려운 단어다. 죽는다는 말을 하면 '부정 탄다'고 하거나 '말이 씨가 돼'라고 에둘러 말한다. 하지만 위의 철학자가 말한 본질은 죽음을 향한 집착이 아닌, 삶을 기억하기 위한 방법이었다. 죽음을 늘 상기한다면 현재의 상황을 조금 내려놓을 수가 있다. 나는 가끔 아이들에게 죽음에 대한 철학을 이야기하곤 한다. 다만 어린아이들에게 허무주의로 비춰지지 않도록 조심한다. 죽음이라는 것이 있다는 것을 안다면 오늘을 허투루 살지 않는다는 것을 말하고 싶은 것뿐이니까. 아이들에게 어떻게 삶을 가르칠 것인가는 동서양 어디에나 고민은 같다. 그러면서도 적절한 해답은 늘 물음표인 채로 남는다.

　교육은 그만큼 어느 시대건 어려운 숙제다. 독일은 유독 지나친 훈육을 다룬 잔혹동화가 많고, 그것을 금기시하면서도 인기가 있다. 금서나 금지곡이 언더그라운드에서 대중의 사랑을 받는 이유와 맥락을 같이한다. 인간은 금기에 대한 호기심을 갖고 태어난다. 하지만 나이가 들면서 금기는 학습에 의해 절제하며 숨을 죽인다. 유아들은 하지 말아야 하는 것의 경계를 모른다. 어쩌면 자연스런 과정일 테지만 어른들은 성급하게 어른의 잣대로 재단해버린다. 동화책의 기저에 흐르는 교육 철학은 딱딱하고 합리적이다. 독일인들의 엄격한 교육 지침과 국민성인지, 아니면 잘못에 대해 상응한 형벌을 치르게 하는 함무라비 법전의 영향 때문인지 모르겠다.

잔혹동화 중 진수를 꼽으라면 〈슈토우벨 페터〉를 들 수 있다. 우리나라에는 〈더벅머리 페터〉라는 이름으로 번역 출간되었다. 동화의 결말이 대부분 새드엔딩이다. 잘못된 행동을 하다 개에 물린다거나, 불장난을 하다 결국 불에 타서 죽거나, 손가락을 빨다가 손가락이 잘리거나, 밥을 먹지 않겠다고 버티다가 결국 말라서 죽거나 한다. 이 이야기의 마지막 그림에는 아이의 무덤 위에 수프 그릇이 놓여 있는 장면이 묘사되어 있다. 정신과 의사였던 작가는, 크리스마스 때 자신의 3살 아들에게 직접 만든 동화책을 선물하기 위해 썼다고 한다. 어쩌면 자신의 아이에게 강력하고 파격적인 훈육을 통해 세 살 버릇이 여든까지 가지 않도록 미리부터 바로잡고 싶었지 않았나, 생각이 든다. 아이들은 이 동화 속에서 갖은 대가를 치르며 수모를 당한다. 어른들은 책을 읽으며 '너무 잔인하지 않은가' 혀를 내두르면서도 '이런 훈육동화 하나쯤은 필요하지'라고 내심 관대하게 바라본다. 어른이 쓰고 어른이 읽지 못하게 한다. 위의 내용으로 보자면, 난 이미 어린 시절 손가락이 잘렸거나 죽었을 것이다. 우리나라에는 몇몇 잔혹동화들이 각색되어 해피엔딩 동화책으로 탈바꿈되어 있다. 하지만 독일인들에게 이 책은 널리 알려져 있고, 우리 딸들 또한 초등학교에서 읽은 동화다. 금서로 불리지만 여전히 인기 있다는 것은 자극에 민감하지 않은 탓인지 아니면 모든 것을 받아들이겠다는 관대함인지 모를 일이다. 심지어 남부도시 프랑크푸르트에는 이 동화책 박물관도 있다.

이 책을 쓴 작가인 하인리히 호프만은 아들에게 줄 동화를 썼다가 일약 베스트셀러 작가가 되었다. 삶은 실상 더 치열하고 자극적이기에 여과하거나 미화하지 않고 그대로 보여준 것이 공전의 히트를 날린 작품으로 인정받은 게 아닐까? 이 책을 쓴 당시, 주변 부모들이 너나 나나 할 것 없이 돌려 읽었다고 한다. 자극적이고 선정적인 것에 더 관심을 갖게 되는 인간 본연의 심리를 정신과 의사인 작가가 잘 꿰뚫고 있었는지 모른다.

독일 사람들은 법과 질서의 시스템에 잘 순응하는 것처럼 보인다. 어쩌면 질서를 어겼을 시 돌아올 체벌에 대한 강박증이 준법정신을 만들게 된 게 아닐까? 법을 어겼을 때 자신에게 돌아올 법적 제재가 얼마나 고통이 큰지를 알기 때문이다. 그런 관점에서 이솝우화의 '바람과 햇빛의 내기' 동화에서 나온 에피소드와 충돌한다. 이 동화에서 표현한 은유는, 강하면 더 강하게 반항한다는 것. 그렇다면 그 반항이 어릴때가 아닌, 나이 들어 발현될 수도 있다.

강도 높은 훈육철학이 녹아 있는 잔혹동화가 독일인들의 평소 습성을 표현하고 있다는 생각이 든다. 잘못된 것에 대해 그대로 지적하고 결국 죄의 대가에 대한 혹독한 결말을 치러야 한다고 스스로를 매질한다. 독일의 교육을 곰곰이 들여다보면 그들의 수치스러웠던 과거의 민낯을 여과 없이 드러내고자 노력한다. 역사를 정확히 진단하고 과거 청산에서도 주저하지 않는 대범함이 느껴진다. 게르만의 우월주의와 천년왕국을 지향한 - 자신들의 민족들에게는 손해 볼 일 없는 - 히틀러에 대해서는 모든 교육에서 '광기와 망상의 미치광이'라고 비난한다. 흡사 남들이 자기 자식을 비난하지 못하도록 스스로 호되게 꾸짖는 양상이다.

지난 여름 메클렌부르크 주에 있는 슈베린으로 여행을 갔다. 고등학교를 갓 졸업한 둘째딸과 함께였다. 엄마와 함께하는 졸업여행인 셈이다. 대공이 살았다는 슈베린 성은 그야말로 손꼽을 정도로 아름다운 성이다. 하지만 나는 이 도시의 후미진 곳에 그들의 그늘을 보았다. 눈물과 아픔이 있던 자리엔 상처가 남았다. 지금은 기록센터로 박물관처럼 사용하는 정치범 수용소였다. 그곳에는 독일의 암울했던 과거가 고스란히 남겨져 있었다.

아눌프 푸차르*Arnulf Putzar*. 똘똘하게 생긴 이 소년은 겨우 15살이 채 되지 않은 나이에 독일 메클렌부르크의 정치범 수용소에서 10년형을 받게 된다. 당시 이 지역은 소련군의 주둔 지역이었다. 함께 들어온 아이들 중 2명은 총살을 당한다. 소년은 1930년에 베를린에서 태어났다. 아버지는 2차대전에 끌려가 전사하고 만다. 생계가 어려워진 어머니는 어린아이를 나치 소년들을 양성하는 국비 엘리트 학교에 보내게 된다. 가난 때문에 아들은 히틀러에게 복종하는 학교의 일원이 된다. 전쟁이 치열해지자 15세가 되지 않은 아이들은 전쟁터가 아닌 집으로 돌려보내졌다. 결국 아눌프도 집으로 돌아온다. 1944년부터 전세는 독일에 더욱 불리해지고 소련군과 연합군이 몰려왔다. 독일을 장악한 스탈린 정부는 나치에서 활동한 반동분자들을 남녀노소 할 것 없이 대거 색출하게 된다. 어린 아눌프도 어김없이 그 그물망에 걸려들었다. 결국 아눌프는 나치에 동조한 정치범이라는 죄목으로 감옥에서 살게 된다. 당시 같은 학교에 다녔던 어린 소년들도 더러 들어왔다. 아눌프에게는 슬픈 기억의 시간으로 남았다. 소년은 출옥 후 어른이 되어 책을 썼다.

〈시대의 그늘에서〉가 바로 그 책이다. 이 수용소를 방문한 비슷한 시기에 히틀러 유겐트 학교를 소재로 다룬 2004년 영화 〈나폴라〉를 본 적이 있다. 영화에서의 대사가 기억에 남는다.

'포로들을 쏘는 것은 옳은 일이 아니다. 그들은 우리를 선동하기 위한 슈타인의 지도관의 명령과 달리 무장하지 않았다. 우리가 쏘았던 것은 어린이들이었다.'

구 동독 출신의 작가인 울리히 샤흐트는 1950년 여성 형무소에서 태어났다. 어머니가 바로 수감자였다. 죄목은 독일인 어머니가 당시 메클렌부르크 소련군 주둔지의 장교인 소련인 아버지와 사랑에 빠졌기 때문이다. 두 사람은 서독으로 도망치려 했지만 결국 붙잡혀 아버지는 소련으로 이송되고 어머니는 감옥에서 형을 살게 된 것.

독일 메클렌부르크 슈베린 기록센터에는 이러한 생생한 전쟁 비극과 정치 폭력을 보관하고 기억하고 있다. 그곳에는 특별한 영화 포스터도 있었다. 제2차 세계대전 이후 최초로 만들어진 영화 〈살인자는 우리 중에 있다〉(볼프강 슈타우테 감독/1946년)의 영화였다. 동독 정부가 수립된 이후 동독을 대표하는 스튜디오가 바로 테파 스튜디오다. 테파 스튜디오에서 제작된 영화의 대부분이 반파시즘을 주제로 한다. 공산권 국가의 예술이 이데올로기 선전도구인 것처럼 이 역시 마찬가지였다. 하지만 이러한 국가의 획일적 노선에도 창조성을 나타내려 애썼던 것 같다.

이 기록센터는 1916년에 일반 형무소로 출발했지만 나치 시대에는 나치 반대자나 부랑자들의 형무소로, 이후 소련군 치하에서는 정치범들의 감옥이 되었다. 수감된 사람들의 가족사나 개인사는 일일이 알 수 없지만 그들이 지나왔던 역사의 고랑들을 더듬어볼 수 있다. 이곳은 우리나라에서는 그리 알려지지 않은 곳이지만 독일 근현대를 가로지르는 인권 탄압의 현장으로 꼼꼼히 들여다볼 만한 곳이다.

이곳을 방문했을때 마치 면회를 온 것처럼 미리 초인종을 울리고 들어가는, 게다가 방문객이 많지 않아 의아했다. 이 형무소는 동서독 통일이 된 1990년에 폐쇄했고 이후 박물관처럼 활용하고 있다. 방문 기념 수첩에 나는 한국말로, 딸은 독일말로 흔적을 남겼다.

'더 이상 힘의 논리와 권력으로 무고한 백성이 피해를 당하지 않는 사회를 소망하고 응원한다.'

유대인 출신의 작가인 한나 아렌트는 히틀러 전범자인 아돌프 아이히만의 재판에서 '악의 평범성'이라는 말을 했다. 아돌프는 나치 독일 친위대 장교이자 홀로코스트의 실질적 책임자였다. 하지만 그는 나치가 패망한 뒤 아르헨티나로 피신했는데 이스라엘 모사드의 추적으로 결국엔 붙잡혔다. 재판에서 '나는 공무원이며 국가를 위한 행위를 했을 뿐이다'고 자기 합리화를 했다. 그는 유대인 학살에서 자신이 수행했던 능동적인 역할과 반유대주의 신념을 숨기고 모르쇠 전략을 썼다. 그의 진실은 결국 들통이 났고, 1962년 교수형에 처해진다. 마지막 식사는 치즈와 빵, 올리브, 차 한 잔이었다. 한나 아렌트는 아돌프 아이히만의 거짓말이 단순 면피용이 아닌 현실 감각을 없앤 사고와 언어의 무능에서 왔다고 이야기했다. 어찌 되었든 이후 형장의 이슬로 사라졌지만 그는 종전 후 무려 17년 동안을 아르헨티나에서 은신했던 인물이다. 물론 그 기간 동안 숨죽이는 시간 속에서 죄의 대가를 치렀을지 모르지만 역사의 재판대 앞에 서야 했다. 그에 비해 단지 히틀러 유겐트 학교에 다녔다는 이유로 10년 형을 받은 어린 소년의 삶은 억울하기 그지없다.

역사의 아이러니 속에서도 나치에 대한 독일인들의 과거 청산 노력은 박수받을 만하다. 감추지 않고 스스로에게 강한 매질을 함으로써 타인에게서 오는 비난의 수위를 낮추는 전략인지도 모르지만, 그럼에도 잔재 청산을 통해 새로운 시대를 열어가려 노력하는 모습은 본받을 만하다. 나라마다 민족마다 특히 개인마다 통증의 시간을 걷지 않은 경우는 없다.

딸은 오래도록 박물관의 자료들을 들여다보았다. 박물관을 나서며 자신이 두 살 때부터 지금껏 살아왔던 제2의 나라 독일을 다시금 들여다보는 시간이었다, 고 말했다.

너, 청소년은 오직 하나

나는 독일에 온 후, 한인 1세대들을 위한 봉사활동과 파독인들에 관한 집필활동을 해왔다. 1960-70년대 독일에 온 파독 간호사와 광부들의 자전적 연극인 〈베를린에서 온 편지〉의 기획과 희곡을 담당해 한국에서 공연을 올리기도 했다. 그들의 삶을 들여다보며 울고 웃는 시간도 많았다. 하지만 시간이 흐르면서, 이들은 오히려 나보다 더 가진 게 많은 이들이라는 부러움도 일었다. 지난 시절, 한국 사회 근대화 발전에 이바지하고 한인 개척자로서의 어려움도 있었지만, 이후 한국 사회에서 그에 따른 존경과 칭송도 뒤따랐다. 독일의 경제 성장의 부흥 속에서 나름 복지적 혜택도 누리고 산다. 하지만 정작 그들의 뒤를 이은 다음 세대가 걱정이었다. 나와 비슷한 세대와 더 젊은 세대들의 아픔이 상대적으로 힘겹게 다가왔다. 젊은 한인 세대는 풍요의 시대를 살고 있다지만, 어쩌면 그들의 삶은 상대적으로 과거보다 더 궁핍하고 힘들다는 생각이 들었다. 다음 세대를 위로하고 함께할 수 있는 일들을 해야 한다는 부담감이 내 마음을 짓눌렀다. 그런 맥락으로 한인 청소년들의 정체성과 동기부여에 대한 테마로 연극 준비에 돌입했다. 여건은 호락호락하지 않았다. 나에게 주어지는 보상도 없었다. 그저 아이들의 내면세계를 읽어내고 이방인으로서 겪는 아픔을 우리끼리 풀어보자고 했다. 배우 모집 광고를 내었더니 관심 있는 아이들이 다가왔다. 그들에게서 무언가 목마름이 느껴졌고, 그것은 기성세대인 내가 가진 일종의 자괴감과도 비슷했다.

대본을 준비하던 때 난 한국에 있었다. 여러 가지 생각이 머릿속에 가득 차 어지러웠다. 포기와 희망이 동시에 서로의 마음을 할퀴고 있었다. 결국 희망이 힘을 얻고 펜을 들었다. 그때 휘갈겨 쓴 희곡이 바로 〈유리천국〉이다. 13-18세의 한인 청소년들이 직접 무대에 올랐다. 나는 연극을, 공연 자체가 아닌 연습 과정에 중점을 두었다. 그 과정 속에서 아이들의 삶을 이해하고 함께 행복한 시간을 선택하기로 했다.

〈유리천국〉은 한국에서 왕따를 경험한 '하루'라는 이름의 소년이 독일에 와서 자신의 정체성을 찾아가는 내용이다. 첫 막에서는 응급실 장면이 나오고 하루는 사고로 장기 이식할 상황에 놓인다. 신장과 간, 위, 폐 등 장기들은 마치 사람처럼 대화를 나누고 주인공 하루의 인생을 돌아본다. 결말은 하루가 혼수상태에서 깨어나고 동시에 자의식에서도 해방된다. 장기들은 곧 하루 자신이며 결국은 자신 스스로가 내 적성숙을 만들어간다는 것을 말해주고 있다. 연습 과정에서 스타니스랍스키의 책 〈배우수업〉 속 즉흥극을 함께 만들어보았다. 연극의 무대는 은행원 가정의 이야기로, 은행원과 아내, 갓난아기, 그리고 지적장애인 처남이 함께 사는 집이다. 은행원이 그날 집으로 돈을 가져와 일 처리를 한다. 돈을 세다가 일을 마친 후 돈을 묶었던 띠지를 모아 집 안 벽난로에 던진다. 일을 다 마친 후 휘파람을 불면서 말이다. 옆에 지적장애인 처남이 그 광경을 재미있는듯 지켜본다. 잠시 후 욕실에서 아기 목욕을 시키던 아내가 은행원 남편에게 도와달라고 부탁한다. 남편은 곧바로 욕탕으로 달려가 아내를 돕는다. 그러는 사이 처남은 매형이 정리해놓은 돈다발을 들어 벽난로의 불에 던진다. 환호성을 외치면서 말이다. 매형이 띠지를 불어 던졌을 때 재밌어 보였나 보다. 거실의 소리에 이상한 낌새를 느낀 은행원이 나와 놀라 소리를 지른다. 벽난로에서 시커멓게 탄 돈을 꺼내느라 아수라장이다. 그리고는 너무 화가 난 나머지 고개를 돌려 처남을 발로 때리고 밀친다. 결국 지적장애인 처남은 폭력에 쓰러져 숨을 거둔다. 그때 처남의 비명에 놀란 아내가 욕탕에서 뛰쳐나오고 그대로 숨이 멎어 있는 남동생을 보고 울부짖는다. 그런 후 무엇이 생각났는지 은행원과 그의 아내는 욕탕으로 뛰쳐 들어간다. 욕탕 안에는 아기가 익사한 채 널브러져 있다. 이미 아이는 저 세상의 별이 되어 떠났다. 비극적 결말로, 스토리가 명확한 연극 내용이다.

청소년 아이들에게 은행원 이야기를 즉흥극으로 표현해보라고 했다. 맡겨진 배역을 스스로가 만들어낸 대사로 표출하며 자신이 알지 못했던 내면의 모습을 끌어내 보인다. 이번에는 서로 역할극을 바꾸어서 시연해 보이기로 했다. 다른 역을 마주하며 자신이 생각하지 못했던 내면의 자아를 발견하게 된다. 아이들은 연극 안에서 자신의 모습을 진솔하게 드러내 보인다. 내면을 그대로 투사하며 카타르시스를 경험하는 것이다.

연극 연습 전에는 몸풀기와 입 풀기를 한다. 활기찬 음악을 틀어주며 막춤을 추라고 하면, 아이들은 신나서 몸을 흔든다. 그들은 폭풍처럼 일어나는 에너지를 주체할 수 없었지만 연극은 그들의 모습을 오롯이 담아낸다. 아이들은 이마에 씻은 땀을 닦아내며 온전히 자신의 것을 연극 속에 쏟아붓는다.

한 번은 아이들에게 나태주 시인의 〈오직 너는〉의 시 구절을 읽어주었다. 그들에게 해주고 싶은 말이었다.

'많은 사람 가운데
오직 너는 한 사람
우주 가운데서도
빛나는 하나의 별
꽃밭 가운데서도
하나뿐인 너의 꽃
너 자신을 살아라
너 자신을 빛내라.'

연극을 하는 청소년들 중에는 문학과 책을 좋아하는 이들이 있다. 요즘은 전자책 등이 활성화되어 외국에서 한국 책들도 쉽게 접할 수 있다. 나는 청소년들에게 독일어는 이곳에 살고 있기에 기본적으로 구사하지만 모국어인 한국어를 완벽하게 구사하라고 조언한다. 지금 독일에서도 독일 사회에 통합하라고 강요하지 않는다. 다국어를 할 수 있는 인재들이 독일 사회의 진정한 통합을 이룰 수 있다고 말한다. 나는 아이들에게 덧붙여 말한다.

"제발, 독일에서 사는 너네들이 노벨문학상 좀 타자."

그러면 아이들은 어이없다는 듯이 피식 웃는다. 하지만 노벨상, 그까짓 거 너희들이 타지 말라는 법 있나? 그동안 우리나라 사람들이 먹고 살기 힘들어 노벨상에 귀를 기울이지 않은 탓이라고 위로하고 싶다. 우리나라는 2000년에 김대중 대통령 한 분만 노벨평화상을 받았지만 이웃 나라 일본(출신 포함)은 이미 수상자가 29명에 이른다. 노벨문학상도 3명에 이르러, 일본은 이미 인문학적 부분에 정평이 나 있다.

문학은 문화를 기반으로 한다. 문화 안에는 언어의 숨결이 깃들어 있다. 한국이든 독일이든, 세계 어느 나라에 살든 한국의 문화 기반을 가진 아이들이 외국어 또한 잘 구사한다면 노벨문학상도 먼 미래는 아니다.

책은 유물이다

헨리 데이비드 소로는 〈월든〉에서, '책은 그것이 쓰였을 때와 마찬가지로 차분하게 시간을 들여 정성껏 읽어야 한다'고 말한다. 작가는 책을 쓸 때 한 문장에도 힘을 기울인다. 하지만 책을 읽는 독자는 글쓰는 이의 마음과는 달리 '휘리릭' 지나가는 경우가 많다. 꼭꼭 씹어 정독하다 보면 점점 작가의 의도를 깊이 파악하고 글을 쓸 때의 감정을 오롯이 공유할 수 있다. 나는 아이들에게 정독을 권한다. 하지만 정독을 하기엔 쏟아지는 책들도 많고 책 읽을 시간도 녹록지 않다. 지금은 책들의 홍수다. 마음과 시간만 허락한다면 얼마든지 철학의 향연에 빠질수 있다. 서점에 나가면 새로 나온 책들로 가득하다. 중세에 라틴어나 그리스어는 모든 사람이 읽을 수 있는 자격이 없었다. 하지만 지금도 다르지 않다. 아무리 대단한 철학자의 통찰이라 할지라도 내가 읽지 않으면 휴지 조각에 불과하다.

난 어릴 때부터 책을 즐겨 했다. 당시만 해도 집에 책 외판원들이 드나들었다. 덕분에 집에는 위인전집이나 세계문학전집 등이 즐비했다. 책들을 통해 나는 꿈을 키웠다. 상상 속에서 미래를 점쳐보기도 했다. 그중 몇 권은 내 이민 가방에 달려 들어왔다. 나는 누군가의 집에 초대받았을 때 아무리 허름한 집이라도 책장에 꽂힌 책들이 있다면 마음 속으로 존경의 눈빛을 보낸다. 책은 작가의 소유물만이 아니다. 독자의 마음에 날개를 달아주기에 책을 집어 든 사람의 것이다.

언젠가 독일의 극작가 클라이스트의 후손이라는 지인의 집에 간 적이 있다. 그곳에서 나는 놀라운 책을 발견했다. 바로 우리나라 조선시대의 생활상이 담긴 책이었다. 독일 선교사가 쓴 책이었는데 당시 조선의 상황을 독일어로 상세히 기술하고 있었다. 책에는 갓을 쓴 선비와 당시의 모습이 소묘식으로 그려져 있었다. 독일인들의 집 책장에서 우리 역사가 담긴 책을 발견하고는 놀라자, 주인은 선물이라고 나에게 그 책을 건넸다. 누군가에게 소중한 책을 선물 받는 기분은 보물을 캔 느낌이랄까?

알렉산더 대왕은 전쟁터를 나갈 때 귀중품 속에 〈일리아스〉를 넣고 다녔다고 한다. 그에게 있어 책은 보물 중 하나였기 때문이다. 〈일리아스〉를 떠올리니, 언젠가 베를린 역사박물관에 갔을 때가 떠오른다. 두 딸들이 나를 향해 소리쳤다.

"엄마, 저기 호메로스 동상이에요!"

아이들은 헬라어 시간에 호메로스의 〈일리아스〉를 그리스어 원어로 읽었다고 한다. 호메로스는 눈이 멀어 잘 보이지 않았지만 세기의 역사서를 기술한 철학자다. 〈일리아스〉는 고대 그리스와 후대 서양의 문학예술과 문화의 근간을 이루고 있는 작품이기에 최고로 가치 있는 작품이다. 책은 이렇듯 가장 큰 유물이고 친근한 예술품이다. 나는 오래전부터 거실에 장식품 같은 예쁜 쓰레기는 버리고 그곳을 책으로 채웠다. 지금도 두 딸들에게 책을 권하고 글쓰는 것을 강조한다. '기록하지 않으면 기억되지 않는다'고 거듭 반복한다. 역사는 기록한 자들의 것이다. 아무리 강조해도 지나치지 않는 게 책 읽기와 글쓰기다. 아메리카 신대륙 발견자로 아메리고 베스푸치보다 콜럼버스가 더 유명한 것은 콜럼버스의 아들이 아버지에 관해 기록을 남겼기 때문이다.

둘째딸이 9학년 때다. 학교 내에서 영국 런던의 왕립고등학교와 결연을 맺어 단기 교환연수생을 선정했다. 반에서 영국에 갈 아이들을 선정해야 했다. 대부분 아이들은 자기소개서만 잘 써서 보냈던 것 같다. 하지만 둘째딸은 영국 런던에 대한 시를 써서 첨부했다.

'The place where I want to go(내가 가고 싶은 그곳)'라는 제목이었다. 그야말로 단순하고 쉽게 런던을 찬양하는 시였는데 주최 측에서 높이 평가했던 것 같다.

The place where I want to go

The place where I want to go
England is a beautiful country
More popular than Bounty

London, Birmingham, Manchester and Liverpool

Everyone knows that they are cool

You can see there many sights

For example the London Eye

Hanging out with friends in many nights

Until its time to say Goodbye

There are many things to eat

Like Fish and Chips, pies and meat

You'll be touched from the head to feet

My heart already begins to beat!

People in England are friendly

But sometimes very gently

I want to see them soon

And leave my sister Jueun

The rime is at the end

I hope it's clear what I meant

아이는 그때 선정되어 2주간의 연수 기회를 얻었다. 그때 사귄 영국 아이들과 아직도 SNS로 교류하고 있다.

　　내가 아는 아이 학부모는 아비투어 기간 동안 고전문학을 읽게 했다. 최고의 문학 작품을 읽게 함으로 통찰의 깊이를 가르칠 수 있다. 그 아이는 책 속에서 길을 찾았다. 사실 책은 고독함의 산물이다. 고독을 선택해야 완독한다. 여기서 고독과 외로움은 전혀 다르다. 고독은 스스로가 선택하고 외로움은 불가피하게 이어지는 고독한 감정의 결말이다. 고독해야 책을 읽는 건 사실이다. 독일 사람들은 한적한 공원에서 책을 읽곤 한다. 산책을 하다가 호젓한 벤치가 보이면 책을 들고 앉아 있다. 그 모습은 한 폭의 그림처럼 아름답다.

　　나는 종종 아이들과 훔볼트 대학 도서관을 찾곤 한다. 도서관은 조용한 편은 아니지만 아늑하다. 각자의 자리에서 책이나 노트북에 시선을 고정하고 있다. 부지런히 공부하는 학생은 사막의 수도승만큼이나 고독하다. 컴퓨터에 고정된 현대인들의 일도 고독이 전제조건이다. 가정 내에서도 아이들에게 자신만의 고독을 즐길 수 있도록 가르친다. 호수 곁을 산책하거나 자연을 거닐 때 혼자를 느끼도록 한다. 하나님도 혼자고 태양과 달도 혼자다. 반면 악마는 여러 크고 작은 군단을 이룬다. 고독을 즐길 줄 아는 자만이 자유롭다. 하지만 나도 남들과 어울리는 것도 잘한다. 하지만 테마가 있는 이야기가 좋다. 나는 아이들과 테마를 정해 토론하곤 한다. 예를 들어 코로나 기간에는 독일 뉴스를 읽으며 토론하는 시간을 가졌다. 모두가 집에 있어야 하는 시기라 함께하는 시간이 많았다.

　　나는 독일에 사는 동안 처음 5년은 내 평생 어느 시기보다 많은 손님들을 집에 초대했다. 어떤 날은 한 번에 20여 명이 오곤 했다. 어느 해 겨울엔 지인들을 초대해 하우스콘서트를 열기도 했다. 독일인들은 물론 유학생, 한인 어르신까지 자주 드나들었다. 집에서 밥을 먹고 담소를 나눴다. 하지만 함께하는 즐거움은 혼자서 책을 읽는 행복에 비할 수가 없다. 나는 아이들에게도 책을 읽고 고독을 즐기라고 한다. 아무리 여러 명이 함께해도 결국 인생은 혼자다. 그 혼자의 삶에 재빠르게 동참하려면 고독을 즐기는 법을 알아야 한다. 고독해야 공부도 한다. 어쨌든 혼자 하는 공부니까. 독일의 교육은 수박 겉핥기식 암기용 공부가 아니다. 가령 독일어의 경우 해당 작품을 끝까지 읽어야 쓸 수 있는 시험 질문이다. 독일어 시험의 경우, 한 권의 책을 읽고 정독을 한 후에야 쓸 수 있는 답들이다.

보통 우리는 정신적인 영양소는 등한시하면서 질병이나 육체적인 것에는 비용을 아끼지 않는다. 아이들이 기본적인 언어를 넘어 깊이 있는 사유와 통찰을 하는 습관을 들이려면 고독하게 책을 읽으라고 권장하고 싶다. 덧붙여 소로의 말처럼 꼼꼼히 음미하며 꼭꼭 씹어 읽으라고 덧붙이고 싶다.

꽤 괜찮은 긴 밤

    독일의 밤은 짧고 칠흑처럼 검다. 어둑해지기 무섭게 상점의 문이 닫힌다. 요즘에야 몇몇 대형 슈퍼마켓이 시간을 연장하지만 대부분 8시면 문을 닫는다. 거리는 금세 어둠에 휩싸인다. 보통 8-9시 사이면 어린아이들은 침대로 향한다. 아이들은 좀 더 긴 밤을 가져보려 떼를 써보지만 부모들은 내일을 위해 취침 시간을 재촉한다.

    이렇듯 밤을 되찾고 싶은 사람의 심정을 어떻게 알았을까? 독일에는 가을 무렵에 '긴 밤' 행사가 열린다. 박물관의 긴 밤, 학문의 긴 밤, 여행의 긴 밤 등 모든 문화 시스템에 '긴 밤'이라는 꼬리표를 갖다 붙인다. 밤에 한이 맺혔나 싶을 정도로 그들은 이 기간에 잃어버린 수많은 밤을 만난다. 베를린 시에서 주최한 '박물관의 긴 밤' 행사는 이미 세계 여러 나라에 알려질 정도로 명망이 높다. '긴 밤' 행사는 보통 오후 무렵부터 자정까지 이어진다. 이 행사가 있는 날은 독일은 마치 백야처럼 환해진다.

베를린에 가을이 온 날. 주섬주섬 옷을 챙겼다. 여름이 채 가시기도 전에 베를린의 가을은 단거리 선수처럼 달려왔다. 모처럼 박물관 야간투어를 계획하는 날, 면적 넓은 안경을 내리누를 만큼 얄궂은 비까지 뿌렸다. 그 비를 맞으면 사랑에 배반당한 여자처럼 초췌해진다. 베를린에서 열린 '가족을 위한 긴 밤' 행사였다. 눈발 위에 선 강아지처럼 아이들은 야경 속에서 들뜬 표정이었다. 그래서 이 행사의 주 고객은 아이들이다. 매일 일찍 잠자리에 들어야 한다는 압력이 이날만큼은 무장해제된다. 토요일인 탓에 늦은 아침에 일어나 간단하게 브런치를 한 가족들은 오후 5시부터 각 구마다 열린 행사장에 모여든다. 부모의 기호에 맞게, 아이들의 취향에 따라 다양한 프로그램에 참여할 수 있다. 이날 베를린 각 구의 130개 이상의 장소에서 다채로운 프로그램이 준비되었다. 장소는 다양했다. 농장 체험, 책 읽는 카페, 숲, 크고 작은 집, 박물관, 극장, 예술학교, 영화관, 공장, 어린이 농장 등등. 매년 각 장소마다 행사를 신청할 기관이나 단체는 다음과 같은 사항을 기준으로 선정된다.

1. 가족을 위한 비용 절감 요소가 있는가

2. 밤에 할 수 있는 테마인가

3. 특별한 아이디어가 돋보이는가

4. 여러 세대가 함께 공유하는 프로그램인가

이러한 네 가지 요소를 갖췄다면 해당 단체 등에서 프로그램을 신청해볼 만하다. 이날 '가족을 위한 긴 밤' 행사에 프로그램 단체로 선정되면 베를린 시의 지원을 통해 행사가 진행된다. 베를린 시는 이 행사의 목적을 창조적이고 가족친화적인 참여로 진화시키고 있다. 사회가 급변하면서 가족이 해체되는 요즘, 가족 간 소통과 건전한 놀이문화가 사회의 또 다른 인식코드로 자리 잡았다. 그동안 참여한 행사 중 몇 가지 기억나는 체험을 이야기해보겠다.

1. 독일 중세 체험

아이들과 부모들은 중세 시대의 문화를 경험한다. 천막과 모닥불이 있고, 중세 시대의 의상을 입고 악기를 연주하는 이들과 만날 수 있다. 어린이집에서 주최하는 이 행사는 직접 학부모들이 중세 의상을 입고 각종 프로그램의 주최자로 참여한다. 어린이들에게 꿈과 환상을 심어주는 라푼젤의 집을 구경하고 빵을 구워 먹는 체험도 해볼 만하다.

2. Rbb 독일 공영방송 스튜디오 체험

오후 6시부터 8시 30분까지 방송국 스튜디오활동에 참여할 수 있다. 텔레비전 스튜디오에 얼마나 많은 카메라가 있고, 라디오 스튜디오는 어떻게 생겼으며, 어떻게 방송을 진행하는지 체험할 수 있다.

3. 아이들의 도시, 재활용의 밤

이곳에서는 집에서 버린 주스통, 우유팩 등을 직접 가지고 와 새로운 물건으로 재탄생할 수 있는 만들기 체험이다. 리사이클 환경보호 차원의 이벤트다. 만들기뿐만 아니라 나무로 된 자연적인 놀이터가 조성되어 아이들이 부모와 함께 자연 속 놀이를 즐길 수 있도록 하고 있다.

4. 로봇 체험

베를린 공과대학에서 주최하는 로봇을 배우는 체험이 열린 적 있다. 레고 테크닉을 통해 함께 만들고 프로그램화 시킨다. 남자아이들은 물론, 여자아이들도 로봇의 세계에 빠지며 창의성을 기르는 프로그램이다.

이외에도 서커스 체험, 유도 배우기, 간단한 악기 배우기, 춤추기, 보트 타기, 축구 경기, 마술 체험, 장난감 천국, 볼링, 어린이 영화, 가족 정원의 모닥불 축제, 창의적인 물건 만들기, 인공암벽 등반, 각 나라별 문화축제 등등 다양하다. 평소에는 단순한 관람객으로 수동적인 참여를 했다면 '가족을 위한 긴 밤' 행사에는 준비된 프로그램에 능동적으로 참여하는 태도가 요구된다. 직접 참여해 문화의 다양성을 체험하고 경험하는 좋은 기회다. 이날 아이들은 마음껏 긴 밤의 행복을 만끽하고, 유년의 추억을 채색한다. 어른들 또한 바삐 가던 길을 멈추고 돌아볼 수 있는 여유를 배울 수 있는 기회다.

새벽 2시, 집으로 돌아오는 길에 빗줄기가 거세졌다. 시간은 잽싸게 계절의 순환을 유도하지만 냉정을 찾는다. 사색의 계절 가을, 긴 밤도 어느새 새벽을 맞이한다.

'작은 프랑스'를 여행하다

고대 그리스 철학자 소크라테스는 어디 지역 출신이냐는 물음에 '아테네'라고 하지 않고 '세계'라고 답했다. 그는 앞서가는 철학자답게 미래 세상을 예견하고 있었다. 임마누엘 칸트도 보편적 이성과 인간성에서 비롯한 인류의 동포애를 가리키면서 '세계시민'이라는 단어를 썼다. 물론 그는 다양성을 존중하면서도 아이러니하게도 다양성 속에서 여러 인종을 판단하는 오류를 범하기도 했다.

우리는 지금 코스모폴리탄(세계시민주의) 시대에 산다. 세계에서 가장 글로벌한 도시를 꼽으라면 베를린이 수위 안에 든다. 200개 국가의 민족이 사는 나라가 바로 독일의 수도 베를린이다. 그래서 독일인들 중에는 '베를린은 독일이 아니다'라고 이야기하는 사람들도 있다.

이러한 다양성이 존재한 베를린은 도시를 상징하는 단어들이 많다. 동서독 분단, 베를린장벽, 2차대전 당시의 벙커, 빔 벤더스 감독의 〈베를린 천사의 시〉도 떠오르고, 연극 〈지하철 1호선〉도 그려진다. 무엇보다도 베를린은 국제도시고 치열한 양극의 도시다. 뜨거우면서도 쿨하고, 가난하지만 섹시하다. 언밸런스한 매력이 숨 쉬는 곳이다. 그럼 이것은 알까? 전 세계적으로 민속축제가 가장 많은 국가가 독일이고, 그중 베를린이 그 선두에 있다는 것도. 독일의 민속축제는 시민문화와 촘촘하게 연계된다. 하지만 그 너머에는 훈련되고 교육된 조직을 모태로 한다. 관리되지 않는 듯한 느슨함 속에는 탄탄한 조직력이 있다.

Der Deutscher Schaustellerbund e.V. *DSB*(독일 전시물협회)는 민속축제를 관장하는 협회다. 이 단체 없이는 독일에서 민속축제를 열 수 없을 정도로 명망이 높다. 전쟁 직후인 1950년에 설립되어 1957년 본으로 이주, 다시 2002년엔 수도 베를린으로 이사했다. 처음 12개의 회원사로 출발한 DSB는 현재 100여 개 이상의 회원사와 4,500명 이상의 정회원으로 구성되어 있다. 이 단체의 역할은 전통적인 민속축제를 지속 보존하고, 공식적이고 합리적인 민속축제의 개최를 위해 지원하는 것이다. 룩셈부르크에 위치한 유럽 전시물협회의 회원사이다. 이곳에서는 회원들의 지속적인 교육과 훈련에 초점을 맞춘다.

DSB의 조사에 따르면 독일인들은 1년 평균 총 1억 7,800만 명이 민속축제를 관람한다. 물론 코로나 전의 상황이다. 영화관람 1억 4,900만 명, 극장 3,380만 명, 축구 경기 관람 930만 명에 비하면 엄청난 숫자다. 독일인들의 63%가 민속축제에 참여한다. 이를 위해 아예 하루 날 잡아 오는 경우가 39.3%, 숙박을 하는 경우도 3.9%나 된다. 나머지는 그 도시에 거주하는 이들이다. 민속축제의 기간은 보통 4일까지 열리는 곳이 90%이고 평균 3.18일에 걸쳐 펼쳐진다.

DSB 회원단체 중 두드러진 활동을 하는 곳이 있다면 Schaustellerverbandes Berlin e.V(베를린 전시물협회)를 들 수 있다. 이곳은 크리스마스 시장, 베를린 봄 축제, 슈테글리츠 지역 주간행사, 독일-미국 민속축제, 독일- 프랑스 민속축제 등 매년 20여 개의 민속축제를 관장하고 있다. 40만 명 이상의 방문객이 참여하는 큰 거리축제도 이들의 몫이다. 특히 크리스마스 시장은 관광객들에게 가장 인기 있는 축제로 그 기간에 5,000만 명이 방문할 정도로 대단한 인기다.

또한 국가 간의 민속축제도 볼거리가 많다. 그중 프랑스 민속축제는 화려함으로 승부를 건다. 독일과 프랑스는 역사적으로 민족적 감정이 많았다. 나폴레옹의 프로이센 침략과 보불전쟁, 1차 대전, 히틀러의 파리 점령, 2차 대전 등 양국의 대결은 치열했다. 알려진 일화로, 나폴레옹은 1806년 프로이센을 격파 후 전리품으로 베를린 브란덴부르크 문 위에 있던 사두마차를 분해해, 16개 박스에 담아 베르사이유 궁전으로 가져간다. 하지만 이후 다시 프로이센이 프랑스와의 전쟁에 승리하면서 사두마차를 다시 싣고 와서는 브란덴부르크 문 위에 세우게 된다. 프로이센은 되찾은 사두마차의 여신을 승리의 신이라 부르고, 국가 상징인 독수리 철십자를 세우게 된다. 프랑스와 독일의 복수전은 끝이 없었지만 독일이 프랑스로부터 영향을 받은 것은 당연하다. 루이 14세의 박해를 피해 개신교인 위그노가 베를린으로 대거 이주한 적이 있다. 그들은 대부분 손기술이 뛰어난 기술자들이었는데 산업기술과 자본이 당시 프로이센에 깊숙이 파고들었다. 이렇듯 프랑스는 독일과 얽히고설킨 애증의 관계다.

1963년 1월 22일 프랑스 파리의 엘리제궁에서는 화해 무드가 조성되었다. 프랑스의 샤를 드골 대통령과 서독의 콘라트 아데나워 총리가 서로의 손을 맞잡은 것이다. 독일과 프랑스의 화해협력조약, 일명 '엘리제 조약'이다. 1954년 파리강화조약으로 완충작용을 했지만 양국 간의 화해 무드는 엘리제 조약을 통해 완성되었다고 볼 수 있다. 이러한 조약이 체결되면서 사회 분위기도 따스한 기운이 감돌았다. 바로 양국 간 화합을 도모하는 축제의 탄생이다. 1963년에 처음 개최되어 반세기가 훌쩍 넘었다. 이후 1989년 장벽이 무너지고 통일이 되던 시기 프랑스 미테랑 대통령과 관계가 좋아졌고, 전 메르켈 총리와 마크롱 대통령도 양국의 이익과 유럽을 위해 협력을 다짐했다. 베를린에는 프랑스 학교 등이 명망이 높고, 일반 초등학교에서도 제2외국어로 채택이 되어 있다. 우리 아이들의 학교에서도 프랑스어를 배우고 파리로 수학여행을 떠나기도 했다.

그러기에 베를린에서 열리는 가장 큰 민속축제인 '작은 프랑스'로의 여행을 마다할 순 없다. 몇 년 전 참여한 축제의 주제는, '베를린은 사랑을 꿈꾼다'였다. 바게트빵과 치즈, 와인과 샴페인, 프랑스산 맥주를 곁들이고 미각의 향연과 프랑스 라이브 뮤직, 상송이 맛을 더한다. 2012년에는 놀이동산이 대거 등장했다. 어디서 왔는지 아이들로 인산인해였다. 특히 58미터 높이인 세계적인 수준의 회전열차 'Expo Star'가 선보였다. 여기엔 450톤 무게에 40개의 곤돌라가 부착되어 있다. 회전열차를 타고 베를린 하늘을 관망하는 것도 일품이다. 이 축제 공간에는 가족 참여객들을 위해 150여 개의 놀이시설이 준비되어 있고, 수요일은 '가족의 날'로 지정, 입장료도 절반 가격이다. 이 축제 중 또 하나의 하이라이트는 불꽃축제다. 토요일에 베를린의 하늘을 수놓는다. 불꽃축제는 7월 14일 프랑스 대혁명일에 절정을 이룬다. 프랑스 대혁명 축제와 맞물려 장대한 불꽃놀이를 장식한다. 이외에도 캉캉쇼, 서커스, 마술쇼 등 다채로운 행사가 펼쳐지는 독일-프랑스 민속축제는 양국 간의 관계를 더욱 돈독히 하는 문화행사다.

독일이 주변국과의 친선을 위해 노력하는 것은 과거 독일 민족들이 저질렀던 만행에 대해 조금이나마 속죄하는 마음도 크다. 국경이 가까운 유럽에서 그러지 않고서는 공존공생이 어려운 것도 이유다. 독일인들의 외교적 태도가 문화 속에 배어난 모습이다. 여전히 일본에게서 진정한 사죄를 못 받는 우리나라를 비롯한 동아시아 상황과는 대조적이다.

어쨌든 이방인인 우리는 이곳에서 다국의 문화를 접할 수 있어 일거양득이다. 거창한 명분을 내세우지 않더라도 삶의 스트레스를 날려버리기 위해 축제만큼 좋은 것은 없다. 전통축제는 지역사회가 인정하는 가장 저렴하고 합리적인 놀이다. 긍정적이고 행복한 삶을 누리려면 순간순간 지역축제에 참여해보자. 문화축제를 즐기다 보면 삶의 스트레스도 단번에 날아가는 것을 느낄 것이다.

그들은 흐린 날, 우울감을 떨쳐버리기 위해서라도
갖은 노력을 다한다.
문화 속에서 자주 기독교적 색채를 표현하는 것도
실존적 연약함에서 연유하지 않았을까?
이렇듯 독일에는 종교적 색채가 가미된 크고 작은 전통축제가 많다.

Part. 3

계절마다 다른
변화의 맛을 즐겨라

시월애 (10月愛)

시월이 되면 독일은 가을의 절정이다. 어느새 하늘은 태양 한 점 없이 회색빛으로 갈아입고 짧은 가을을 아쉬워한다. 거리의 시민들은 옷깃을 여미고 달려온 달빛을 뒤로한 채 총총히 집으로 향한다. 그리고 코가 발개지도록 와인을 마시며 기울어가는 가을을 찬양한다. 이는 독일의 시월에 마주 볼 수 있는 풍경이다. 독일의 가을은 짧다. 짧은 계절을 위로하기 위해 부단히 타인과의 소통을 서두른다. 그러지 않으면 길고 긴 겨울을 맞이하기가 두려워진다. 가을의 절정에는 옥토버페스트 *Oktoberfest*를 만난다. 옥토버는 영어나 독일어로 10월을 뜻한다. 옥토버페스트의 유래는 1810년대로 올라간다. 뮌헨 바이에른 왕국의 루트비히 왕자와 작센 공국의 테레제 공주의 결혼식이 열린 날이다. 결혼식은 루트비히 황태자가 좋아하는 경마 경기를 포함해 이벤트가 있는 화려한 행사였다. 다음 해 10월에는 경마 경기를 포함해 1주년 행사를 열게 되었는데 이후부터는 연례행사가 되었다. 또한 1896년부터는 대형 맥주회사와 연합해 축제 때 맥주를 따라 마시게 되면서 정착되었다. 뮌헨의 옥토버페스트의 개막식에서 뮌헨시장이 '오 차트 이즈'라고 소리치면서 맥주통의 마개를 망치로 내리친다. 이날 행사를 보려고 오는 이들로 인산인해다. 매년 600만 명 이상의 사람들이 700만 리터의 맥주를 들이킨다.

옥토버페스트가 뮌헨의 전유물이라 생각한다면 오산! 베를린에도 똑같은 행사가 열린다. 매년 9월부터 10월 초까지 2주간 열리는 베를린의 옥토버페스트에도 500만 명 이상이 몰려든다. 그간 코로나 팬데믹의 영향으로 올해 3년 만에 열려, 주최 측 관계자들과 시민들은 환호했다. 시민들은 집이 아닌 툭 터진 광장에서 그들의 벗과 함께 입안이 얼얼해지도록 와인을 들이킨다. 하지만 그들의 몸집은 단단한 정신의 고삐가 채워져 있는 것처럼 보인다. 비틀거림 없이 꼿꼿한 모양새로 서로의 언어를 교환하고 있다.

맥주는 그들에게 민족 정체성을 고취하고 하나로 만드는 매개체다. 지금까지 맥주가 중요한 식문화의 선봉에 선 것은 바이에른에서 제정된 맥주순수령도 한몫한다. 민족 정체성을 세우기 위한 민담 등 다양한 전설이 독일 문화적 요소로 흡입되면서 맥주순수령은 독일의 상징으로 자리 잡았다.

또한 시월에는 독일에서 가장 특별한 날이 기다린다. 10월 3일 독일 통일의 날이다. 베를린 브란덴부르크와 6.17 혁명거리에서 다양한 음식과 무대 공연 등이 쏟아져나온다. 웅장한 브란덴부르크 문 위에 세워진, 샤도우가 제작한 사두마차는 역사의 시간을 더듬어준다. 이곳은 서베를린과 동베를린의 경계점이 된 곳이기에 영욕이 가득하다. 독수리 철십자를 다부지게 쥐고 있는 승리의 여신 니케를 바라보면 위풍당당한 프로이센의 위용까지 전수받는 느낌이다.

'천천히 걷는 자가 안전하게 걷는다'는 로마 제국의 격언을 떠올린다. 그저 천천히 가을을 음미하듯 걷다 보면 올해도 안전하게 지나갈 것이라는 안도감이 인다. 훈훈한 먹거리 축제도 감동적이다. 독일의 먹거리에 적응하기까지는 시간이 필요하지만, 사실 독일의 먹거리라 해봐야 빈약한 수준이다.

수확의 계절이라는 감사 의식의 일환으로 축제가 열린다. 가을 수확축제는 10월에 빼놓을 수 없는 감초다. 쇠네베르그 지역에서 열린 호박축제는 아이들의 동심을 먹거리로 유혹한다. 핼러윈 데이를 위해 호박을 수확해 그림을 그리기도 한다. 그밖에도 아이들의 환희를 불러일으키는 장난감 시장과 어머니들의 손길을 끌어당기는 각종 천들의 시장은 시민 모두를 만족시키겠다는 각오처럼 비장하다.

하지만 이 모든 것을 아우르고도 남는 축제가 있다면 단연 도뫼네 달렘의 가을 수확축제다. 무엇보다 가족들이 참여할 수 있기에 훈훈한 정감이 감돈다.

도뫼네 달렘은 하나의 농장이다. 원래는 영주가 사는 저택과 땅이었다. 이곳에 들어서면 밭일을 막 끝낸 어머니가 하얀 수건을 쓴 채 가족을 위해 밥을 짓다 고개를 들어 미소를 지을 것 같다. 밥 짓는 연기가 흘러나오고 군불을 지피는 아버지가 잔뜩 구푸린 허리를 펴는 듯한 그림이 연상된다.

도뫼네 달렘은 구 서베를린의 호젓한 지역에 위치해 있다. 1830년대 당시에는 칼 프리드리히*Carl Friedrich von Beyme*라는 영주의 소유지였다. 영주가 살아 있을 당시 마차를 타고 땅을 둘러봤을 성 싶을 정도로 넓고 비옥한 땅이었다. 그가 죽은 후 1841년경에 프로이센이 매입했다. 이곳에는 농업박물관이 있고, 거대한 땅에는 유기농 업체가 인계받아 농작물을 경작하고 있다. 축제가 아니어도 이곳에는 매주 수요일과 토요일에 특산물 시장이 열린다.

감자축제에는 독일의 전통 음악이 흐르는 무대가 펼쳐졌고, 각 매대에는 호박, 꿀, 식초, 신선한 치즈, 햄 종류, 유기농 와인, 풀 향기가 나는 사탕이 즐비했다. 이곳에서 직접 기른 사과도 달콤하다. 아이들은 달작지근한 사과 과즙을 삼키고는, 마치 취한 듯이 음악에 맞춰 엉덩이춤을 춘다. 이 축제에는 직접 거둬들인 과일과 채소를 직거래 매장을 통해 판매하고 도자기, 가죽, 모자 등등 예술작품 등을 전시 판매한다.

배가 부른 아이들은 트랙터에 올라타 농지를 둘러보고, 전통적인 회전목마에 업혀 하늘로 날아오른다. 어느새 입에 불을 내뿜는 서커스의 등장과 함께 서서히 석양 노을이 지고, 볼거리, 먹거리에 잔뜩 배부른 영혼은 조금씩 발걸음을 돌려 집으로 향한다.

나의 큰딸은 열 살 생일에 도뫼네 달렘에서 생일파티를 했다. 독일은 아이들의 생일파티가 아주 큰 행사다. 1년에 한 번뿐인 날을 위해 뜻깊은 시간을 마련해준다. 생일 이벤트 날짜를 미리 신청하면 생일 당일에 이벤트 담당자가 나와 설명해준다. 말타기, 트랙터로 농지 한 바퀴 돌기, 도자기 만드는 체험 등 다양한 생일파티 놀이가 준비되어 있다. 대자연 속에서 마음껏 아이들의 동심을 이끌어주는 것이다.

장자크 루소는 '자연은 아이들이 어른이 되기 전에 어린이이기를 바라고 있다. 만약 이 순서가 바뀌면 우리는 설익어서 맛이 없고 금방 썩어버리는 설익은 과일이 된다'고 했다. 아이들에게 자연을 마음껏 경험하게 하는 것은 아이다움의 시간을 보장하는 것이다. 계절의 변화를 손으로 발로 체험하는 시간이야말로 인생을 진정으로 느끼는 기회 아닐까?

독일인들에게 시월은 그리움과 기다림이다. 그들의 시월 사랑은 축제로 배어 나오고 축제는 고스란히 시민들에게 선물한다. 어쩌면 곧 시작되는 지루하고 긴 겨울을 이겨내기 위한 몸부림인지도 모른다.

✹ 우리집 여름방학 들여다보기

여름은 독일에서 가장 활동하기 좋은 계절이다. 밤 10시까지 해처럼 환한 백야 현상으로 긴 하루가 지치지만 알차다. 냉정하면서도 매서운 긴 겨울, 안타깝게 짧기만 한 봄과 가을에 비해 여름은 뭐든지 할 수 있을 것 같은 자신감이 생긴다. 작열하는 태양 탓인지도 모르겠다. 독일 직장에서는 벌써 다음 해의 휴가 계획을 세운다. 아이들이 있는 경우, 여름방학 때와 맞물린다. 그만큼 여름은 독일인들에게 한 해의 정점이라고 볼 수 있다.

독일은 가을 학제인 탓에 여름방학은 학년이 끝나는 시기다. 보통 방학 2-3주 전에는 시험이 마무리된다. 그에 따라 방학 전에는 수업 활동도 다소 느슨할뿐더러 여름축제가 기다린다. 하지만 방학식에는 성적표를 받는다. 이날은 성적 결과에 따라 다소 희비가 엇갈린다. 하지만 6주 가량의 긴 여름방학이라는 기대 때문인지 아이들의 모습은 해맑기만 하다.

집 근처 쇼핑센터에서는 성적표에 1점이 하나라도 있으면 할인을 하거나 선물을 주는 이벤트를 연다. 독일학교에서 1점은 가장 좋은 점수를 의미한다. 1점이 하나라도 있는 아이들은 당당하게 상점을 향한다. 이미 줄을 서는 아이들도 보인다.

독일은 여름방학의 시작이 16개 주마다 다르다. 여행을 떠날 때 아우토반(고속도로)의 교통 정체를 줄이기 위해서라고 한다. 독일은 길고 짧은 방학들이 많다. 학교를 다닐 만하면 곧바로 또 다른 방학이 기다린다. 겨울방학은 일주일 정도로, 스키방학이라고 불린다. 또한 이때 2학기 성적표를 받게 되고 한 학년이 끝난다.

독일의 여름방학은 숙제가 없다. 독일 말로 좀머페리언 *Sommerferien*, 뜻 그대로 여름휴가다. 게다가 보충수업이나 과외활동도 없기에 제도권 교육의 울타리를 철저하게 벗어난다. 물론 학교 밖 영어캠프나 개별적인 활동 등은 이루어지지만 주로 가족 간 여행이 많은 편이다. 아이들은 여행지에서 반 친구들에게 그림엽서를 보낸다. 공식적으로 사교육이 흔치 않은 독일에서 방학은 자율적인 계획 속에서 시간을 보낸다. 아이들이 심심하지 않게 하려면 부모들이 그에 따른 놀이나 학습 및 여행계획을 세운다. 고학년의 경우 친구들과 여행을 가거나 스스로 시간관리를 하지만 아직 어린 자녀들은 어느 정도 프로그램이 필요하다.

우리 집의 경우, 보통 여름방학에 한국을 방문하는 경우가 많았다. 부모님이 계시고 친척들과의 유대관계가 중요했기 때문이다. 비록 독일에 살고 있지만 무엇보다 아이들에게 한국문화와 한국어를 잊지 않게 하려는 의도가 컸다. 한인 아이들의 경우, 겨울방학은 비교적 짧은 탓에 여름방학에 보통 한국을 방문하는 편이다. 하지만 그에 따른 비용 지불이 워낙 커서, 우리 가족의 경우 어떤 해에는 인근 유럽이나 독일 내 다른 곳을 여행지로 택한다.

보통 한국에 가지 않는 해에는 아빠의 휴가 일정에 맞춰 일주일 정도 테마여행을 떠난다. 물론 독일뿐만 아니라 프랑스, 영국, 벨기에, 네덜란드 등의 인근 나라를 여행하기도 한다. 여행을 다녀오면 아이들과 더 친숙해지고 한층 성숙해진 모습을 볼 수 있다.

여행을 떠나기 전 미리 아이들에게 인터넷을 통해 알아두게 하는 것도 효율적인 여행의 팁이다. 기억나는 테마여행으로 몇 가지가 있다.

* 작가들의 흔적 찾기_ 그림형제 등 동화작가나 괴테나 헤르만 헤세, 클라이스트 등 독일에서 많이 알려진 작가들의 흔적을 찾아 떠나는 여행이다. 아이들에게 인문학적 소양을 키워주기 위해서다.
* 음악 테마여행_ 음악의 본고장인 독일의 음악가들을 탐방한다. 바흐, 헨델, 슈베르트, 하이든, 멘델스존 등의 음악가들의 흔적을 들여다보는 여행이다.
* 유명인 무덤 찾기_ 아이들과 함께 토마스 만, 하일리히 만, 헤겔, 피히테, 그림형제 등의 무덤을 찾아 실제 인물을 체감적으

로 느끼게 하는 것이다.

* 박물관 투어_ 파리 루브르, 영국 대영박물관 등을 방문하거나 우리가 거주하는 베를린의 크고 작은 박물관을 들여다보는 재미도 쏠쏠하다. 고대와 현대가 공존하는 박물관은 그 어느 교육보다 알차다. 특히 독일 국립 박물관은 만 18세까지 무료여서 더욱 이용할 만하다.

주니가 10학년, 혜니가 7학년이었을 때, 약 6주의 방학 동안 1주일은 미국인 교회에서 열린 영어캠프, 1-2주는 가족여행, 1주일은 각자 친구들과의 만남을 가졌다. 나머지 남은 날들은 집 근처 도서관 등에 가서 책을 읽거나 부족한 공부를 보충하는 것으로 의견을 모았다. 당시 주니는 방학 하루 전날 혼자 한국을 방문했다. 한국단체에서 실시한 해외 청소년 모국 초청행사에 참여하기 위해서였다. 8월 초에 다시 돌아온 후 가족여행을 가고 이후 개인적인 활동을 보냈다.

언젠가 독일 신문에서 독일에서 방학의 의미는 '늦잠 자기, 숙제 없는 시간, 여행 떠나기'라는 기사를 읽은 적이 있다. 아이들과 나는 무엇보다 늦잠을 잘 수 있다는 것에 환호한다.

평소 8시에 시작하는 수업 때문에 늘 아침잠에 쫓기기 때문이다. 엄마인 나 또한 느즈막한 아침을 시작하고 커피와 빵으로 여유로운 아침을 보내는 여름방학이 편안하고 행복하다.

독일 사람들은 잘 쉬는 것이야말로 일을 잘하는 비결이라고 말한다. 그래서 세계 제1의 휴가일수를 자랑하고 있는지 모른다. 긴 휴가

속에서도 국가 성장률이 지속적으로 높아지고 있는 것은 능률성을 우선시하기 때문이라고 생각한다. 공부와 학교생활에 지친 아이들에게 선물 같은 휴가, 그것이야말로 진정한 방학의 의미가 아닐까 싶다.

쏟아지는 빛(Licht) 더미에 덮히다

지금은 고인이 되신 아버지는 영화, 특히 독일 영화에 심취하신 분이다. 어릴 적 토요일이면 밤에 전등을 다 끈 상태로 텔레비전을 보시던 아버지의 모습! 희뿌연 텔레비전 사이로 빛이 뿜어져나오는 모습이 흡사 오래된 영화관의 영사기를 보는 것 같았다.

아버지가 애호한 영화는 주로 전쟁을 테마로 대부분 나치가 등장하곤 했다. 당시 주말의 명화 프로그램에서는 서부 활극과 함께 2차 대전 관련 영화가 많았다. 난 그때 화면 사이로 보이는 독일 장교의 각진 군복이 멋있다는 생각을 했었다. 물론 영화의 전면을 흐르는 분위기는 한마디로 쓸쓸함이었다. 카키색 군복 깃을 올린 독일 군인, 휘날리는 눈발, 회색빛 하늘, 철학자의 시선, 포로수용소 안의 차가운 공기가 대표적이다.

대부분 사람들은 독일을 맥주와 소시지 같은 맛깔 나는 테마를 떠올릴 것이다. 하지만 나는 어릴 적부터 길들여진 사고 탓인지, 경직된 이미지 그대로다. 어린 시절 이후로 나의 독일 이미지는 여간 바뀌지 않는다. 내가 살고 있는 베를린의 풍경은 더욱 그렇다. 동서 분단의 여운이 아직도 그 그림자를 드리우는 도시 풍경이다. 게다가 칙칙한 가을하늘은 어릴 적 품었던 독일에 대한 이미지를 확고하게 만든다.

최근 아이들과 고전영화 〈뮌헨행 야간열차〉를 보았다. 1940년에 캐롤 리드 감독이 만든 영화로, 2차 세계대전 상황에서 만들어서 의아할 정도였다. 영화는 1939년 전쟁 발발 시기를 다룬다. 독일이 체코를 점령하자, 과학자인 악셀은 자신의 조국 체코를 떠나 영국으로 피신한다. 박사의 딸 안나도 아버지와 함께 탈출하려 하지만, 간발의 차이로 실패한다. 결국 독일군에 체포되어 수용소로 끌려간다. 수용소의 관계자들이 아버지의 행방을 묻지만 딸 안나는 끝내 침묵한다. 그런 과정에서 수용소에서 함께 수감된 카알과 가까워지고 둘은 탈출에 성공한다. 카알은 아버지의 행방을 찾는 안나를 돕지만, 그는 다름 아닌 독일군 고위 장교였다. 수용소에 감금된 안나에게 고의로 접근해 도와준 척하면서, 과학자인 안나 아버지의 행방을 찾고자 한 것이다. 하지만 결말은 해피엔딩으로, 박사와 딸 안나는 무사히 중립국인 스위스로 탈출에 성공한다. 전쟁 속에서 쫓고 쫓기는 과정이 스펙터클하다. 특히 독일과 스위스를 오가는 국경의 케이블카 탈출 장면은 서스펜스를 안겨준다. 70여 년 전에 제작된 영화를 보면서 나름 고전의 맛을 느낀다. 흑백영화지만 컬러와 비교되지 않은 고즈넉함이다. 화려함도 좋지만 잔잔한 기운이 느껴졌다. 대부분 2차대전을 다룬 고전영화가 그렇듯 독일군은 부정적으로 묘사되어 있다. 하지만 독일에 오래 살다 보니 이해의 폭이 넓어졌는지 좀 더 객관적으로 분석할 수 있는 눈도 생긴다.

처음 독일에 왔을 때, 사람들이 입는 옷 색깔이 회색과 검은색 일색이라 의아했다. 혹여 모든 디자이너의 색깔 감각이 그로테스크하지 않을까 생각했다. 아니면 잦은 전쟁으로 어둠에 길들여진 독일 소비자의 욕구가 반영된 것인가? 온갖 상상을 했지만 계절마다 달라지는 계절광 때문에 적응하기 힘들었기 때문이라는 결론을 내렸다.

하지만 채광이 없는 색깔의 베를린이 갑자기 화려해지는 날이 하루 있다. 20가지 색깔의 조명으로 빛나는 밤! 그것도 지독한 절약을 주장하는 그들이 밤에 불야성을 이루는 축제를 생각해냈다는 것은 이례적이다. 매년 10월경에 열리는 빛 축제 이야기다. 베를린 전역 65개 건물과 공간에 다양한 빛을 투사해 조명을 밝히는 빛 축제The Festival of Lights.

베를린 전 보베라이트 시장은 재임 당시 말했다.

"통일 이후 베를린은 세계적인 문화중심도시로 발전했고, 다양한 문화 이벤트로 국제적인 예술도시임을 드러내고 있습니다. 특히 빛 축제는 세계적인 문화축제로 자리매김하고 있습니다."

그의 표정은 불빛 아래 잔뜩 들떠 있었다. 그가 베를린 공항 건설 관련 불명예로 시장직을 그만두지만 않았어도 그의 잘생긴 얼굴과 목소리가 오래 기억에 남았을지도 모른다.

빛 축제의 오프닝은 베를린에서 가장 유동적이고 역동적인 포츠담 광장에서 열린다. 포츠담 광장은 베를린 국제영화제가 열리는 곳이다. 이외 분단의 상징인 브란덴부르크 문, 베를린에서 가장 아름다운 광장인 젠다멘마크트 광장, 베를리너 돔, 텔레비전 탑 등 60개 이상의 공간에서 2주 동안 장관을 이룬다. 특히 구 동베를린의 중심지인 운터 덴 린덴에서 젠다멘마크트 광장으로 이어지는 도로는 마치 '이상한 나라의 앨리스'가 꿈속을 헤매고 있는 듯한 아름다운 장면이 연출된다. 베를린의 빛 축제를 조망하기 위해서 편리한 이동 수단도 동원되었다. 슈프레 강을 가로지르는 배에서 보는 선박투어, 버스투어, 벨로택스를 통한 다양한 빛 축제 감상 공간이 제공된다.

나는 아이들이 커가는 10여 년 동안 매년 빛 축제를 보러 갔다. 아이들이 어릴 때는 환상의 색깔을 경험하게 해주자는 생각으로, 청소년기를 거칠 때는 스스로 추억 사진을 찍으라는 의미로 함께했다. 1년 전에는 부모보다 친구들과 함께하는 것 같아 한편으론 아쉬움이 있었다. 어릴 적 빛 축제를 보고 돌아오는 길에 쿠리 부어스트(소시지에 케첩을 바른 분식)를 먹으면서 행복하게 이야기를 나눴던 기억이 있다. 이제는 분위기 좋은 카페에서 창밖으로 보이는 빛의 향연에 그저 매너리즘으로 감상하는 정도에 그친다.

우리에게 알려진 괴테의 마지막 말은 빛 축제의 슬로건이 되어야 할 것 같다. '더 빛을mehr Licht!'이라고 했던 그의 말이 세상에 빛을 발하라는 것인지, 괴테의 방안이 지금 어둡다는 것인지 알 수 없지만, 오래전부터 도시의 빛 축제를 예언한 게 아닐까 쓸데없는 생각까지 한다.

닫혀 있던 베를린의 밤거리도 모처럼 활기를 띤다. 평소에 어둠이 내리기 전 가족들을 위해 집으로, 친구들을 위해 클럽으로 속속 공간으로 스며들었던 그들이 밖으로 뛰쳐나온다. 반딧불이처럼 불꽃이

되어 거리를 비춘다. 밤이 환하니 우리의 도시, 서울 같다. 이제는 더 이상 칙칙한 베를린이라 부르지 못할 것 같다. 이렇게 아름다운 밤이 존재하니 말이다.

아이들에게 즐거운 성 마틴 축일

독일인들 특유의 몽상적이고 철학적인 성격은 날씨와 무관하지 않다. 그들은 흐린 날, 우울감을 떨쳐버리기 위해서라도 갖은 노력을 다한다. 문화 속에서 자주 기독교적 색채를 표현하는 것도 실존적 연약함에서 연유하지 않았을까? 이렇듯 독일에는 종교적 색채가 가미된 크고 작은 전통 축제가 많다. 어딘가로 떠나지 않아도 여행을 할 수 있는 기회다.

그중 11월 11일은 독일의 '성 마틴 축일'이다. 매년 성 마틴 축일에는 초등학교나 유치원 등에서 작은 축제가 열린다. 물론 거창한 축제의 열기라고 보기에는 다소 미미하다. 원래 독일의 라인란트 지역과 바이에른 지방에서 유래되었다는 축제로 아이들은 이날 성 마틴에 대한 노래를 부른다. 우리 아이들이 다녔던 유치원에서도 '성 마틴 축제'가 큰 행사 중 하나였다. 아이들은 성 마틴의 전설을 듣고 노래를 부르며 직접 연극을 준비한다. 그리고 전날 집이나 유치원에서 직접 만든 초롱을 들고 깜깜한 동네를 돌며 노래를 부른다. 11월쯤, 오후가 되면 금세 주위가 어둑해진다. 어슴푸레해진 시간인 오후 4시 40분에 유치원 앞에서 만나 30분 정도 동네 한 바퀴를 노래를 부르면서 돌다가 다시 유치원으로 돌아온다. 이것을 라테어넨움축(연등행진)*Laternenumzug*이라 부른다. 유치원 앞에 모여 캠프파이어를 하고, 약간의 간식을 사 먹은 뒤 집으로 돌아간다. 사실 간식이라고 해봐야 빵과 음료수다. 유치원에서 무료로 준비하는 줄 알았는데 일일이 돈을 내고 사 먹어야 했다.

전통적으로 부르는 노래는 '나는 나의 초롱과 같이 걷는다*Ich geh mit meiner Laterne*'라는 제목이다.

"나는 나의 초롱을 들고 걸어*Ich gehe mit meiner Laterne*

그리고 나의 초롱은 나와 함께 걷지*und meine Laterne mit mir*

하늘에는 별이 반짝이고*Da oben leuchten die Sterne*

우리는 하늘 아래서 빛나지*hier unten leuchten wir*"

이 노래 외에 행진 때는 아이들이 아주 쉽고도 짧은 노래를 부르기도 한다. 워낙 유명해서 나 또한 다른 날도 흥얼거릴 정도다.

"초롱불, 초롱불, 해와 달, 그리고 별*Laterne, Laterne, Sonne, Mond und Sterne*

불타오르라 내 빛이여, 불타오르라 내 빛이여*Brenne auf, mein Licht, brenne auf, mein Licht*

그러나 내 사랑하는 초롱불은 타지지 마라*aber nur meine liebe Laterne nicht*"

유치원 아이들이 줄을 지어 이 노래를 부르며 걸어가면, 베란다에서 흐뭇하게 내려다보는 할머니, 할아버지들을 보게 된다. 그들 또한 어린 시절, 이러한 행진을 했기에 추억에 잠기는 것이다. 유치원을 다니는 아이들과 가족들이 함께하다 보니 거리가 꽉 찬다. 우리 가족도 아이들과 함께 축제의 행렬에 합세하며 노래를 따라 불렀다. 집에서 그리 멀지 않은 '슐락텐제'라는 호수 인근까지 걸어갔다. 밤에 간 적은 처음이었는데, 호수가 초롱불의 불빛을 받아 작은 파문까지도 정교하게 보여주었다. 그날 다리가 무지 아파 밤새 끙끙거렸다. 그럼에도 아이들의 해맑은 웃음소리에 언제 그랬냐는 듯 다음날은 피곤함이 금세 사라졌다.

이날 축제의 주인공은 성 마틴이라는 성자다. 그는 헝가리에서 태어나 18살에 세례를 받았다. 그 후 수도원을 만들어 주교로 일했다. 그는 여러 지역을 여행하면서 그의 기적의 힘을 보였고 민중에게 친근함으로 유명했으며 많은 사랑을 받았다고 한다. 전설에 따르면, 원래 군인이었던 마틴은 어느 추운 겨울밤 말을 타고 성 안으로 들어가다 성문 앞에서 추위에 떨고 있는 거지를 만난다. 군인이었던 그는 가진 것이라고는 걸치고 있는 외투와 칼뿐이었다. 마틴은 칼을 빼내어 외투를 반으로 잘라 거지에게 준 다음 나머지 반은 자신의 어깨에 걸친 채 거지가 미처 고맙다는 말을 전하기도 전에 서둘러 떠난다. 그날 밤, 꿈에 하나님이 그 거지에게 주었던 외투를 걸치고 나타났다는 전설이 있다. 이후 성 마틴은 군인으로 사는 일이 하나님의 가르침에 맞지 않다고 생각했고 그 길을 포기한다. 그리고 순수하게 그리스도인으로 살기를 원해 수도사가 된다. 특히 당시의 수도사들처럼 고독하게 은둔하며 수행하는 삶을 살았다. 이후 마틴이 세상을 떠나자 천사들이 나타나 함께 노래를 부르며 마틴을 위시해 하늘나라로 갔다. 이렇듯 마틴은 전설에서 순교 당하지 않은 첫 번째 성인이다. 마틴의 축제는 집집마다 동물 도축장이들을 불러 가축을 죽이고 소금을 절이는 때에 행해졌다고 한다. 또 거위가 따뜻한 곳을 찾아 이동할 때 시작되었다. 그래서 이 축제 때에는 거위 고기가 나온다. 이 전설은 곧 자선 행위에 대한 기독교적 상징으로 되었고, 성자 마틴은 가난한 자들을 보호하는 성자이자 기사요 군인으로 지금까지 사랑을 받는 존재이다. 그의 축일에는 이전엔 14일간의 단식일이 시작되었고 11월 11일에 행해지는 마틴의 날 축제는 크리스마스 전 금식의 임무를 포함하고 있다고 한다. 독일에서는 이날이 되면 그의 전설을 기억하며 초롱을 손에 들고 거리를 행진하는 멋스러운 예식을 볼 수 있다.

성탄절 전야 새벽종을 연상시키는 아이들의 노랫소리가 컴컴한 독일 거리를 아름답게 수놓고 있다. 아이들은 전통적으로 내려오는 풍습을 통해 문화를 알아가고, 부모와의 교감을 체험한다. 어린아이들이 줄지어 걷던 성 마틴 축제의 기억은 아름답다.

몇 년 전, 집 근처에서 초롱불을 들고 지나가는 유치원생 무리를 본 적 있다. 추억에 잠겨 한동안 물끄러미 쳐다보았다. 잘 걷지도 못해 자꾸 넘어지던 어린 둘째딸이 벌써 고등학교를 졸업했다. 작은 불빛을 들고 천진하게 엄마를 올려다보던 딸은 이제 나보다 머리 하나는 더 커 버려 내가 올려다보아야 한다. 지나고 보면 모두 추억이다. 인생은 내

가 아닌 수많은 누군가의 에피소드 모음집 같다. 어린 시절의 사진을
들여다보아도 타인의 기억을 들여다보는 것처럼 낯설다.

연말, 반성과 소망의 징검다리

     크리스마스 방학은 엄밀히 말하면 독일의 명절 연휴다. 크리스마스 시즌에 맞춰 다음 해 연초까지 2주가 채 되지 않는다. 그래서 감질맛나게 짧은 크리스마스 방학이 더욱 소중하다. 방학하기 전 아이들은 무척 분주하다. 수업은 아니지만, 이것저것 교내 행사가 많기 때문이다. 방학 이후에도 아직 학기가 남아 있기에 성적표를 받지 않아 스트레스도 없다. 그래서 그 어느 때보다 홀가분한 시간이다. 방학이 임박하기 전, 자신이 활동하는 학교 동아리에서 발표회가 열린다.

     나의 두 아이는 학교 오케스트라 합주단에서 바이올린과 첼로 단원으로 참여했다. 또한 한인 어린이 청소년 예술단으로 활동해 연말 공연 준비로도 바쁜 시간을 보냈다. 직장 내에선 흥청망청 망년회라기보다 직원들이 함께 분위기 좋은 레스토랑에서 저녁 식사를 한다. 그리고는 조용하게 성탄절을 기다린다. 먼 곳에 있는 가족과 친척이 찾아오기 때문에 집안 대청소도 빠지지 않는다.

보통 독일 사람들은 거위고기를 먹고, 아이들과 플레첸 바켄(크리스마스 과자)을 만들면서 성탄절을 보내고, 질베스타(12월의 마지막 날)에 폭죽을 터트리며 새해를 맞는다.

특히 이 기간에는 독일의 전 도시에 크리스마스 시장이 열린다. 우리 가족이 사는 베를린에만 30개 이상의 크리스마스 시장이 있다. 크리스마스 시장에는 주로 크리스마스 장식물 판매 매대가 즐비하고, 먹거리, 옷과 모자 등 실생활에 필요한 물건도 판매한다. 특히 크리스마스 시즌에 마실 수 있는 글뤼바인*Gluehwein*(따끈한 와인에 꿀을 넣은 음료) 한 잔은 매서운 겨울바람도 잠재운다.

크리스마스 시장에 설치되어 있는 아이들을 위한 놀이기구도 명물이다. 베를린은 우리나라의 대형 놀이동산 같은 상설 공간은 찾아볼 수 없고, 특별한 시즌에 일정 기간 설치한다. 어릴 때부터 크리스마스 시장이 열리면 대형 롤러코스터나 인공 썰매를 타곤 했다. 아이들이 놀이기구를 타는 동안, 우리 부부는 달콤한 글뤼바인을 마시며 담소를 나눈다. 수백 년 전부터 이어져 온 크리스마스 간식인 렙쿠헨*Lebkuchen*도 빼놓을 수 없다. 모양은 약간 초코파이 형태이고 내용은 호두, 아몬드, 개암나무 열매 등 7가지가 들어간다. 원래는 수도원의 신부와 수녀들이 만들었는데 1525년부터는 서서히 상업화되고 이후 1643년부터는 길드가 형성되어 점차 대중화되었다.

독일은 11월 말부터 이미 크리스마스와 송년 분위기에 돌입한다. 거리에는 화려한 조명이 눈을 즐겁게 하며 겨울 세일이 임박했음을 알린다. 도시 곳곳에는 명물 크리스마스 시장 만들기에 열을 올린다. 어둡고 칙칙한 독일의 이미지가 12월엔 마법사의 손길이 머문 듯 반짝 변신의 옷으로 갈아입는다.

성탄절은 독일 고유의 명절로, 흩어져 사는 가족들이 모인다. 평소에 멀리 살아, 만날 수 없던 자녀들이 부모를 찾아 고향으로 오는 시간이다. 게다가 교회나 직장, 학교 등에서 선물 교환 이벤트를 하기도 한다. 보통 10유로 이하의 물건을 구입해서 선물을 한다. 당시 우리 아이들의 선물 꾸러기에는 한창 꾸미기 시작하는 나이라서 핸드크림, 립밤, 로션 등도 등장한다. 산타 할아버지 모양의 초콜릿도 크리스마스 선물에서 빼놓을 수 없는 목록이다.

매년 연말이면 친한 이웃들에게 드릴 깜짝 선물을 준비한다. 이때 아이들과 함께 쇼핑센터에서 물건을 고를 때가 소소한 행복이다. 선물을 포장하고, 예쁜 카드를 쓴다. 작은 샴페인, 초콜릿, 한국에서 공수한 냉장고 자석 등등이다. 이웃과의 소통은 연말 우리 가족에게 가장 큰 행사다. 소중한 이들에게 감사 편지를 쓰고 가족 영상을 만들어 한국에 사는 부모님과 친척들에게도 카톡으로 보낸다. 온 가족이 함께 모여 준비하니 사랑도 깊어진다.

크리스마스가 있는 12월은 아이들의 천국이다. 전통적으로 아이들이 행복한 크리스마스였기에 나이든 이들도 자신들의 행복했던 유년을 회상하며 마음의 향수를 달랜다. 11월 마지막 주부터 부모들은 분주해진다. '크리스마스 캘린더' 준비 때문이다. 12월 1일부터 24일 저녁까지 매일 숫자로 표시된 주머니에 초콜릿이나 사탕을 준비한다. 그 번

호가 적힌 날 아침에 아이들은 주머니 속 초콜릿이나 선물을 뜯어보며 환호성을 지른다. 요즘엔 나이 든 어르신들을 위해 크리스마스 캘린더를 만들기도 한다.

우리 집 아이들은 평소 친하게 지내는 분을 위해 크리스마스 캘린더를 선물한 적이 있다. 12월 한 달간 캘린더 숫자에 달린 포장을 뜯으며 선물을 해준 이를 상기시킬 수 있는 좋은 시간이다.

12월 5일 저녁, 아이들은 또 한 번 들뜬다. 아이들은 잠이 들기 전 신발을 깨끗이 닦아 현관 앞에 놓아둔다. 성 니콜라우스 할아버지가 선물을 신발 속에 넣어두기 때문이다. 잠이 깬 후 다음 날 6일 아침 신발 속 선물을 들여다보며 니콜라우스가 다녀갔다는 것을 확인한다.

성 니콜라우스는 산타클로스 할아버지의 원조로 유럽이 시초다. 성 니콜라우스의 행보를 대신하기 위해 부모들이 늦은 밤 선물을 넣어둔다. 이웃 어른들도 아이 있는 집 문 앞에 초콜릿 등을 놓아둔다. 개인적이고 합리적인 독일인들이지만 이런 풍경은 사뭇 정스럽다.

12월 초순에는 보통 송년바자회가 열리기 시작한다. 베를린 노이퀼른 지역에 있는 마틴 루터교회*Martin Ruther Kirche*에서는 예수님의 탄생을 기다리는 대림절 첫 주에 규모가 큰 바자회가 열린다. 1년에 한 번 열리는 이 바자회는 이웃 주민들이 일 년 동안 이 시간만을 기다릴 정도다. 특히 이 지역은 터키 밀집촌이라 무슬림 종교를 가진 이들이 많다. 하지만 값싸고 질 좋은 중고물품을 사기 위해 교회 문을 여는 것을 두려워하지 않는다. 히잡을 쓴 수십 명의 터키 여인들을 교회 안에서 만난다. 일요일 11시부터 시작된 바자회는 오후 4시면 마감한다. 보통

3시경이면 반값 할인을 한다. 중고물품이라 그나마도 파격 가격인데도 다시 절반으로 값이 내리니 오후 3시경에는 막판 세일 물건을 사는 이들로 북새통을 이룬다. 추운 날씨 탓에 교회 건물 안 층층마다 품목별로 바자회 물건이 진열된다. 운이 좋으면 꼬리표를 떼지 않은 새 제품을 기가 막힌 가격에 건질 수 있다. 오래된 그림, 전통적인 유럽풍 그릇, 고풍스런 촛대, 핸드백, 귀부인 모자 등을 몇 유로 이내에 움켜쥘 수 있는 기회다. 바자회 수익금은 추운 겨울을 지낼 어려운 이웃이나 헐벗은 제3세계 국가에 보낸다.

크리스마스 이브 전후를 시작해 마지막 날까지는 가족과 함께 보내는 시간이다. 단체나 회사 등의 송년 파티는 보통 12월 초중반에 이루어진다. 음악을 좋아하는 민족답게 어느 송년회든 음악이 터줏대감이다. 연주가들을 불러 작은 콘서트를 열거나 커피와 차를 마시며 이야기하는 모습은 송년회의 흔한 그림이다. 같은 테이블의 동료나 친구와 그동안 나누지 못한 이야기를 나눈다. 조용하면서도 자유로운 분위기가 만들어진다. '원 샷'을 강요하거나, 상사를 의식해 끝까지 모임에 남아야 한다는 부담감이 전혀 없다.

유치원이나 초등학교에서도 송년 파티가 열린다. 주로 부모님들을 초대해 아이들과 함께 만들기를 하거나, 발표회를 갖는다. 어린이들 또한 친한 친구들끼리 만나 자신들만의 송년 파티를 하곤 한다. 과일에 찍어 먹는 퐁듀 파티를 열거나 눈이 많이 내린 야외로 나가 눈싸움을 하는 등 행복한 12월의 추억을 만들어간다.

독일의 12월은 그 어느 때보다 마음이 따뜻해진다. 살끝을 에이는 한파 속에서도 12월의 독일 풍광은 따스한 기운이 감돈다. 한 해를 마감하면서 조용하고 때론 경건한 그들의 연말. 새로운 해를 향해 질주하기 전 호흡을 가다듬는 것 같다.

우리 가족은 한 해 마지막 날에 집에 모인다. 친구들이 유혹해도 이날만큼은 함께한다. 온 가족이 한 해의 감사와 반성, 그리고 새해 소망을 적는 시간을 마련한다. 한 해의 가장 감사했던 일 10가지, 반성 10가지, 그리고 내년 소망 10가지를 써내려가다 보면 분위기가 숙연해진다. 온 가족이 테이블에 앉아 A4용지에 적는다. 각자 돌아가면서 10가지 내용을 소개하는 시간을 갖는다. 서로가 느낀 한 해의 생각을 나누는 시간은 그 어느 때보다 소중하다.

독일의 심리학자 헤르만 에빙하우스는 '학습하고 10분 후부터 망각이 시작되며 한 시간 뒤에는 50%, 하루 뒤에는 70%, 한 달 뒤에는 80%를 망각한다.'고 했다. 세상사 안 좋은 기억들을 버리기엔 망각이 최고지만 우리의 뇌는 부정적인 것을 더 깊이 각인하는 법이다. 그래서 한 해를 보내면서 잊을 건 잊는 게 참 좋은 습관인 것 같다. 한 해 동안 받은 상처들은 빨리 잊고 그곳에 새 살이 돋게 하는 것도 연말의 마음가짐이다. 또한 반대로 잠시 잊고 지냈던 감사의 기억을 일깨우는 것도 중요하다.

12월 31일, 마을은 폭죽 터트리는 소리로 요란하다. 하지만 우리 가족은 한 해를 마무리하는 글을 써 내려가며 고요하고 평온한 다음 해를 준비한다. 새해의 소망을 하얀 백지에 써 내려가며 두 손을 모은다.

눈을 감으면 어느새 새로운 해가 희망의 이름으로 다가온다.

Herzlich willkommen im neuen Jahr(새로운 해를 진심으로 환영합니다)

독일은 사회적 시스템이 대학에 가지 않아도
직업교육을 통해서도 일자리를 가질 수 있는 기회가 많다.
그럼에도 어디에나 직업적, 학력별 차별은 존재한다.
중고교의 성적 평가를 통해
대학 진학 선택의 폭이 늘어나는 것도 사실이다.

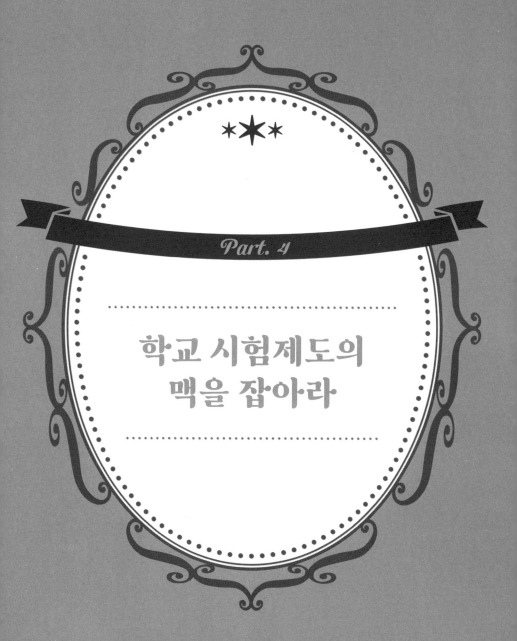

Part. 4

학교 시험제도의
맥을 잡아라

김나지움 10학년 시험 내용 엿보기

  독일의 초중등학교와 대학교는 대부분 국공립이다. 당연히 무상교육을 원칙으로 한다. 대학 지원 관련 전형료는 물론, 대학 간 서열도 존재하지 않는다. 물론 교수진에 따라 대학별 선호도가 존재한다. 먼저 대학에 들어가기 위해서는 입학 자격시험을 통과해야 한다. 물론 외국인 유학생의 경우는 별도 전형을 거친다.

  독일에서 아비투어는 대학에 들어가기 위한 자격시험, 우리 식으로 말하자면 수능시험이다. 학생들은 통상 12학년(베를린)을 마치고 아비투어를 치르게 된다. 주마다 아비투어 시험 기간과 시험문제가 다르다. 또한 부분적으로 다른 교육 방식과 내용에 따라 공부한다.

  베를린의 경우 아비투어는 보통 4-5월 중 필기시험, 5-6월 경에는 구술시험을 치른다. 시험 날짜도 과목별로 다르다. 시험과목은 4-5개이고 그중 3과목은 필기시험, 1과목은 구술시험과 나머지 한 과목은 프레젠테이션을 실시한다. 시험과목에는 반드시 독일어, 수학, 외국어 중 두 개 과목이 포함된다. 또한 아비투어 시험(보통 4-5시간) 중에는 쉬는 시간과 점심시간이 없다. 화장실에 가야 할 경우 선생님이 밖에서 기다린다. 배가 고플 때는 싸 온 간식을 꺼내 먹는다. 통상 11-12학년 과정에서 얻은 내신점수 60%와 마지막 시험 40%를 합산해 대학 입학자격시험 아비투어 점수가 매겨진다. 이 점수를 통해 입학 원서를 제출한다. 내신점수 비율이 상대적으로 높기에 고학년 성적관리도 중요하다.

대학 학과 중에는 NC가 없는 경우도 있다. NC는 눔메루스 클라우수스*Numerus clausus*의 약자로, 정원이 제한된 학과를 말하는 것입니다. NC가 없다는 것은 정원 제한이 없어 지원자를 모두 받을 수 있는 학과를 말한다. 통상 의대나 법대 혹은 몇몇 학과들은 NC가 있다.

인문학 계열 학과는 고등학교 졸업할 당시 나이가 만 18세가 되지 않은 경우 입학에 연령 가산점(베를린의 경우)이 있다. 고등학교 졸업하는 아이들 중에 해외로 1년 정도 단기 유학을 떠나거나 유급생, 혹은 곧바로 대학에 지원하지 않아 나이가 많은 경우가 허다하기 때문이다.

김나지움에서는 10학년까지 담임제 형식이다. 11학년부터는 아비투어 중심의 중점 과목 위주로 진행되기 때문에 자신이 선택한 과목을 수강한다. 그러기에 10학년은 자신의 적성 과목을 찾는 시기다. 베를린의 김나지움의 경우 그 학교가 중점적으로 표방하는 과목 군이 있다. 예를 들어 고전어, 수학, 예술 등이다. 김나지움 입학 초기부터 학교의 중점과목을 인지하고 입학한다. 수학 계열에 관심이 있다면 수학 중점학교에 지원하면 된다. 딸들이 다녔던 학교는 고전어 전문 김나지움이다. 고전어라고 하면 주로 라틴어나 고대 그리스어(헬라어)를 지칭한다. 그래서 수업에서도 고전어 비중이 높다. 10학년 수업은 총 17과목이다. 생물, 라틴어, 독일어, 프랑스어, 화학, 음악, 체육, 미술(예술), 영어, 역사, 윤리, 수학, 물리, 컴퓨터, 종교, 지구과학, 고대 그리스어 등이다.

독일 학교의 일반적인 시험은 크게 시험지 시험과 평상 시 구술시험(프레젠테이션 포함)으로 나뉜다. 시험지로 보는 시험은 말 그대로 필기시험이고, 구술시험의 경우는 학생들의 수업 참여 태도, 적극적인 의사 표시, 질문에 얼마나 질적으로 답변을 잘하는지, 그리고 중간에 프레젠테이션을 통해 추가 평가한다. 필기시험과 구술시험의 평가 배분은 50:50이다. 오히려 선생님들은 구술시험의 비중이 높다고 말한다. 독일 학생들의 시험 성적은 1점에서 6점까지 나뉘는데, 1점은 우리 식으로 90점 이상 '수'에 해당한다. 더 세분화해서 1-, 1, 1+ 등으로도 나뉜다. 이는 90점, 95점, 100점이라는 얘기다. 하지만 필기시험에 아무리 1+의 점수를 얻었다 할지라도 수업 참여율이나 구술에 약하다면 학기 후에 매겨지는 통신표에는 2점이 나올 수도 있다. 이 말은 그만큼 선생님의 평가 재량이 크다는 의미이다.

프레젠테이션에는 음악, 역사, 영어, 라틴어 등이 해당 과목이다. 여기에서 주로 중점 평가사항은 내용을 잘 전달하는지, 전달 효과가 있는지 등을 평가한다. 가끔씩 레퍼라트*Referat*라고 하는 발표 시간이 있는데, 주로 기본 정보만 설명하는 형태로 10분 정도 수업 시간에 즉

홍적으로 조를 짜서 실시한다. 프레젠테이션은 자신의 주장을 세밀하게 준비해야 한다. 학년이 올라갈수록 레퍼라트보다는 프레젠테이션 비중이 높아진다. 프레젠테이션 또한 2-3명이 함께 하는 팀 시험 형식이다. 팀원 간 얼마나 화합을 이루며 잘 준비했는지도 관건이다.

필기시험의 경우 클라센 아르바이트*Klassenarbeit*, 엘레카*Lernerfolgskontrolle*, 테스트*Test* 등으로 나뉜다. 가장 비중이 큰 것은 클라센 아르바이트로 한 학기당 두 번을 치른다. 엘레카는 클라센 아르바이트 절반의 비중이며, 중요한 과목만 학기당 한 번 치른다. 테스트는 수시로 단어시험 등을 보는 경우다. 독일어 과목의 경우 '클라센 아르바이트'는 책을 읽고 분석을 해야 한다.

큰딸 주니의 10학년 독일어 시험은 카프카의 〈변신〉에 대한 문제였다. 언뜻 간단한 듯하면서도 까다로웠다.

'소설에서 주인공은 사람에서 동물로 변신했다. 나중에 그 주인공의 생각과 가치관이 온전히 사람이었을까? 아니면 동물이었을까?'

사실 독일어 시험의 모범답안은 없다. 이 질문을 학생이 어떻게 파악하고 표현하는지가 중요하다. 주니는 집으로 돌아와 답을 쓴 내용의 요지를 말해주었다.

'주인공 그레고르는 이후 동물적 사고로 변했다. 그레고르는 처음에는 사람처럼 지저분한 것을 먹지 않거나 인간의 사고를 가졌지만, 나중에는 자신의 동물적 모습에 순응하고 소극적으로 변했다. 인간은 환경에 조금씩 적응되어간다. 인간이었지만 자신의 실체를 발견하고 점차 동물화되어갔다.'

딸은 이러한 맥락으로 예를 들어 설명하고 주관적 생각을 첨부했다고 했다. 약 두 페이지 분량을 썼는데 최고점수인 1점을 받았다. 시험 치를 때 해당 책을 펼쳐보아도 되지만, 책에 의존하면 쓸 시간이 부족하기에, 무엇보다 시험 전 꼼꼼히 잘 읽는 것이 중요하다. 시험 당일에는 선생님의 문제 의도를 잘 파악하고 자신의 생각을 깊이 있게 표현하는 것이 중요하다. 정답이 없기에 학생의 생각이나 문장 구성력, 기승전결 등을 평가해 점수를 매기는 것이다. 수학 시험의 경우는 조금 더 객관화되고 정확한 답이 필요하다. 문제 푸는 과정까지 써야 하고 과정도 점수에 포함된다. 당시 수학시험 문제는 아래와 같다.

〈어떤 도시에서 파싱축제(2월에 특별한 분장으로 옷을 입는 축제)를 하는데 200명이 관광객이다. 200명 중 140명은 분장을 했다. 또한 이 도시에 거주하는 사람은 50명인데 10명은 분장을 했고 40명은 분장을 안 했다.〉
a) 분장을 한 사람이 갑자기 쓰러졌다. 관광객일 확률은 얼마인가?
b) 분장을 안 한 사람이 쓰러진 사람에게 응급처치를 했다. 분장 안 한 사람이 시민일 확률은 얼마인가?

가끔 질문이 너무 길어, 읽다가 헷갈리는 경우가 있다, 그래서 수학 또한 문해력이 요구된다. 수학 시험의 경우 8학년부터는 전자계산기 사용이 가능하다고 한다.

시험시간에는 껌을 씹거나 음료수를 마시는 것, 사탕을 먹는 것 등이 허용된다. 시험시간은 '클라센 아르바이트'의 경우 독일어는 90분, 영어는 60분, 수학 45분이 주어진다. 라틴어는 긴 문장의 경우 60분 정도이다. 독일어를 제외하고는 전 과목이 60분을 넘지 않는다. 또한 시험일은, 부활절 방학 전에 한 번, 부활절 방학에서 여름방학 전에 한 번 정도 클라센 아르바이트를 치른다. 시험 통보일은 보통 클라센 아르바이트의 경우 늦어도 시험 일주일 전 수업 시간에 통보하며, 엘레카는 3일 전이다. 보통 학교법에서는 일주일 동안에 클라센 아르바이트를 3과목 이상 치르면 안 되는 것으로 규제하고 있다. 아이들의 시험 스트레스를 방지하기 위함이다. 시험 결과는 보통 2주 정도 소요되고 선생님의 상황에 따라 길게는 몇 개월까지 갈 때도 있다.

독일 학생들의 시험 스트레스는 어떨까? 독일 학생들도 매 한 가지다. 엘레카 시험의 경우 만약 2일 전에 시험을 보겠다고 통보하면 외워야 하는 과목 등은 힘들 수밖에 없다. 시험 결과에 불만이 있다면 선생님께 직접 찾아가기도 한다. 그날 시험에 자신이 없는 아이들은 지혜롭게(?) 병가를 내는 경우도 있다. 보통 라틴어와 수학의 평균 점수가 제일 낮은 편인데 라틴어의 경우 평균 점수가 4점 이하인 경우도 있다. 어떤 애들은 4점 점수를 받게 되어도 '앗싸! 5점이 아니다'라고 좋아한다고 한다. 그만큼 학년이 올라갈수록 시험 난이도는 높아진다. 이러한 시험은 전체 시험을 종합해 학기가 끝나는 방학 날 학생들에게 건네준다.

　　언젠가 주니가 상급반에 올라갔을 때, 반 친구들이 로마 철학자 세네카의 말을 자주 했다고 들은 적 있다. 아비투어 시즌이 다가오니, 점수 결과에 따라 순위가 매겨지기에 학교의 명예를 생각해서일까?

　　"우리는 삶을 위해 공부를 하는 것이 아니라 학교를 위해서 공부한다."

　　어느 나라와 국적을 막론하고 아이들에게 공부는 스트레스다. 대학 진학을 위해 아비투어를 앞둔 아이들에게는 더더욱 그렇다.

✿ "우린 시험 볼 때 껌 씹어요!"

영국 카디프대학*Cardiff University* 연구진이 〈영국 심리학 저널/ British Journal of Psychology〉에 발표한 내용을 읽은 적이 있다.

껌을 씹으면 집중력과 사고력이 향상되어 반응시간이 10% 정도 빨라진다는 것이다. 껌을 씹으면 뇌의 혈류량이 늘어나 더 많은 산소와 영양소가 뇌로 전달되어 활성화된다. 어린 시절, 껌을 씹는 행위가 다소 건방져 보이고 턱 근육을 자극해 사각턱이 된다는 말에 잠시 멀리한 적이 있다. 하지만 아주 잠깐이었다. 이후 나의 껌 사랑은 지속되었다.

초등학교 때, 학교에 등교하면서 풍선껌을 씹고 온 적이 있다. 친구들과 풍선 크게 불기를 하다 보니 금세 학교에 도착했다. 그때 수업 시간이 되어 "껌 뱉어!"라는 선생님의 말씀에 아쉬움을 간직한 채 책상 밑에 붙여놓았던 씁쓸한 추억! 시간이 지나 딱딱해진 껌을 다시 꺼내 입안에 오물거리곤 처음 씹을 때의 단맛을 기억하려 애썼다. 당시엔 학교에서 껌을 씹는 행위는 수업의 질을 떨어뜨리고 불성실하게 보인다는 인상이 강했다. 오물오물거리다 선생님에게 들키기라도 하면 뒤에서 의자 들고 서 있어야 할 판국이었다. 하지만 껌이 우리에게 그렇게 해를 끼치는 존재가 아니라면 그 정도의 처벌은 너무 과하다는 생각이 든다.

　　미국의 프로 골퍼인 필 미켈슨도 골프를 칠 때 정신 집중을 위해 껌 씹기를 한다고 말했다. 다른 여타의 운동선수들도 껌 씹기로 긴장감을 풀고 집중력을 유지한다. 특히 스트레스 호르몬인 코르티솔을 감소시켜준다는 연구 결과도 있다. 가끔 야구장의 투수가 껌을 씹는 것을 본 적이 있는데 그런 이유에서다. 고도의 집중력이 요구되는 위치에서 껌이 주는 효과가 있다는 것이다. 최근에는 껌 씹기가 치매 예방과 장폐색증 질환 예방, 입안 세균 억제 등 효과가 있다는 보고가 있다. 이런 기사들 덕분에 껌은 군것질 역사에서 쉬이 사라지지 않을 것 같다.

　　독일에서는 학부모들과 선생님들도 껌 씹는 것을 권장하진 않는다. 산만해 보이고 예의 없어 보이는 이유다. 하지만 유독 허용해주는 시간이 있다. 그것은 시험을 치를 때다. 껌을 씹는 행위가 집중력과 사고력 향상에 도움을 준다는 연구 결과를 신뢰해서다. 껌을 씹는 동작이 일시적으로 뇌혈류 작용을 증진시켜 준다고 말한다. 지금까지 많은 학자들이 껌의 효능에 대해서 실험하면서 껌의 재발견을 외쳐왔다.

　　하지만 반대 의견도 있다. 아이들이 껌을 씹다 아무 곳에나 버렸을 경우, 외관상 보기 좋지 않거나 환경의 문제가 있다. 독일의 몇몇 도시에서는 바닥에 껌을 버렸을 경우 벌금을 내기도 한다. 그럼에도 사람들의 껌 사랑은 쉽게 사라지지 않는다. 어느 독일 잡지에 게재된 기사에서, 독일 아이들은 민트껌을 좋아하고 그다음은 오렌지 맛 등이 들어있는 과일껌, 이어서 버블껌이었다. 나 또한 민트껌을 작은 손가방에 넣고 다니곤 한다. 무엇보다 입 냄새를 막아주는 데 제격이다.

미국의 대표적인 리글리 사 창립자인 리글리*William Wrigley Jr. 1861~1932*는 껌을 발명한 사람은 아니지만 껌을 팔아 억만장자가 되었다. 아무도 관심을 주지 않던 껌의 상품성을 본능적으로 알아차려, 1893년 처음으로 껌을 생산했다. 독일은 한참 후인 2차대전 후 껌을 씹는 미국 병사에 의해 보급되었다.

우리나라에서도 한때 풍선껌 열풍이 일었다. 우리에게 익숙한 광고인 '껌이라면 역시 롯데껌' 멜로디가 지금까지도 입 안을 맴돈다. 언젠가 롯데 신격호 회장이 기업 이름을 괴테의 〈젊은 베르테르의 슬픔〉에 나오는 샤로테에서 착안했다고 말한 일화를 들었다. 괴테와 롯데껌을 연결지어 생각하니, 오물오물 껌을 씹고 있는 괴테와 샤로테의 환영이 보이는 것만 같다. 껌을 씹는 행위를 통해 뇌를 자극하는 효과로 집중력이 생긴다면, 중역회의에서 나이 지긋한 분들이 다 같이 껌을 씹고 앉아 있는 모습도 상상해 볼 수 있을 것 같다.

보통 껌을 씹는 이유는 목을 시원하게 하고, 스트레스를 줄이고, 입의 건조함을 막고, 치아 관리나 비행기 안의 청압을 줄이기 위한 것이라고 말한다. 5000년 전에도 송진 등으로 껌을 만들어 씹은 치아 흔적이 있다고 한다. 당시에는 송진껌은 입 안의 염증을 제거하고 깨진 냄비를 고치는 역할을 했다. 이 정도 1석 5조의 효과라면 앞으로 껌 산업은 지속가능할 것 같다.

언젠가 '베를리너 모겐포스트' 신문에서는 영국의 심리학자 케이트 모건_Kate Morgen_의 연구를 언급했다. 껌을 씹을 때와 씹지 않을 때의 상태를 비교하며 껌을 씹을 때 집중력이 높아졌다고 다시 확인시켰다.

독일에서는 1년에 한 사람이 100개 정도의 껌을 씹는다는 통계를 본 적이 있다. 그중 무설탕 껌이 전체의 80%를 차지한다. 무설탕 껌은 설탕 대체 성분인 솔비톨이 함유된 것이다. 하지만 이러한 무설탕 껌을 오랫동안 씹으면 극심한 설사와 영양 결핍에 시달린다고 베를린 의사협회는 경고한다. 솔비톨의 가장 큰 장점은 체내 치환 과정에서 인슐린을 필요로 하지 않는다는 것이다. 그래서 체중감소를 위한 제품들에 설탕 대체로 사용되지만, 동시에 위와 장에 가스를 유발하는 결과를 낳기도 한다. 그래서 10% 이상의 솔비톨이 함유된 제품은 섭취를 피하라고 경고하기도 한다.

독일 껌의 특징은 디자인이나 맛보다는 기능인 듯싶다. 씹을 때 딱딱한 느낌이 가끔 치아가 곤혹스러울 정도다. 독일 시장은 세계 껌 시장에서 7위를 선점하고 있다. 그래서 어디서든 껌을 씹는 사람들의 모습을 왕왕 볼 수 있다. 앞으로 더 늘어날 전망이다. 어린이나 청소년 층의 소비가 늘어나고 있기 때문이다. 특히 집중력과 사고력 증진은 물론 체중 감소까지 가져올 수 있다는 보고가 잇따라 나온다.

독일 베를린 김나지움에서 독일어 과목을 가르치는 블랑켄부르그 선생님은 자신의 수업 시간에 물과 약간의 간식을 먹는 것까지도 허용한다. 졸음 예방을 위해서 필요하다고 덧붙인다.

"아이들이 시험시간에 껌을 씹는 것은 허용합니다. 단지 입을 다 물고 씹어야 하고, 다 씹고 나서는 적절히 잘 버리는 것을 가르치죠."

껌에 대한 효능과 함께 그에 따른 적절한 관리가 필요하다고 강조한다. 우스갯소리로 그녀가 말한다.

"그런데 공부 잘하는 아이들은 껌 안 씹어도 돼요. 껌 핑계 대지 말고 틈틈이 공부해야 하는데…."

그녀도 그다지 아이들이 껌 씹는 모습이 탐탁지 않은 모양이다. 그럼에도 집중력을 높인다니 지금부터라도 내 책상에 껌을 놔두어야 할까?

교장 선생님에게 면접시험을 보다

김나지움 입시지원 시기쯤이면 학교 개방의 날*Tag oeffnen Tür*이 열린다. 자신이 다니고 싶은 상급학교를 찾아가 직접 체험하는 기회다. 통상 1월경으로, 이날은 김나지움 재학생들에게도 축제일과 같다. 방문하는 학생들을 위해 벼룩시장을 열거나 먹거리 장터, 연주회, 공개수업 등으로 유혹한다. 두 딸이 다닌 김나지움에서는 여러 이벤트 외에 라틴어 공개수업을 가졌다. 30분 가량으로 진행되어 아이들에게 기초적인 라틴어를 선보였다. 딸은 수업시간이 재밌었다고 말했다.

독일은 우리나라와는 달리 인생의 방향이 초등학교부터 결정된다. 베를린(베를린은 통상 6학년 이후)을 제외한 다른 도시에서는 초등학교 4학년을 마치면 각각 다른 상급학교로 진학하게 된다. 베를린은 비교적 성적이 우수한 학생의 경우 4학년 졸업 후에 김나지움에 입학한다. 상급학교는 초등학교를 졸업 후 대학준비학교라 할 수 있는 김나지움,

실업학교인 하우프트슐레*Hauptschule*와 레알슐레*Realschule*, 종합학교인 게 잠트슐레*Gesamtschule*로 나뉜다.

우리에게 독일은 표면적으로 직업에 대한 귀천과 학력차별도 없는 것처럼 보이지만 지금은 달라지고 있는 추세다. 점점 더 대학 입학에 대한 열망이 높아져 간다. 그것은 아무래도 어느 사회나 지식의 수준을 학벌로 판단하기 때문이다. 또한 그 차이가 실제로 받는 급여와 연결된다면 더욱 그렇다.

2022년 스텝스톤*Stepstone*의 급여통계에서 독일 평균 1년 연봉은 세전 51,009유로로 나타났다고 한다. 그중 가장 많은 연봉을 받는 직업은 1위가 병원 의사로 평균 92,600유로를 받는다. 다음으로 엔지니어가 64,330유로, 3위는 IT업종이 61,670유로로 이어진다. 대졸자 직업군이 상위권에 속해있다는 것을 볼 수 있다. 점차 학력에 대한 열망이 높아지는 것도 자본주의 사회에서 불가피하다. 점점 각 직업군마다 아비투어 합격자를 원하는 사례가 증가해, 자연 김나지움 입학에 대한 경쟁률도 치열해졌다. 물론 레알슐레나 하우프트슐레를 통해서도 대학 입학의 길이 있지만 쉽지 않은 편이다. 이런 양상이다 보니 교육에 열성적인 부모들의 경우, 김나지움에 보내기 위해 미리부터 평판 좋은 김나지움 물색에 나서기도 한다. 성적이 부족한 경우 사립학원이나 개인 과외를 물색하기도 한다. 학교 근처에 홍보지를 뿌리는 사립 과외 학원들이 눈에 띄는 것도 요즘 독일의 달라진 양상이다. 물론 사교육에 핏대를 세우는 우리의 현실과 견줄 만큼은 절대 아니다.

베를린을 예로 들면, 일반 김나지움의 경우 공립과 사립으로 나

넌다. 영어를 위주로 공부하는 국제학교는 예외로 하겠다. 공립은 주정부와 연결되어 있으며 학비가 무료다. 공립 김나지움 입학은 초등학교 선생님의 추천서가 필요하다. 추천서는 선생님이 판단했을 때 김나지움에 입학할 수준의 학력이 되는지와 아이의 적응도 등을 고려해 부모와 협의를 거쳐 작성한다. 또한 4학년 1학기 성적표가 첨부된다. 어떤 학교는 3학년 2학기 성적도 요구한다.

독일의 학제는 가을학기이기에 다음해 1월 말경 1학기의 수업이 끝난다. 일주일 방학 후 2학기가 시작되어 여름방학 전에 학년이 마무리된다.

초등학교의 성적표는 1학년부터 2학년까지는 각 학업 분야별로 세세한 조항에 아이들의 참여 및 성취도를 표시한다. 물론 이때까지는 숫자로 표기된 점수는 없다. 하지만 3학년부터는 숫자로 성적을 매긴다. 1점에서 4점까지 나뉘어 1점은 '아주 잘함', 2점은 '잘함', 3점은 '보통', 4점은 '좋지 않음'이다.

베를린 김나지움 입학의 경우, 초등학교 점수에서 평균 최소 2점 이상의 점수를 선호한다. 학교마다 별도의 시험을 치르는 곳도 있다. 능력 있는 학생을 자체적으로 선별, 선택하기 위한 방법이다.

사립 초등학교는 부모 월급에 따라 학비가 결정된다. 보통 공립 초등학교보다 다소 빨리 지원서를 받는다. 크리스마스 휴가가 끝난 후 입학 원서를 제출한다. 베를린의 사립 김나지움인 그라우에 클로스터 김나지움*Graue Kloster Gymnasium*(기독교 김나지움)의 경우 초등학교 1학년부터 3학년까지의 성적표를 요구한다. 또한 지원서에는 초등학교에서의 기독교 종교 수업 참여성적과 부모의 종교세(독일에서는 국가적으로 종교세를 교부한다) 여부 등이 포함되어 있다. 이러한 입학원서가 제출되면 다음은 교장 선생님과의 면담이 주어진다. 우리나라와 다른 입학 전형의 모습이다. 면담에서는 교장 선생님이 아이를 직접 대면해 아이의 성향을 파악한다. 특히 아이의 성향이 해당 학교에 잘 맞는지 체크하게 된다.

딸이 다닌 김나지움에서도 5학년 입학 전, 교장 선생님과의 면접을 진행했다.

'왜 이 학교를 선택하게 되었는가?'

'앞으로 사회에 기여하기 위해 어떤 일을 하기를 원하는가?'

교장 선생님은 아이가 편안하게 응할 수 있도록 미소를 지으며 대화하듯이 면접을 이어갔다. 교장의 입장에서 아이가 맘에 드는 경우, 아이에게 이 학교를 1지망으로 기재해 달라고 요청하기도 한다. 즉 자신들의 학교에 입학해달라고 권유하는 것이다. 공립 김나지움은 지원서에 1지망과 2지망 학교를 기입하도록 되어 있어서, 1지망으로 기입하면 합격이 되었을 때 2지망은 의미가 없어진다.

이렇게 진행된 입시는 4월 안에 합격 여부가 결정된다. 그리고 여름방학이 지난 후 새로운 학년이 시작된다. 아직도 삶의 방향이 제대로 서 있지 않은 4학년 아이들이 상급학교 진학을 위해 원서를 작성하는 모습은 아직도 나의 눈엔 생경스럽다. 서서히 아이들은 인생의 방향을 선택하는 연습을 시작한다.

책벌레 혜니의 코엘료 읽기

    파울로 코엘료의 〈연금술사〉를 거의 20여 년 전에 한국어로 읽었다. 하지만 그 당시엔 나에게 별 다른 의미로 다가오지 않았었다.

    주니가 김나지움 12학년이 되던 해, 코엘료에 대해 이야기할 기회가 있었다. 마침 코엘료의 신작 〈스파이〉가 출간되었던 이유도 있었다. 인문학적 갈증 때문인지, 〈연금술사〉와 그의 신작 〈스파이〉의 독일어판을 일단 사두었다.

    이후 시간의 흐름 속에 내버려두었다가 몇 년 후 코엘료 생각이 나서 책장을 뒤졌다. 하지만 어디에도 없었다. 유력한 용의자는 책벌레 혜니라는 심증이 갔다. 하지만 혜니는 다음날 독일어 시험을 앞두고 책상에 붙박이가 된 채 앉아 있어야 했다. 혹시나 해서 딸의 방문을 열고 들어갔다.

    '맙소사! 맙소사!'

딸은 온몸을 무장해제한 채 침대에 누워 〈연금술사〉를 읽고 있었다.

"딸! 낼 시험 아닌가?"

격앙된 나의 눈빛에 놀란 건 딸이었다. 그것도 잠시, 딸은 느긋하게 '독일어' 시험은 평소 시험 범위가 정해진 게 없어 공부할 게 없다는 것이다. 그래서 머리도 식힐 겸 벼르고 있던 책을 읽고 있다는 것. 그때 나는 한국에서 제도권 교육을 받은 자로서 좀 이해가 되지 않았다. 시험 전날 한가하게 소설책 읽는 행태는, 시험에 대한 모독이며 오만의 극치가 아닌가? 하지만 동시에 독일인들, 그들이 말하는 인문학적 교육을 느끼는 순간이었다.

독일이 사랑하는 교육자 홈볼트가 그리는 전인교육은 말하자면, 벼락치기식 공부보다 매일의 삶이 교육이라는 철학적 메시지에서 비롯된 건 아닐까? 그러기에 지금 딸은 인생의 연금술사를 통해 삶을 알아가는 방식을 배우는 진짜 시험공부를 하는 건 아닐까? 하지만 이 생각은 날 위로하기 위한 암묵적 강요처럼 느껴졌다.

1871년, 비스마르크의 주도 하에 북방족의 하나였던 프로이센이 소공국으로 나뉘어 있던 독일을 하나로 통일했다. 프로이센은 정치적, 군사적으로 막강했지만 교육 분야에서도 주변 국가의 롤모델이 되었다. 통일 전인 1794년부터 유럽 역사상 최초로 국가가 주도하는 공교육을 시행했고, 1810년에는 다수의 노벨상 수상자를 배출한 베를린 홈볼트 대학(당시 베를린대학)을 만들었다. 그때 주역을 담당했던 교육자가 빌헬름 폰 홈볼트*Wilhelm von Humboldt/1767~1835*다. 그는 전인적 교육을 강조했는데, 지금 독일 교육의 기본 토대라고 할 수 있다. 교육을 통해 통찰하는 성숙한 인간형을 꿈꾸었던 이다. 그의 생각은 학교 수업 속에 녹아들었다. 그래서인지 독일의 수업방식은 암기식보다 토론과 대화를 이끌어내는 분위기다. 수학이나 화학, 생물 등 정답이 정해져 있는 과목 또한 생각을 끌어내어 답을 도출해내는 방식이다. 독일어나 역사, 외국어 등 과목은 두 말할 것 없이 서술식이다. 문제를 푸는 것도 그렇지만 선생님의 성적 평가도 상당히 곤혹스러운 과정일 것 같다. 어느 나라에도 존재하는 우수와 열등의 구분을 짓는 성적은 독일 아이들에게도 당연 스트레스다.

헤르만 헤세*Hermann Hesse/1877~1962*의 소설 〈수레바퀴 아래서〉는 독일교육의 실태를 보여준다. 명예심과 규격화된 인물을 만드는 교육제도에 의해, 결국 자살하는 한스 기벤라트의 모습에서 당시 엄격한 교육 시스템을 엿볼 수 있다. 당시엔 청소년 자살률도 높았다고 한다. 책에서는 유년 시절 헤르만 헤세의 좌절과 고통이 숨어 있다. 그는 어린 시절 명문 신학교에 진학했지만, 신경증세로 1년 만에 중퇴했다. 이후 시계 부품공장과 서점에서 일하던 중 글을 쓰기 시작했다. 책에서는 자신의 눌렸던 억압적인 심리가 잘 묘사되어 있고, 수레바퀴 아래서의 삶을 쉽게 상상할 수 있다. 이렇듯 문학 속에 내재된 당시 교육실태는 많은 반향을 일으켰다. 시대가 흐르면서 68혁명의 여파로 과거 청산과 교육개혁의 연결선상으로 지금의 독일 교육까지 이르렀다. 하지만 최근에는 또다시 성적 지향의 분위기가 스멀스멀 올라온다.

그렇다면 성적이 낮은 아이들은 어떻게 될까? 사실 독일학교는 성적에 대한 근본적 스트레스를 지양하고자 하는 노력을 한다.

예를 들어 한 교실에서 수준이 급격히 낮아 수업내용을 인지하지 못할 정도의 학생들에겐 유급제도가 있다. 즉, 그대로 학년을 유지하거나 내려간다. 하지만 이 학교 내에서 유급이 싫다면 다른 학교로 전학을 가는 경우가 많다. 큰딸의 경우 반 학생수가 5학년 입학 당시 30명 정도였지만 6학년이 지나면서 20여 명으로 줄어들었다. 초등학교보다 급격히 수준이 높아진 김나지움 수업에 발맞추기가 힘든 아이들이나 학교에 적응이 안 되는 학생들이 다른 학교로 전학을 간 경우다. 이런 양상은 결국 우등은 소수화, 중간그룹은 다수화, 열등은 최소화시키는 모형을 만든다. 그럼에도 성적을 높이는 노력은 개인별 차이는 있지만 여전히 이뤄지고 있다. 독일에서는 음악, 미술 등 예술 분야를 제외하곤 사립학원이 왕성하진 않다. 하지만 자신의 자녀가 남보다 우월하길 바라는 것은 대부분 학부모들의 염원이다. 우리나라처럼 사회적 붐을 이용한 왕성한 사립학교는 그다지 많지 않다. 물론 주변에 한두 군데 보이긴 한다. 암암리에 개인 과외를 하는 경우도 있다.

공식적인 과외 형태는 학교 내에서 찾아볼 수 있다. 딸들의 학교에서는 선후배 과외활동을 장려한다. 홈페이지에는 과외를 해주겠다는 재학생 선배들의 구직란도 있다.

11-12학년의 선배가, 자신이 잘하는 과목을 통해 후배에게 가르친다. 물론 비용 지불을 전제로 하지만 최저 임금 아래 수준이다. 대체로 5-6학년 아이들이 선배들에게 해당 과목을 배운다. 이는 용돈벌이를 하고 싶은 선배들의 일자리 창출과 스스로 재학습 효과가 있고, 후배들

에게는 학교 선배가 가르치는 따끈하고 핫한 교육을 기대할 수 있다. 게다가 학교 전반에 대한 정보를 습득할 수 있어 일거양득이다.

또한 아이들의 김나지움에는 오티움*Otium*이 있다. 라틴어로 '여유'라는 뜻이다. 이곳에는 교육지도사(에어찌어린)*Erzieherin*가 배치되어 방과 후에 숙제나 부족한 공부를 도와준다. 주로 5-8학년 저학년 학생들이 수업이 끝나는 2시 이후부터 약 2-3시간 정도 머무른다. 공부에 대해 의문사항이 있으면 이곳에 있는 교육지도사에게 질문하면 친절히 답해준다.

독일은 사회적 시스템이 대학에 가지 않아도 직업교육을 통해서도 일자리를 가질 수 있는 기회가 많다. 그럼에도 어디에나 직업별, 학력별 차별은 존재한다. 중고교의 성적 평가를 통해 대학 진학 선택의 폭이 늘어나는 것도 사실이다. 그럼에도 아직까지는 대학이 생존을 위한 공부보다는 학문 자체에 의미를 두기에 지식에 열정이 있는 이에게만 권장한다. 그러기에 김나지움에서도 벼락치기 족집게 과외보다는 틈틈이 책을 읽고 인문학적 소양을 늘리고 평소 실력을 쌓는 것이 성적 향상에 도움이 된다고 말하는 것이다.

그래서 내가, 시험 기간임에도 불구하고 느긋하게 책을 읽는 딸을 다그치지 않는 이유다.

프레젠테이션, 대학 교육의 리허설

아비투어 과목 중에는 발표시험이 있다. 다행히 코로나 상황이 계속된 올해에도 무리 없이 진행되었다. 큰딸 주니는 역사와 철학 과목을, 둘째딸 혜니는 역사와 정치 과목을 선택했다.

발표시험은 1년 전부터 테마를 정한다. 주제는 무엇이든 상관없다. 주니는 우리나라 일제 강점기 시대의 위안부 문제를 다뤘다. 이 테마를 역사와 철학적 측면에서 중립적인 자세로 발표했다. 이를 위해 베를린의 일본학자를 만나기도 하고, 한국 위안부를 연구하는 단체를 통해 책을 빌리거나 학자들의 증언과 논문을 읽었다. 그렇게 준비한 내용으로 발표를 위해 파워포인트 작업을 했다.

시험 당일에는 역사와 철학 과목 등을 맡은 시험관 선생님들 앞에 서게 된다. 아무리 준비를 철저히 했어도 자신의 눈을 주시하며 앉아 있는 선생님들 앞에서 주눅이 들 수밖에 없다. 약 20분 정도 발표하고 이후 질의 응답시간을 갖는다. 위안부 문제에 대해 잘 알진 못하지만 관심 있게 지켜보는 선생님도 있고, 어떤 이는 냉소적인 반응을 보이기도 했단다. 테마에 대해 우회적으로 '이건 너희들 나라의 문제 아닌가?'라고 의사 표시를 한 선생님도 있었다고 한다. 같은 전범국의 감정인지 일본에 대해 다소 우호적인 독일인들이 많아서 그런 것이 아닐까 의구심도 들었다. 물론 한국 학생이 일본군의 만행을 드러내는 위안부 문제를 다룬다는 것은 '팔이 안으로 굽는' 편향적 접근도 무시할 수는 없을 것이다. 그럼에도 아이 입장에서는 한국의 역사를 알리는 데도 중요한 기회였다. 독일 선생님들 스스로도 강점기 시대 한일 관계를 들여다볼 수 있는 시간이 되었고, 딸에게는 위안부 문제에 대해 구체적으로 접근할 수 있는 기회였던 것 같다.

둘째딸인 혜니가 선택한 테마는 역사와 정치학적 관점으로 본 우크라이나의 '홀로도모르' 대학살 사건이었다. 혜니는 정치에 상당히 관심이 많은 아이로, 평소에도 독일 뉴스를 꼼꼼히 살피는 편이다. 지난해 여름부터 주제를 고민하던 아이는 역사의 수면 속으로 사라진 '홀로도모르'를 연구해보겠다고 했다. 나는 우크라이나에 대해 '유럽의 빵공장'으로, 비옥한 땅이라는 정도만 알고 있었다. 사실 '홀로도모르' 또한 1930년대에 일어난 일일 뿐만 아니라, 특별히 우크라이나 역사에 관심이 있지 않은 한 간과하기 쉬운 테마였다. 딸은 발표 준비를 위해 우크라이나 단체는 물론, 학계, 그리고 러시아 학자 및 관련자들을 인터뷰했다. 다른 아비투어 과목을 공부하다가도 틈틈이 자료를 찾아보는 모습이 보였다. 나와 남편은 가끔 이 사건에 대한 최신기사를 스크랩해주거나, 아이디어에 대해 조언하기도 했다. 딸의 책상 위에는 홀로도모르 관련 자료가 쌓여갔다. 이 정도면 박사 논문을 써도 되겠다는 생각이 들 정도였다.

그러던 중, 한창 프레젠테이션을 준비하던 2022년 2월 무렵이었다. 러시아가 우크라이나를 침공하는 사태가 벌어졌다. 앞서 2021년 11월 당시 홀로도모르 추모행사에 딸과 함께 간 적이 있었는데, 그때 분위기가 아주 침울했던 기억이 난다. 러시아와 우크라이나 관계가 심상치 않다는 느낌이 언론을 통해 흘러나오던 때였다. 결국 전쟁이 터졌고, 수많은 젊은이들이 전쟁으로 사라져갔다. 헤로도토스의 저술 〈역사〉에는 '평화로울 때는 자식이 부모를 땅에 묻지만 전쟁이 일어나면 부모가 자식을 땅에 묻는다'고 적혀 있다. 전쟁은 그렇게 참혹하게 청춘을 빼앗아간다. 이런 우크라이나 상황 아래서 딸의 테마가 그 어느 때보다 학교 내에서 주목을 받게 되었다. 그 여파인지 평소 참관하지도 않은 교장 선생님까지 발표를 지켜보게 되어 긴장되었다고 딸은 말한다.

참고로, 우크라이나 홀로도모르 대학살은 1932년부터 1933년까지 소련의 자치 공화국인 우크라이나 소비에트사회주의공화국에서 발생한 대기근이다. 홀로도모르는 우크라이나어로 '기아로 인한 치사(致死)'라는 뜻이다. 이때 우크라이나에서는 250만 명에서 350만 명 사이의 사망자가 발생한 것으로 추정된다. 문제는 그 기아의 원인이 소련의 의도적인 계획이었다는 주장이다. 하지만 러시아의 입장에서는 불가피한 정책의 일환이었다는 입장이다. 딸은 발표를 준비하며 그동안 전혀 알지 못했던 우크라이나를 깊이 알게 되었다.

혜니는 발표시험을 성공리에 마쳤다. 시험 당일에 하얀 와이셔츠에 청바지를 말끔히 차려입고 아주 여유 있게 했다는 후문이다. 선생님들의 질문에도 특유의 자신감으로 웃어넘기며 답을 했다고 한다. 딸은 발표시험에서 좋은 점수를 받긴 했지만 그와 별도로 우크라이나의 현 상황에 대해 안타깝다는 말을 했다. 전쟁은 계속되고 우크라이나의 무고한 백성들은 난민으로 전락했다. 난민들은 전쟁을 피해 독일 등 인근 나라들로 피신했다. 우크라이나와 그리 멀지 않은 거리에 위치한 독일도 우크라이나 전쟁을 돕고 난민 구호활동을 꾸준히 진행하고 있다.

최근 베를린의 어느 교회에서 우크라이나 난민을 위한 자선음악회가 열렸다. 음악회에서는 특별한 순서가 기다리고 있었다. 우크라이나에서 탈출한 여가수 안나 콘스탄티노바가 노래를 불렀던 것이다. 혜니는 우연찮게 그녀와 잠깐 인터뷰할 기회를 얻었다. 러시아어와 우크라이나어만 구사한 그녀를 위해 통역사가 함께했다. 우크라이나 전통의상을 입은 안나는 인터뷰 내내 아홉 살짜리 아들의 손을 꼭 잡고 있었다. 엄마 손을 꼭 잡은 아이에게서 알 수 없는 두려움에 덮여 있다는 느낌이 들었다. 혜니가 질문을 던졌다.

"고향이 어디인가요? 그리고 피난할 때의 상황은 어떠셨나요?"

"저는 하르키우 출신이에요. 전쟁이 발발하자 9일 후에 피난을 왔어요. 하르키우가 우크라이나 동쪽에 있어서 빠져나오기가 쉽지 않았어요. 피난 갈 사람들은 많았는데 기차 공간이 부족했지요. 기차 안에서 사람들은 밤낮으로 서 있어야 했어요. 기차를 타고 우크라이나 서쪽인 르비우까지 갔다가 거기서 독일 친구들이 저와 아들을 독일로 데려왔어요. 독일에 도착하기까지 여러 날이 걸렸지요."

"오늘 불렀던 노래들은 어떤 내용이에요?"

"우크라이나 국가도 불렀고요. 특히 군인을 기다리는 한 어머니의 노래도 불렀습니다."

그때부터 안나는 울먹이기 시작했다. 갑자기 Mate, Mate(엄마, 엄마)라고 말하며 잠시 고개를 숙였다. 혜니는 안쓰러운지 안나를 쳐다보며 말을 이었다.

"안나, 너무 힘들면 이야기 안 하셔도 돼요."

"지금 저희 부모님과 남편이 소련군 점령지역에 있어요. 계속 연락이 안 되는데 너무 걱정되고 보고 싶어요."

"너무 힘드시겠어요."

"지금 우크라이나는 모든 게 파괴되고 있어요. 제가 다녔던 대학교도 마찬가지고요. 내 고국의 미래가 안타까워요. 이 힘든 전쟁이 빨리 끝나기를 기도합니다. 평화가 새로 태어나고 사람들이 죽지 않기를요. 지금 우크라이나에 똑똑하고 유능한 사람들이 사라지고 있거든요."

안나는 인터뷰가 끝날 때까지 눈물을 멈추지 않았다. 혜니 또한 인터뷰 내내 눈이 벌개진 모습이었다. 집으로 돌아오는 길에 안나의 아들이 눈에 어른거렸다. 언젠가 매스컴에서 한쪽 다리를 잃은 엄마를 돌보는, 우크라이나 아이들의 모습을 본 적이 있다. 전쟁은 아이들을 강제로 어른으로 만들어버린다.

그럼에도 전쟁의 소용돌이를 피한 난민들도 새로운 터전에서 살아남아야 한다. 그것이 현실이기에 더욱 안타깝다.

알랭 드 보통이 〈여행의 기술〉에서 말한 적이 있다.

"우리는 식민지 체제에 대해서 이야기하고, 한편으론 아무리 강력한 자외선 차단크림도 이상하게 효과가 없다는 말을 주고받았다."

팽팽하게 조여진 상황 속에서도 그들은 살아남아 현실 속에서 그들의 역사를 기록하고 기억해야 할 필요가 있다.

레마르크의 〈서부전선 이상 없다〉에서 독일군은 영국, 프랑스와 대적하는 최전선인 서부전선에서 접전을 벌인다. 그때 학교에 다니다 끌려온 소년 보이머는 종전이 임박한 어느 날 허무하고 쓸쓸하게 전사한다. 하지만 그날 사령부 보고는 그저 단순한 보고 한 자락이었다.

"서부전선 이상 없다!"

한쪽에선 죽어가고, 한쪽에선 먹어야 하고, 그리고 꿋꿋이 살아내야 하는 현실이다. 안타깝지만 살아남은 자는 살아내야 한다. 그게 삶이라고 우리는 확연히 안다.

문득 이 순간 이미 무덤에 있는 이 분을 소환하고 싶다. 그리고 러시아 병사들에게 다시 한 번 외쳐주었으면 싶다.

"전쟁은 지휘관들이 막을 수 있는 것이 아니라 전쟁에 이유 없이 끌려온 군인들이 막을 수 있습니다. 군인들이야말로 가장 자연스럽게 전쟁을 막을 수 있습니다. 명령에 불복종하면 되기 때문입니다."

푸틴의 나라, 러시아의 대문호 레프 톨스토이가 했던 말이다.

우크라이나의 봄은 언제 올까? 우크라이나 난민들이 자신의 고향으로 돌아가 가족과 함께 따스한 봄을 맞이하기를 간절히 바란다.

재능과 지식을 함께 얻는
예능계 김나지움

독일의 중고등학교는 연방 주에 따라 12학년, 혹은 13학년에 졸업을 한다. 졸업 전 3년은 오버슈트페로, 한국식으로는 고등학교 과정이다. 12학년제면 10학년부터, 13학년제면 11학년부터이다. 베를린의 김나지움은 12학년제다. 11학년부터 2년간 성적이 내신에 포함된다. 또한 2년 동안은 학생 본인이 정한 과목을 수강하는, 약간 대학 강의 시스템과 유사하다. 학교 수업을 따라가기가 힘들면 유급이 가능하다. 김나지움은 중점 영역별로 학교가 나뉘는데 고대 언어 등 3-4개의 외국어를 배우는 언어 영역, 수학이나 과학 등에 초점을 맞춘 수리과학 영역, 예술 영역, 경제학 및 법학 등에 중점을 둔 경제사회과학 영역의 김나지움으로 크게 나뉜다. 학생들 스스로 잘하는 과목 성향에 따라 관련 중점학교에 지원할 수 있다. 이러한 중점학교 외에 우리나라의 예술고 같은 특수 목적을 가진 김나지움이 있다. 뮤직 김나지움, 국립발레 김나지움, 축구 김나지움 등이 해당된다.

베를린의 뮤직 김나지움 중 가장 명성 있는 카를 바흐 뮤직 김나지움*Musikgymnasium Carl Philipp Emanuel Bach*은 舊 동베를린 지역에 자리 잡고 있다. 통일 전에는 이 학교를 졸업하면 동독이 자랑했던 88개의 오케스트라 중에 한 군데를 선택할 수 있었다. 당시 이 학교 출신들이 생업에 지장받지 않고 다양한 음악적 재능을 펼칠 수 있도록 배려한 것이다. 학교 내에서 정치적 토론도 가능했고, 군사 교육도 할 필요가 없는 보호된 섬처럼 육성되었다. 통일이 되면서 서베를린 학교법에 따라야 했지만 이 학교만큼은 예외적으로 적용했다.

물론 지금도 바흐 김나지움은 음악적 소질이 있는 학생들이 선망하는 학교다. 우리나라에서 조기유학 온 음악지망생들이 지원하는 경우를 본 적 있다.

특히 이 학교는 베를린 전체 음악학교 및 음악 아카데미, 베를린 국립음대(한스 아이슬러), 베를린 우데카(예술대학) 등과 연계되어 있다. 또한 군이 음대나 음악 분야로 진출하고 싶지 않아도, 일반 김나지움에서 배우는 교과목을 공부한 후 전혀 다른 학과로 대학 진학이 가능하다. 사실 우리나라의 경우 예고를 나오면 음대에 대부분 지원하지만 이 학교에서는 음악과 전혀 다른 분야의 길을 가는 학생도 있다. 진로에 대한 여러 가능성을 열어두고자 하는 취지에서다. 바흐 김나지움은 전일제 학교의 성격이며, 아이들이 수시로 연습할 수 있도록 배려한다.

이 학교 학생들은 독일어, 수학, 과학 등등 기존 김나지움 일반 과목 외에, 추가로 시창, 청음, 오케스트라, 피아노 레슨, 악기 레슨 등

음악 교과수업은 빡빡한 편이다. 따라서 일반 김나지움의 경우 12학년 후 졸업하는 것에 비해 바흐 김나지움은 13학년 이후 졸업한다. 보통 11학년이 되면 졸업 후 대학교로 진학할지 아니면 직업을 가질지 결정하게 된다. 대학에 가려면 아비투어를 준비한다. 음악 김나지움을 졸업했어도 다른 분야를 선택할 가능성을 열어두기 위해 아비투어를 치르는 것이다.

바흐 김나지움의 음악 전공 분야는 다양하다. 성악, 기타, 하프, 플루트, 파곳, 재즈, 피아노, 클라리넷, 콘트라베이스, 작곡, 오보에, 트럼펫, 색소폰, 피리, 다양한 타악기, 트롬본, 튜바, 비올라, 바이올린, 첼로 등이다. 매년 독일 청소년 음악제에서 다수의 수상을 하고, 슈타인웨이 피아노 콩쿠르 및 국제 콩쿠르에서도 두각을 나타낸다. 또한 음악적 공부에 앞서 김나지움 학생으로서의 기본 인문학적 소양과 지식을 갖추기 위한 공부도 소홀히 하지 않는다. 영어 및 프랑스어 등 외국어 수업도 활성화되어 있다.

바흐 뮤직 김나지움 외에, 베를린이 자랑하는 특수목적 김나지움은 베를린 국립발레학교_Staatliche Ballettschule Berlin다. 구 동독 시절부터 국가적으로 지원 양성한 명망 높은 학교이다. 유명세 탓인지 전 세계에서 발레 유학을 온다. 우리나라에서도 꽤 알려져 있는 발레학교다. 5학년부터 입학이 가능하며, 1, 2차에 걸친 시험을 통해 학생들을 뽑는다. 이 학교는 발레 초보라도 가능하다. 하지만 시험을 치르기에 앞서 먼저 발레하기에 좋은 체형인지 체력검사를 한다. 무엇보다 체격적으로 발레에 적합한 몸 조건을 체크한다. 이후 본격적인 1차 시험은 음악을 틀어놓고 학생에게 즉흥적으로 춤을 추게 해 몸의 유연성을 판단하기도 한다. 1차에서 걸러지면 2차는 1차 합격자들이 모두 모여 군무를 추듯 마음껏 몸동작을 움직이게 한다. 물론 해마다 시험유형은 달라질 수 있다. 보통 1년에 4-5번 정도 체력검사를 하고, 이후 체격조건에 맞는 학생들을 뽑아 한꺼번에 해당 월에 1, 2차 시험을 치르게 한다.

어릴 때부터 발레를 배우지 않아도 된다. 5학년 때부터 기본자세부터 가르치기 때문이다. 직업학교적 측면과 아비투어 준비를 위한 김나지움적 측면을 가지고 있는데 졸업 후 대학에서 학업을 계속하고 싶으면 공부와 발레를 병행하면 된다. 일반 공부와 발레수업 등을 소화해야 하기에 일반 김나지움보다 수업량이 많고, 시험도 잦아 토요일도 수업을 하기도 한다. 발레와 관련한 수업은 학년에 따라 다르지만, 몇 년 전엔 6학년의 경우 하루에 두 시간씩 6일 동안, 김나스틱이 일주일에 두 시간, 발레역사가 두 시간, 춤 표현력은 일 주일에 두 시간 정도였다. 그 외에 일반 김나지움 커리큘럼에 따라 공부해야 하고, 12학년에 졸업하는 시스템이기에 그만큼 연습과 공부 등에 부담감이 높다고 볼 수 있다.

이 학교는 해외에서 온 학생과 독일 내 학생 비율이 3:7 정도이고 조기 유학 온 학생들을 위해 기숙사가 완비되어 있다. 수업료는 없고 매달 260유로를 지불한다. 10학년까지 이용 가능하며, 2명이 쓸 수 있는 방 74개를 보유하고 있다. 발레학교다 보니 공연도 많다. 6학년의 경우 큰 규모의 공연이 4-5개 정도다. 고학년일수록 공연도 많아진다. 해외 공연을 떠나기도 한다.

평균 이 학교 학생의 소수가 아비투어를 치르고 그렇지 않은 학생은 졸업 후 오디션을 보고 발레와 관련한 곳에 취직한다. 이곳 학교에 아이를 보내는 학부모의 말에 의하면 언젠가부터 취업 전망이 그다지 밝지 않다고 말한다. 국립발레단에 졸업생 10% 정도 입단한다고 한다. 이곳에서도 특출한 끼가 있거나 공부를 잘해야만 탄탄한 미래가 보장된다. 그래서인지 입학 초기에 발레 외에 다른 공부나 하고 싶은 것을 기입한다고 한다. 그만큼 학생들에게 인생에서의 실패감을 완충시키고 대안책을 마련해주고자 하는 배려인 듯싶다.

독일의 특수 목적 김나지움은 아비투어 입시 준비에도 소홀히 하지 않는다. 혹여라도 삶의 행로가 자신이 꿈꿔왔던 길이 아닌 다른 길을 가더라도 보완이 될 수 있도록 아비투어(대학 입학 자격시험) 장치를 마련해 놓았다. 물론 자신의 분야(음악, 발레 등)로 대학 전공을 삼을 수도 있고, 김나지움 졸업 후 곧바로 관련 직업전선으로 뛰어들 수도 있다.

'열심히 하는 자는 언제든 길은 있다'는 말은 어쩌면 특수 김나지움에 어울리는 말이다. 어디서든 경쟁은 존재한다. 독일 교육이 여유롭고 느슨한 커리큘럼이라고 생각한다면 오산이다. 특히 특수 목적 김나지움은 입학 초기에 '두 마리의 토끼를 다 잡을 욕심이 있는 학생들이 지원하라'는 암묵적 요청이 포함되어 있다. 공부는 기본이고, 그 외에 자신이 하고 싶은 예술적 끼를 발현하기 위해 시간을 마음껏 투자할 만한 끈기가 필요하다. 다시 말해 좋아하는 일을 하기 위해 시간과 노력의 대가를 원없이 지불할 수 있는 학생들이 경쟁하는 현장이기도 하다.

독일의 동아리 활동은 수업이라는 틀을 벗어나,
자신이 원하는 취미활동을
자유롭게 선택할 수 있는 폭이 넓다.
또한 같은 취미를 가진 다른 반 아이들 및
선후배 간의 유대감을 가질 수 있는 기회다.

Part. 5

학교 내
시스템을 읽어라

교사 파업, 이유 있다?

김나지움 11학년인 실리나는 금요일이면 학교가 아닌 집회장소로 향한다. '미래를 위한 금요일*Fridays for Future*' 환경 집회에 참여하기 위해서다.

이 시위는 2018년, 당시 15세였던 스웨덴 소녀 그레타 툰베리 *Greta Thunberg*가 금요일에 등교를 거부하고 1인 시위를 해 트위트에 올린 것에서 비롯되었다. 이후 유럽은 물론 독일학교의 학생들도 지구 환경 파괴에 침묵하지 않는다는 의미로 금요일에 학교 대신 집회장을 선택한다. 물론 모든 아이가 참여하는 것은 아니다. 환경이 중요한 테마지만 시위는 자율적이다. 둘째딸 혜니도 참여한 적이 있지만, 고학년이 되면서는 수업에만 집중하기로 했다. 학생들 중에도 시위 참여 아이들을 향해 학교에 가기 싫어 참여하는 게 아닌가, 라고 의심의 눈초리를 보낸다. 대체로 학교에서는 이 시위 참여에 묵인하는 입장이다.

독일에서는 이렇듯 집회나 노동계의 파업이 잦다. 지하철과 버스는 수시로 파업이다. 내가 사는 베를린은 주말이면 브란덴부르크 문 인근은 집회 참여자로 인산인해다. 코로나가 계속되는 시점에서는 마스크 착용과 백신 접종 반대 집회가 열렸다. 시민들은 조금 불편함은 있어도 노동자들의 집회에 대해 수긍하는 편이다. 상대방의 입장에 서면 나도 똑같은 노동자이기 때문이다.

어쩌면 일상이 되어버린 사회의 모습이다. 파업에 있어서는 학교 교사들도 한 몫한다. 대부분 비정규직 교사들의 처우 개선을 위한 단체행동이다. 학교에서는 교사들의 파업 시에 학부모에게 안내장을 발송한다. 수업이 없다는 통보를 하기 위해서다.

우리나라의 경우 교육 공무원의 지위와 고용이 안정된 반면, 독일은 비정규직 교사의 비율이 높아졌다. 시간제 아르바이트 교사도 비일비재다. 그러기에 교사들에게 사명감이나 책임을 묻기에도 다소 미안해진다.

그동안 독일의 교사들은 대부분 공무원 제도를 유지했다. 유럽에서는 독일이 유일했다. 원래 한국의 교육 공무원 제도도 독일에서 유래되었다고 볼 수 있다. 지금까지 비교적 안정된 직업에 속했고 급여도 나쁘지 않다. 2020년 OECD 기준 가입국들의 교사 연봉을 조사한 결과에 따르면, 독일의 교사 연봉은 룩셈부르크 다음이었다. 물론 정규직 교사(공무원)에 해당된 경우다.

언젠가부터 교사가 군이 공무원이어야 할 필요가 있는가에 대한 논의로 공무원 제도를 없앤 주가 많다. 베를린의 경우 2004년부터 교육 공무원 제도를 더 이상 채택하지 않는다. 그래서 공무원이 아닌, 고용된 교사(우리나라 기간제 교사의 의미와는 약간 다름)의 비율이 점차 높아지고 있다. 문제는 기존 공무원*Beamte* 교사와 공무원이 아닌 교사*Angestelle*의 급여가 차이가 있다는 것이다. 수업 업무량은 똑같은데 처우는 다르다. 결국 공무원이 아닌 교사의 불만이 상대적으로 높을 수밖에 없다.

독일에서 교사로 일한다는 것은 그리 호락호락하지 않다. 보통 아침 8시에 수업이 시작되기에 교사는 그보다 더 일찍 학교에 출근해야 한다. 게다가 아이들의 수업 시간은 통솔이 어려울 정도다. 자기 주장 강한 독일 아이들을 교육하려면 어지간한 멘털 없이는 힘들다고 이야기한다. 물론 훈육은 필요하겠지만 체벌은 금지다. 단지 수업 태도나 학교생활이 나쁜 아이들의 경우 레드카드를 제시한다. 카드를 5번 정도 받으면 부모와의 면담 후 다른 학교로 전학을 권한다. 우리나라의 경우도 교권의 추락 등 일련의 사례가 많지만. 독일의 교사도 다르지 않다. 무엇보다 교실 내에서 자유로운 학생들의 행동 방식 때문에 통솔의 어려움이 있는 게 사실이다. 그래서인지 교사를 선호하는 젊은이들은 줄어들고 자연히 교사들의 수도 부족하다고 토로한다.

우리나라에서는 학교에서 교장 선생님의 권한이 많고 경쟁률도 치열하다고 들었다. 하지만 이곳 독일학교 교장은 일반 교사와 별반 다르지 않다. 교사들과 비교해 보수 차이도 크게 없고 일의 강도도 높다. 의무도 많고 책임도 많다. 관리 능력이나 행정적 처리를 잘못하면 학부모들의 비난도 감수해야 한다. 교사가 부족하니 수업도 불사한다. 우리 아이가 다니는 김나지움에서는 교장이 라틴어 수업까지 한다. 이러니 교장 자리를 위해 경쟁할 필요가 없다. 어떤 학교에서는 어느 누구도 교장을 하길 원치 않아 공석인 경우도 생긴다. 두 딸의 학교에서도 현재 교장이 10년째 그 자리를 지키고 있다. 교체가 되어야 함에도 지원 교사가 없는 실정이다.

2017년 통계에서, 베를린은 '공무원이 아닌 교사' 즉 비정규직 수가 거의 9,000여 명을 넘는다. 독일에서 비교적 낮은 봉급을 받는 직종 중 하나로 드러난다. 공무원 교사의 경우 40년 근속 후 은퇴하고 받는 연금이 마지막 연봉의 71%에 달한다. 하지만 공무원이 아닌 교사는 다소 낮다. 이러한 이유로 공무원이 아닌 비정규직 교사들의 불만이 높아진다. 이색적이게도 파업 현장에 공무원 교사들도 가담한다. 공무원이 아닌 교사의 입장에 서서 공감하고 동조하는 것이다. 베를린 남서부에 위치한 모 김나지움의 라틴어 교사인 다텐 씨도 공무원 교사이지만, 공무원이 아닌 채용 교사들의 파업을 지지하며 동참하기도 했다. 물론 다수의 부모들도 동조하고 있다.

'Die Kinder sind unser Zukunft(아이들은 우리의 미래다)'라고 말한 메르켈 앙겔라 전 총리의 말은 우리 시대 명언이다. 미래가 되기 위해서는 키워내는 현장도 중요하다. 교육의 질과 함께 교사들의 자부심도 높여줘야 한다. 학교 교육은 교사, 부모, 학생의 3박자가 맞아야 하는데, 교육 현장에서 교사는 중심축이다.

하지만 닭이 먼저인지 알이 먼저인지 악순환은 이어진다. 오래전 초등학교 교장으로 일했던 힐데가르트 씨는 "직업 현장에서 근무자들의 병가가 가장 많은 곳이 학교다"라고 말한다. 그는 교사들의 업무 부담이 높아 질병률이 높은 것도 탓이겠지만, 교사들의 안일한 태도도 한몫한다고 조심스레 털어놓는다. 불만을 터트리고 요구하기에 앞서 성실성이 겸비된 교사도 필요하다고 꼬집는다. 사실 나 또한 독일 교사들의 잦은 병가가 마뜩찮다. 걸핏하면 병가를 내어 학교에 나오지 않는 선생님들을 보면 언제 공부하나, 한숨이 나올 정도다. 도대체 수업 커리큘럼을 수업일수 내에 완수할 수 있을지 의문이었다.

교사 시스템이 바뀐 것을 익히 알고도 교사 지원을 했지만 막상 생각보다 견디기 힘들 수 있다. 게다가 같은 교사로서 봉급 차이가 난다면 상대적 박탈감과 동기부여도 낮아질 게 뻔하다. 하지만 이미 제도 내에 안착한 다른 교육 공무원과의 봉급을 저울질하기보다는, 교사의 업무 부담을 줄이는 방안도 필요한 것 같다.

교육 공무원 제도가 폐지된 이후 18년이 지난 지금, 처우에 대한 불만은 여전히 고인 웅덩이처럼 탈출구가 없다. 교육자의 불평 소리가 많은 이곳에서, '독일 교육이 좋다'라고 말할 수 있을까? 모두가 동상이몽을 꿈꾸고 있는 것 같다.

학교 활동에 열정적인 독일 학부모들

"초록색이 애들 눈에 좋을 것 같아요."

"아이보리색이 낫지 않을까요? 좀 더 편안하게."

"그럼 수업 시간에 졸지 않을까요? 허허."

"그럼 투표로 정합시다."

헤니가 김나지움 8학년에 다니던 때, 학부모회의 *Elternabend*(엘터른 아벤트)에서 나눈 대화다. 담임 선생님은 학부모들의 도움을 원했다. 교실의 색깔이 너무 칙칙하고 낙서가 많아 페인트칠을 해야 한다는 것이다. 색깔 선정부터 의견이 분분했다. 독일 학부모들의 회의에서 늘 느끼는 거지만, 쓸데없는 데에 너무 많은 에너지를 낭비한다. 어찌나 설왕설래 말이 많은지 머리가 아플 지경이었다. 색깔 논쟁으로 회의가 끝날 줄 모르자, 선생님이 중재에 나섰다. 결국 초록색이었다.

금요일 퇴근 후 시간이 되는 학부모들이 모여 칠하자고 했다. 시간이 부족하면 토요일 오전에 한 번 더 만나자고 했다. 그들은 아이들을 위해 황금 같은 주말을 오롯이 헌납했다. 자식 사랑과 교육열은 세계 어느 나라나 비슷한 것 같다.

페인트를 구입하는 것은 4명의 학부모 대표들이 분담했다. 그들은 모두 교육에 열정적인 부모들이었다. 금요일 오후, 약속된 시간보다 늦은 시간에 교실에 들어서니 이미 일은 시작되었다. 몇몇 부모들이 어느새 작업복 차림으로 수다를 떨며 페인트를 칠하고 있었다. 사실 난 페인트칠에 소질이 없어 노동 참여는 힘들고 김밥을 만들어갔다. 독일인들은 대체로 집을 가꾸는 일을 스스로 하기 때문에 페인트칠하는 수준은 전문가를 능가할 정도다. 각자 소속된 직업 현장에서는 원장님, 박사님, 부장님의 제복을 입었지만, 교실에선 그저 아이들의 부모로 하나가 되어 있었다. 그들의 노력 덕에 아이들은, 이틀이 지난 월요일에는 말끔해진 초록의 교실에서 수업을 받을 수 있었다.

아이가 다니는 김나지움의 경우 5학년부터 아비투어(대학입학 자격시험)를 치르는 12학년까지 8년을 함께한다. 담임은 2년마다 교체된다. 그러기에 덩달아 같은 반 학부모들도 같은 마음으로 학교 행사에 참여한다.

학부모들의 참여는 9학년까지 정점을 이르다가 이후엔 역할이 줄어든다. 고학년이 되면 아이들의 자발적인 활동이 가능해지기 때문에 학부모들의 참여도 그만큼 덜해지는 것이다.

매 학기 초가 되면, 학부모 통신문을 통해 학부모회의 개최와 반 학생들의 면담 시간을 공지한다. 학부모 회의에서의 주요 안건은 학부모 대표 선출, 수학여행 관련 사안, 각 과목 선생님 소개와 기타 안건 등 반에서 필요한 테마들이다. 학부모 대표는 자원할 수도 있고, 학부모들의 추천을 통해서도 선출된다.

사실 학부모 대표를 통해 얻는 이득은 없다. 물론 학부모 대표로 수고를 하기에 해당 자녀들에 대한 선생님의 관심과 평가가 다소 높아질 수도 있다. 아무래도 선생님과의 소통하는 시간이 많기에 선생님이 학부모 대표의 자녀에 대해 성적평가 등 좀 더 신경을 쓸 수 있을 것이다.

독일은 학교법을 통해 학부모회의 역할을 규정하고 있다. 법 조항을 보면, 학교 교육에 대해 적극적으로 참여하며, 학교와 학부모 간 의견을 조율하고 반의 모든 부모의 관심 등을 학교에 전달해야 한다고 명시되어 있다. 우리 아이들의 학교에서는 학부모회에서 선출된 학부모 대표*Elternvertreter*(엘터른 페어트레터)가 2명이며, 각 반을 대표해 학교 전체 회의에 참여하는 대표가 2명 더 추가된다. 말하자면 30명이 안 되는 학생에 4명의 학부모 대표가 선출되는 것이다. 학부모 대표는 반의 원활한 활동을 지원하고 다른 학부모들과의 소통에 관여한다. 가장 중점적인 것은 각 반에 필요한 재정관리다. 우리 아이들의 경우 학기 초가 되면 학부모들은 약 30유로 정도 반 활동기금을 모았다. 그렇게 모인 재원을 통해 아이들의 박물관 견학 등 현장학습이나 기타 자잘한 물품 등을 구입하기도 한다. 또한 수학여행을 갈 경우, 장소 선정에 참여하거나 수학여행비를 모으고 출발과 도착에 관한 정보 등을 다른 학부모들에게 전달하는 역할을 한다.

일반 학부모들에게도 요구되는 것이 있다면 학교를 위한 재정

기부다. 입학 후에 학교로부터 학교 발전을 위해 기부를 권유하는 통신문을 받은 적이 있다. 물론 강제성은 아니지만 무시할 수도 없는 부분이다. 적은 액수도 상관없다. 주니와 혜니가 입학한 후 각각 100유로를 기부한 적이 있다. 물론 공립학교이기에 주 연방 교육부의 지원이 있지만, 아무래도 부족한 실정이다.

아이들이 다닌 김나지움은 그리스어를 사용하는 학생들의 입학을 허용한다. 말하자면 독일어-그리스어 학교로, 베를린에서 권장하고 추진하는 베를린 국립유럽학교_Staatliche Europa-Schule Berlin, SESB_ 프로젝트를 수행한다. 이 프로젝트를 수행하는 학교는 그리스어 외에 프랑스어, 스페인어 등등 유럽 내 다른 언어권의 아이들을 입학생으로 받아들인다. 이때 유럽 통합에 기여했기에 교육의회에서 별도의 재정지원을 받는다고 한다. 초창기에는 베를린에 몇 개 학교만 실시했지만, 지금은 수십 개의 학교가 동참하고 있다. 개인적으로 아는 선생님 왈, '모두 정부 지원금 때문'이라고 한다.

학부모들이 가장 활발하게 참여하는 곳은 카페테리아다. 이곳에서는 아이들이 쉬는 시간에 간단하게 간식거리를 사 먹을 수 있다. 반에서 자원한 학부모들이 돌아가면서 무보수로 봉사한다. 카페테리아에서의 먹거리뿐만 아니라 학교 개방의 날에 학부모들의 역할도 두드러진다. 그날 부모들은 다양한 프로그램 참여와 함께 학교 기금 마련을 위한 알뜰시장을 열기도 한다. 이때 학부모들이 직접 만든 음식들이 등장한다. 그들은 보이지 않는 천사들처럼 학교를 위해 살뜰하게 챙긴다. 주로 저학년 부모들의 역할이다. 결국 그들은 아이들이 독립적으로 행동할 때까지 소리 없이 도우미를 자처한다. 독일 학교에서의 학부모는 학교, 학생, 교사의 중간 매개체로, 학교 교육 발전의 디딤돌이 되는 존재다.

나는 독일에 와서 초창기 아이들이 학교 다닐 때, 여러 이유로 학부모 활동에 열심히 참여하진 못했다. 지금이라면 팔을 걷고 나설 텐데 아쉽기도 하다. 하지만 다행스럽게도 아이들이 스스로 알아서 제 갈 길을 잘 찾아갔으니 그것 또한 감사하다.

학교 내 오케스트라 단원이 되다

독일 초등학교에는 호르트*Hort*라 불리는 방과 후 교실이 있고, 일명 학교 내 동아리 활동인 아게*Arbeitsgemeinschaft*(줄여서 AG)가 있다. 호르트는 직장에 다니는 부모를 위해 방과 후에 아이의 학교 숙제를 돕거나 놀이 활동을 한다. 한편 아게*AG*는 아이들이 원하는 취미에 따라 다양한 프로그램에 참여할 수 있는 시스템이다. 물론 초등학교의 경우 호르트 프로그램 안에 아게가 포함된 경우도 있다.

호르트와 아게는 보통 학년 초에 자유로운 신청에 따라 참여가 가능하다. 일단 등록하면 호르트는 방과 후 교실로 매일 진행되며, 아게는 일주일에 1-2회 정도 취미활동을 수행한다. 아이들이 다녔던 김나지움은 아무래도 상급학교이기에 돌봄의 형식인 호르트보다 학생들의 자율적인 동아리 활동인 아게가 활성화되어 있다.

학교에서 운영되는 아게 프로그램은 스포츠 분야, 음악 분야, 연극 분야, 언어 분야, 자연과학 분야 등이 있다. 스포츠 분야에는 농구, 보트 타기, 축구가 대표적이고, 음악 분야는 합창단, 클래식 기타, 오케스트라(바이올린, 첼로 등)와 관악기 등이며 언어 부분은 히브리어, 고대 그리스어, 현대 그리스어, 영어, 이탈리아어, 연극 분야는 뮤지컬과 연극, 자연과학 분야는 과학실험 등이 있다. 이외에 문학반, 바둑반과 컴퓨터반도 인기 있는 동아리에 속한다. 지도는 대부분 학교에 재직중인 교사들이 맡는다. 스포츠 분야는 체육 선생님이, 음악 분야도 음악 선생님이 담당하고 있다. 물론 내부에서 충원이 불가능한 경우는 외부에서 초빙된 교사가 지도하기도 한다.

학교를 소개하고 개방하는 날에는 아게에 참여하는 학생들의 활약이 주목할 만하다. 대학교에서 동아리 활동을 홍보하는 형식과 비슷하다. 해당 학교에 입학을 원하는 학생들은 오픈행사 때 아게 프로그램을 눈여겨보았다가 입학 후 신청하는 경우가 많다.

독일은 음악의 본고장답게 학교 내 음악 관련 동아리 활동이 활성화되어 있다. 초등학교와 상급학교에는 악기와 관련한 아게 프로그램이 대부분 갖추어져 있다. 독일 부모들의 경우 자녀들에게 악기 하나 정도는 다룰 수 있도록 가르친다. 물론 굳이 학교 내 아게가 아니어도 국가에서 운영하는 뮤직슐레*Musikschule*가 해당 지역구에 조성되어 있다. 비교적 저렴해 의지만 있다면 참여가 가능하다.

딸들이 참여한 학교 오케스트라 아게는 이 학교 창립 초기인 135년 전으로 거슬러 올라간다. 중간에 지도교사의 부족으로 잠깐 중단되었다가 본격적으로 만들어진 것은 1999년이다.

두 딸은 신입생인 5학년 때부터 활동했다. 평소 바이올린을 배우고 싶어 했던 큰딸은 입학하자마자 오케스트라 초보 코스에 가입했다. 아게 선생님에게서 첫 걸음마를 뗀 후, 학교 정식 오케스트라 단원으로 활동했다. 둘째딸은 초등학교 1학년 때부터 첼로를 배워 김나지움까지 이어졌다.

오케스트라 아게는 세 단계로 나뉜다. 기초반, 중급반(5-6학년 반), 오케스트라(7-12학년 반)이다. 모든 아게는 무료로 진행된다. 물론 악기는 개인이 알아서 대여해야 한다. 당시 주니는 매달 악기를 악기점에서 대여받았고, 바이올린을 더 체계적으로 배우고자 한인 유학생에게서 개인 레슨도 병행했다.

아게 시간은 보통 일주일에 두 시간 정도 할당되었다. 5-6학년의 경우 수요일 1교시는 아게를 위한 시간으로 정식 수업이 없다. 아게에 참여하는 아이들만 해당된다. 처음부터 함께 오케스트라 아게를 시작한 딸 친구들은 비록 다른 반이어도 친하게 지냈다. 플루트를 부는 마야, 바이올린을 켜는 소피, 첼로를 켜는 카타리나와 가끔 따로 모여 앙상블을 하곤 했다. 또한 각자의 생일에 집을 방문해 친구들의 가족 앞에서 악기를 연주한다. 아이들은 아게 활동의 좋은 점을, '비록 다른 반이지만 취미가 같은 친구들을 알아가는 것'이라고 입을 모았다.

오케스트라 아게는 다른 아게에 비해 비교적 인원이 많다. 아이가 함께할 때는 바이올린 12명, 비올라 3명, 첼로 5명, 플루트 3명, 오보에 2명, 클라리넷 3명, 피아노 1명, 호른 3명, 드럼 1명이 함께했다. 연습은 함께 모여 하되, 각 파트별로 학년이 높은 선배가 따로 연습을 시킨 후 함께 선생님의 지도 하에 악보를 맞춰본다.

학교에서는 아게 프로그램을 아비투어(대학 능력시험) 시험과목 중 내신점수의 하나로 산정하기도 했다. 예를 들어 합창단, 오케스트라, 영어, 컴퓨터 반 등이 이에 해당한다. 아비투어 응시과목에 음악도 선택할 수 있는데, 오케스트라에서 활동했던 학생들이 아비투어 심화과목 _Leistungskurs_을 음악으로 선택하기도 한다.

오케스트라 아게 활동은 주로 공연으로 결과물을 보여준다. 일 년에 몇 번씩 공연이 열린다. 학교 오픈 행사, 크리스마스 축제, 여름 축제 등에도 열연한다. 또한 일 년에 두 번씩 10월과 1월에 음악여행을 떠난다. 10월에는 2박 3일 일정, 1월은 4박 5일 일정으로 학교와 집을 떠나 색다른 장소에서 악기와 씨름하며 연습에 매진한다. 이때 여행경비는 자비 부담이며, 생활이 어려운 학생들은 국가의 지원을 받을 수 있다. 또한 타 국가와의 음악 연계 활동을 펼친다. 스페인 김나지움 학생들과 협연을 했고, 프랑스 학교와의 자매결연이 맺어져 공연 차 파리를 다녀왔다. 특히 주목할 만한 행사로는 베를린 김나지움 학교들의 연합 오케스트라 활동에 참여하는 것이다. 베를린 시의 청소년 연계사업의 일환이다. 베를린 필하모니 하우스 수석 지휘자에게서 2주간의 마스터 클래스를 받는다. 이때 수업을 받은 학생들은 2주 후 베를린 필하모니 하우스에서 공연을 하는 영광을 얻는다. 베를린 김나지움의 연합 오케스트라 공연은 단원들에게 잊지 못할 추억을 안겨준다.

아이들은 이러한 일련의 아게 활동을 통해 자부심은 물론 사회적 소통을 경험한다. 동아리 활동은 수업이라는 틀을 벗어나, 자신이 원하는 취미활동을 자유롭게 선택할 수 있는 폭이 넓다. 또한 같은 취미를 가진 다른 반 아이들 및 선후배 간의 유대감을 가질 수 있는 기회다. 그래서인지 대부분의 독일 아이들은 적어도 하나 이상의 아게 활동을 하며 문화적 소양을 기르고 있다. 더불어 수업에서 오는 스트레스를 문화적 활동을 통해 해소하는 돌파구로 삼는다. 공부와 취미를 함께 얻는 학교 내 활동인 '아게'. 성장기의 아이들에게 문화예술의 소양을 키우는 디딤돌이 된다.

우리 아이는 천재인가요?

딸 2호 칭찬을 해보자. 혜니는 어릴 때부터 생각 주머니에 무언가 특별한 것으로 가득 차 있는 것 같다. 가끔 그녀의 입 속에서 튀어나오는 말에 미소가 지어진다. 딸은 주변 사물을 관찰하는 능력이 탁월하다. 다섯 살 무렵에, 지인이 차 번호를 바꾸었는데 말하지 않아도 금세 그것을 알아챈 아이였다. 대부분 부모들이 자신의 아이가 천재가 아닐까, 생각한다더니 내가 딱 그 모습이다.

혜니가 만 3살 무렵이었다. 한 번은 집 근처를 산책하던 중 하늘을 쳐다보던 혜니가 탄성을 질렀다.

"엄마, 하늘 좀 봐요! 새들이 함께 달리기를 하고 있어요!"

혜니의 말에 하늘을 쳐다보니 떼를 지어 날아가는 한 무리의 새들이 보였다.

"그래? 그럼 누가 1등 할까? 혜니는 누가 1등 했으면 좋겠어?"

내 물음에 힐끗 쳐다보던 혜니가 말을 이었다.

"엄마, 새들이 1등을 하려고 하는 게 아니라, 그냥 자기네들이 건강해지려고 달리기하는 거에요."

그러면서 지그시 쳐다보더니 말을 이었다.

"키가 큰 새들이 뒤에서 달리고 아기새들은 앞에서 달리는 거에요. 봐요! 작은 아기새들이 먼저 달리잖아요!"

그리고 보니 착시현상인지 뒤에 있는 새들이 조금 더 커 보였다. 아이의 말에 공감한답시고 답변을 한 게 직관적인 물음만 한 셈이었다. 아이의 생각은 어른인 나보다 옳았다. 가끔 혜니의 입에서 무슨 말이 나올지 가끔은 궁금해지곤 했다.

언젠가 혜니가 친구의 생일잔치에 초대받은 적이 있다. 엄마도 초대했기에 동행했다. 그런데 음료수를 한참 마시던 아이가 소파에 앉아 있는 나에게 달려왔다.

"엄마, 나 담배 주세요. 담배 빨거야!"

"엥? 뭐 담배? 무슨 소리야?"

"담배요. 담배! 지금 담배가 필요해요."

계속 앙탈을 부리던 아이는 내가 이해를 못했다고 생각했는지 다른 친구를 가리키며 말했다.

"저기 율리아가 빨고 있는 담배 말이에요!"

가리키는 곳을 보니 율리아가 입에 물고 있는 것은 담배가 아닌 플라스틱 빨대였다. 율리아는 빨대를 마치 담배를 피는 것처럼 손가락을 사이에 벌리고 빨고 있었다.

독일에는 길에서 담배 피는 여성들이 많다. 헤니는 빨대를 담배라고 착각한 모양이다. 자신이 생각하는 사고의 언어를 그대로 받아들여 인식하는 아이의 언어 습득의 일례를 그대로 보여준 예다.

또한 헤니는 장난기가 다분하다. 만 4살 무렵이었다. 가족이 함께 슈퍼마켓에서 오이 등을 사고 있었다. 곁에 있던 헤니가 갑자기 얼굴을 가리며 다가와서는 "아, 페어게센! 페어게센!(잊었어! 잊었어)"이라고 말하는 것이다. 평소 장난기 많은 아이가 채소 코너에 걸려 있는 비닐봉투를 뜯어내던 아저씨가 아빠인 줄 알고 '그거 내 거예요. 아저씨!' 하며 비닐봉투를 빼앗았다는 것이다. 그 아저씨가 아빠인 줄 알고 장난을 친 거였다. 그러자 그 아저씨는 작은 동양 아이를 내려다보고는 '이것은 내 거야!'라고 말했다는 것이다. 자초지종을 설명한 헤니의 표정은 난감 그 자체였다. 자신도 머쓱했는지 우리에게 와서 '페어게센'을 외치는 모습이 웃음이 났다. 그 상황에서 '페어게센'은 맞는 단어는 아니었지만 어쨌든 표정이 웃겼다. 헤니는 가끔 아빠를 '아저씨'라고 부르거나 기분 좋으면 '왕자님'이라고 부른다. 지금은 아빠의 어깨를 두드리며 '아부지'라고 능청스럽게 부른다.

헤니가 초등학교 2학년 때였다. 토요일은 헤니의 학교에서 오케스트라 공연 리허설이 있는 날이었다. 10시부터 오후 2시까지 학교에 머물고 이후 3시부터 7시까지 친구 생일파티가 있었다. 이어 저녁 8시엔 지인 가족의 초대로 다른 집에 방문해야 했다. 너무 바쁜 토요일이었다. 며칠 전부터 주니와 헤니가 바지가 없다고 사달라고 해, 이날 시간을 내었다. 다행히 오전에는 헤니 혼자 오케스트라에 가야 하기에 주니만 데리고 쇼핑에 나섰다. 둘러보다가 주니가 맘에 드는 바지를 샀고, 혜니의 것을 고르려니 은근 까다로운 녀석이 걱정되었다. 맘에 안 들면 언니 것을 달라고 할 게 뻔하니 자신이 고르게 하자고 했다. 오케스트라 연습을 마치고 부리나케 집에 온 혜니는 언니 옷이 너무 부러운지 몸으로 반응을 보였다. 나한테 화는 못 내고 거실 바닥을 쿵쾅거리며 씩씩거리는 것이다. 아래층 할머니가 올라오시니 그만하라고 말을 해도 막무가내였다. 주니의 바지를 탐내며 자기 옷은 안 샀다고 입이 오리주둥이가 되었다. 나는, 이날은 곧바로 생일파티가 기다리고 월요일에 수업 끝나고 사자고 달랬다. 그랬더니 혜니가 정색하며 말하는 것이다.

"그럼 48시간이 넘어가니까 벌금을 내세요."

"엥? 무슨 뚱딴지?"

긴급체포한 피의자는 48시간 내 구속영장을 청구해야 하는 것은 들어봤어도 바지 사는 기한에 벌금까지?

혜니는 24시간에 2를 곱해 48시간이 되었고, 48시간이 넘으면 독일 시스템에 경고라는 것이 있기에 기간이 길면 내가 벌금을 내야 한다는 논리를 펼쳤다.

그런데 정작 월요일과 화요일에 아예 시간을 낼 수가 없었다. 그래서 사정을 해 수요일에 살 수 없냐고 물었다.

"그럼 96시간이네요."

거의 1초 만에 계산을 하는 거다. 옆에 있던 주니와 나는 어안이 벙벙해 말을 잇지 못했다.

결국 혜니와 담판을 벌인 결과, 96시간이 지난 수요일에 사는 대신 바지를 한 벌이 아닌 두 벌을 사기로 결정했다. 게다가 추가로 주니가 아끼는 작은 인형까지 주는 것으로 일단락되었다. 그것을 주지 않으면 월요일에 자신이 언니 바지를 대신 입겠다고 협박한 끝에 받아낸 협약이었다.

평소 혜니는 대통령이나 정치인이 되고 싶어 했다. 그것을 안 주니가 말했다.

"너, 정치인이 될 자격이 있겠어!"

은근히 비아냥거리는 어투다. 정치인은 어느 나라에서건 그리 호평받을 대상은 아니다. 정치학도를 꿈꾸는 혜니가 자신의 꿈을 어떻게 이어갈지 궁금하다.

혜니는 최근 심리검사의 일종인 SCT검사를 받은 적이 있다. 이 검사는 문장을 이어가는 검사다. 내가 심리상담 공부를 하고 있기에 잠시 마루타가 되어준 경우였다. 질문 중 다음과 같은 내용이 있다.

'내가 신이라면?'

답을 이어서 문장을 완성해야 한다. 그때 딸은 이렇게 답을 썼다.

'양치질을 안 할 것이다'

난 조심스럽게 다시 물었다.

"이거, 너 개그 코드지?"

"아니에요. 진짜 그러고 싶어서 쓴 건데요. 사실 양치질하기 싫을 때가 많아서…."

원래 유머와 해학을 달고 사는 아이지만, 조금 걱정도 된다. 진지함 속에 해학을 조금만 품으면 좋으련만 늘 유머만 달고 사는 게 인생은 아니지 않은가? 그럼에도 순간순간 웃음을 선물하는 네가 있어 좋다.

초등학생도 면허증 있다

　　우리 집에는 자전거가 무려 일곱 대가 있다. 가족 수는 네 명인데 왜 일곱 대나 되냐고? 아이들이 유치원 때 두 발로 땅을 짚고 달리는 유아용 자전거 1대, 아이들이 초등학교 무렵에 탄 소형 자전거 2대, 성장해서 타고 다니는 자전거 2대, 그리고 우리 부부의 자전거 2대, 도합 7대다. 우리가 사는 아파트 지하실에는 보관소가 따로 마련되어 있다. 비집고 들어갈 공간이 없이 빽빽하게 자전거가 들어차 있다.

　　독일인들의 자전거 사랑은 대단하다. 운동을 위해서뿐만 아니라 교통수단을 위해서 필수품이다. 특히 평지가 많은 베를린에서는 교통 분담률에서 자전거 이용률이 높은 편이다. 독일은 한 가정에서 1인당 1바이크 이상 보유하고 있다. 겨우 걸음마를 뗀 것 같은 아가들이 두 발로 발을 저으며 자전거를 타는 모습은 귀여운 일상 중 하나다. 그래서인지 학교 교육에서도 자전거 교육은 거쳐 가야 할 관문이다. 모든 초등학생은 의무적으로 자전거 교육을 받고 면허증을 취득한다. 물론 교육과정에는 면허시험까지 포함되어 있다. 원칙적으로 자전거 면허가 없는 어린이는 자전거를 탈 수 없도록 규정하고, 타려고 한다면 부모와 함께해야 한다.

정규수업 커리큘럼 속에 자전거 교육이 포함되어 있다. 자전거를 운전하는 법, 안전거리, 신호등에 대한 교육을 받는다. 실습과 시험은 지역 자전거 학교에서 담당한다. 집 주변에 있는 자전거 면허시험장은 흡사 자동차 면허시험장을 축소시킨 것 같다, 실제로 자전거를 타는 어린이들은 보호모를 착용하고 우회전할 때는 오른손을 든다.

시험은 이론과 실기로 나뉘는데 그 수준이 우리가 자동차 운전면허를 따기 위해 보는 시험만큼이나 어린이 입장에서 보면 어려운 상황이다. 이론시험에 떨어진 아이도 있다. 다시 시험을 볼 수 있지만, 대부분 한 번에 합격하는 것이 보통이다. 아이들이 도로 규칙을 제대로 알지 않으면 언제 어떻게 사고를 당할지 모른다. 따라서 자동차의 흐름, 교통 표지판의 의미 등을 완벽하게 이해해야 한다.

어려운 이론시험을 본 후 자전거 주행시험이 기다린다. 이러한 모든 과정을 통과해야 자전거 면허증을 받게 된다. 아이들은 생애 처음 받는 운전자격증에 상당히 고무되기도 한다. 우리 아이들도 시험에 합격하자 환호성을 질렀던 기억이 난다.

자전거 면허시험은 역사가 길다. 그동안 이 시험제도는 아이들이 자전거와 익숙해지는 데 크게 기여했다. 어려서부터 자전거 타는 것이 생활화되어 있고, 또 자전거 면허시험이라는 과정을 통해 자전거 또한 보행자나 차량과 마찬가지로 고유한 권리와 책임을 가지고 있다는 것을 배우게 된 것이다.

아이들이 올바른 교통법규와 도로 위에서 적절히 대처하는 능력을 배우는 것은 성인이 되어 자동차 운전을 할 때 도움이 될 수 있다. 복잡한 도로 상황을 인지하는 법을 배우기 때문이다. 하지만 요즘 아이들이 자전거 타는 모습을 보기가 쉽지 않다. 컴퓨터 게임과 스마트폰으로 집에서 들여다보는 통에 야외 활동이 그만큼 줄어들었기 때문이다. 특히 코로나 상황이 되면서 온라인 수업으로 집에 머무르는 경우가 많아 자전거 이용률도 크게 줄어드는 것 같다.

자전거 교육과 함께 빠질 수 없는 것은 수영 교육이다. 독일에서는 초등 2-3학년부터 생존 수영을 가르친다. 보통 일주일에 2시간 정도 시행한다.

독일의 수영 자격증은 4단계가 있다. 제페어쉔Seepferdchen은 수심 1m 70cm에서 25m를 갈 수 있고, 바닥물건 집어 올리기와 1m 높이에서 다이빙하기다. 이것은 초기 수영 자격증이다. 이후 브롱세Bronze는 15분 안에 200m를 완주하고 2m 깊이를 잠수해 물건 줍기, 1m 높이에서 다이빙하기다. 약간 수위가 높아지지만 지속적으로 수영을 한 아이들에겐 그리 어렵지 않게 느껴진다. 독일 경찰대학 입학시험에서는 브롱세 이상의 자격이 필수다.

질버Silber는 24분 안에 400m를 완주하고 평영 300m, 배영 100m를 완주한다. 또한 2m 높이에서 잠수하고 두 번 물건 집어올리기를 한다. 4단계인 골드Gold는 24분 안에 600m를 완주하고 70초 안에 평영

50m를 완주해야 한다. 수심 2m에서 한 번 잠수해서 물건 3개를 3분 안에 주워오는 잠수를 세 번 반복한다. 3m 다이빙대에서 점프하기, 물건을 물 위에서 밀거나 당기면서 50m 수영하기 등이다. 이후 과정에서 응급구조를 할 수 있는 자격도 있는데, 익사 사고 대처요령 등을 배운다. 베를린의 경우 이 모든 시험은 지역구 내 관할 수영장에서 실시하고 있다. 수영 교육의 목표는 자신의 생존을 위한 수영은 물론 남을 구조할 수 있는 단계까지 이르도록 하는 데 있다.

베를리너들은 베를린에 바다가 없어 주로 호수 등에서 수영하며 여가를 즐긴다. 보트를 타고 호수 중앙까지 갔다가 뛰어내려 넓은 호수에서 수영하는 것도 두려워하지 않는다.

우리 아이들은 초등학교 입학 전에 이미 사립 수영학원에서 1단계 수영을 통과했다. 사실 굳이 그럴 필요까지 없었다는 것을 초등학교에 들어가서 알았다. 기초부터 가르쳐주기 때문이다. 하지만 독일 아이들 대부분 취학 전 1단계 면허증을 습득한 경우가 많아 대부분 2단계 시험까지는 권장하는 편이다. 상급학교에서 수학여행을 갈 경우, 보트를 타거나 수영하는 프로그램이 종종 있기 때문에 수영은 필수적인 자격요건이다. 우리 아이들도 어릴 때부터 수영했기에 성장해서도 자주 수영장을 찾곤 한다.

나의 경우 수영을 배우지 못했기 때문에 지금도 물에 다가가면 두려움이 앞선다. 참 아이러니한 일인데 삼면이 바다인 한반도에서, 그것도 바다가 코 앞인 마을에서 태어난 나는 바다를 늘 보며 자랐으면서도 수영을 배우지 않았다. 여름에 해수욕장을 가지만 물가에서 조개나 주우며 놀았던 기억밖에 없다. 그것은 취학 전, 가족과 함께 간 해수욕장에서 물에 빠져 죽을 뻔한 사건 때문인지 모른다. 그때 이후부터 물이 죽도록 싫어졌다.

독일인들은 남녀노소 할 것 없이 수영을 물개처럼 잘한다. 물속이 시커멓게 보이지 않는 호수를 주저 없이 뛰어드는 이웃집 아주머니를 보며 기겁한 적이 있다. 게다가 그 물 위에서 뒤로 누워 유유히 흘러가는 물처럼 수영하는 것이 신기할 정도였다. 나는 시커먼 호수 물속에 도대체 어떤 생물이 존재할까, 염려가 되어 발을 담그는 것도 싫어했는데 말이다. 그들의 수영은 자신을 보호하는 것을 지나 타인의 응급 구조 상황에도 대처하도록 하는 데 있다. 누군가 물에 빠졌을 때 곧바로 구조할 수 있도록 관련 이론과 실습을 병행한다.

언젠가 북해를 여행한 적이 있다. 아이들이 그 넓은 바다에서 마음껏 수영을 즐기는 모습이 그렇게 부러울 수가 없었다. 모두 어린 시절 습득한 수영 교육 덕분이다.

독일에서는 인생에서 기본적으로 해야 할 것을 학교 교육을 통해 습득한다. 나로서는 학교가 모든 교육을 관장한다는 점에서 가장 부럽고 질투 나는 대목이다.

떠나는 자의 무도회,
'Shall We Dance?'

주니는 2019년, 아비발*Abi-ball*을 끝으로 8년간의 김나지움 생활을 마쳤다. 입학 때 만 10살의 꼬맹이가 18세의 소녀로 훌쩍 자란 것이다. 초등 1학년 때 독일에 온 딸은 조기 김나지움*Frueh Gymnasium*에 입학했다. 조기 김나지움은, 통상 김나지움에 7학년 입학이지만 성적이 우수하고 본인이 원하면 5학년에 입학할 수 있는 베를린 학제다. 상급학교 입학을 위해 '학교 개방의 날' 행사에 방문했다가 결정한 학교였다. 그날 라틴어 공개 수업에 참관한 딸은 '라틴어가 재밌다'며 이 학교를 고집했었다.

주니의 학교는 1886년에 설립되었고, 고대어(라틴어, 헬라어)가 중점과목이다. 엄격한 중세 수도원을 방불케 한 학습 시스템으로 유명하다. 한쪽 눈에 장애를 가진 교장 선생님은 말 그대로 기숙사 사감 같은 인상이다. 학년을 올라가면서 더러는 유급학생도 있고 더러는 힘들어

다른 학교로 전학을 간 친구들도 있었다. 하지만 큰딸은 12학년 졸업반까지 군건하게 한 자리를 지켰다. 그래서일까? 딸은 정이 들었는지 졸업에 대해 많이 아쉬워했다.

"엄마, 학교라는 울타리가 없어진다니 허전해요. 이제는 제가 스스로 해야 하잖아요."

그렇다. 딸은 제도 속에서의 자유가 얼마나 편안한 것인지 나름 터득한 것 같다.

김나지움 졸업반이 되면 학생들은 자신들의 미래를 설계한다. 졸업 후 대학을 곧바로 갈 것인가, 아니면 1-2년 쉬고 다양한 경험을 쌓을 것인가 고민한다. 또는 아예 직업교육을 거쳐 자신이 원하는 분야에서 일한다. 대부분 곧바로 대학에 가지 않고 1년 정도 여행을 떠나거나 직업 현장에서 경험을 쌓는 것을 종종 보았다. 주니의 절친도 아프리카 1년 봉사를 다녀와 의대에 진학했다. 딸은, 자신은 공백 없이 곧바로 대학에 들어가서 공부하고 싶다고 했다.

아비투어를 치르고 약간의 휴식 기간을 가진 후, 드디어 아비발 시간이 다가왔다. 아비발이 있던 날, 주니는 아침부터 분주했다.

"엄마, 나 이뻐요?"

아직도 철부지 딸인데 드레스를 걸친 우아한 모습을 보니 '이제 다 컸구나' 싶었다. 아비발은 성인을 향한 마지막 무도회이자 통과의례다. 힘든 아비투어를 거친 이들을 위한 파티라고나 할까?

우리나라 수능시험에 견주는 아비투어는 원래 라틴어 Abitorium (아비토리움)에서 파생되었다. 이 뜻은 '현재의 위치에서 떠나다'라는 뜻이다. 1950년대 이전만 해도 아비투어는 소수 학생만이 치르는 수준 높은 시험이었다. 그래서 학생들은 '아비투어를 치렀다'는 엽서를 써서 지인들에게 알릴 정도로 대단한 일이었다.

1960년대 넘어서는 미국의 자유주의 물결이 독일교육의 문화틀에 스며들었다. 딱딱한 교육의 틀에서 벗어나 잠시라도 무도회를 열려 아이들을 시험에서 해방시키고자 했다. 결국 아비발은 고등학교를 떠나는 이들을 위한 환송파티다. 아비발도 그때부터 졸업생들의 문화로 안착했다.

이날은 모든 졸업생과 가족, 친지들이 생애 가장 아름다운 옷으로 갈아입는다. 김나지움 학생들은 아비발에서 춤을 잘 추기 위해 미리부터 댄스학원에 등록하는 극성도 부린다. 아비발에 입을 이브닝 드레스는 가장 큰 관심거리다. 남학생들은 보통 양복에 나비 넥타이를, 여학생들은 다양한 디자인으로 이날 파티에서 베스트 드레서를 꿈꾼다. 온라인과 오프라인에서는 아비발 의상을 앞다투어 판매한다. 보통 가격은 200유로를 호가한다.

아비투어 시험을 치르는 기간에도 딸은 아비발에 입을 드레스 걱정을 했다. 그러고는 독일에서는 자신이 원하는 디자인을 찾을 수 없다며 한국 쇼핑몰을 검색했다. 며칠 동안 들여다보더니 급기야 자신이 원하는 스타일을 찾아냈다. 한국에 사는 이모가 특별히 선물한 드레스는 딸을 위한 맞춤 제작처럼 잘 어울렸다.

아비발 입장 티켓은 두 달여 전부터 해당 인터넷을 통해 구매했다. 주니의 아비발 때는 1인당 62유로였다. 둘째 혜니의 아비발에는

76유로가 소요되었다. 물가가 그만큼 올랐다는 것을 말해준다. 우리는 4명 티켓을 예약했다. 이 가격에는 홀 비용과 저녁 뷔페 음식, 댄스 시간을 주도한 DJ 비용까지 포함되었다. 가족별로 테이블 자리를 배정받았다. 이 모든 과정은 학생들이 스스로 조직해서 결정한다.

파티는 새벽 4시까지 이어지고, 보통 부모나 친척들은 11시 전에 대부분 귀가한다. 그 사이에 부모님과 춤을 추는 시간도 있다. 아들은 어머니와, 딸은 아버지와 춤을 춘다. 이후 부모들은 서서히 귀가하고 그때부터 학생들 스스로의 댄스 타임이 펼쳐진다. 빠른 템포의 곡들이 흘러나오고 젊음의 열정을 뿜어내고 싶은 아이들은 마음껏 아비투어의 스트레스를 날려버린다. 다음날 이른 아침 3시에 귀가한 딸은 전쟁을 한판 치른 모습으로 돌아왔다. 그러고는 내 귀에 속삭였다.

"엄마, 내 드레스가 젤 이뻤대. 역시 메이드 인 코리아가 최고야!"

이제 막 기지개를 켠 청춘의 미소로 환하게 웃는 딸의 모습이 세상을 다 얻은 듯 보였다. 아이들에게 있어 가장 아름다운 밤 아비발! 학창 시절의 소중한 마지막 추억이다.

테마 주간은 동화 속으로

독일에서의 고등학교 3학년은 긴장과 해방의 양면성을 지닌다. 복잡하고 힘든 시험 기간 속에서도 여유를 잃지 않는다. 우리나라는 수능시험을 하루 동안 전 과목을 치르지만 독일은 그렇지 않다. 과목에 따라 시험 일자가 달라 4월과 5월에 걸쳐 자신이 선택한 5과목을 치른다. 일정이 긴 시험 기간이라 긴장감이 덜하기도 하지만 그럼에도 조바심은 늘 꿈틀댄다. 아비투어 점수가 평생 대학 입학 자격을 결정짓기 때문이다.

한 과목당 시험이 4-6시간 정도 소요되기에 시험을 치른 후엔 녹초가 된다. 주니는 고대 그리스어(헬라어)와 생물을 심화과목으로 선정하고, 수학, 독일어, 역사(프레젠테이션)를 기본과목으로 선택했다. 시험 난이도가 높은 과목들이다. 하지만 시험과 상관없이 주말에는 친구들을 만나며 수다로 스트레스를 풀기도 한다. 학교에서도 긴장을 풀기 위해 이색적인 행사를 선보인다.

수험생들은 전통적으로 아비투어 시험 전 마지막 수업주간에 특별한 이벤트가 기다린다. 테마 주간*Mottowoche*(모토복헤)으로, 수험생들은 매일 다른 코스프레 복장으로 등교한다. 주니는 고등학교 마지막 수업을 장식하기 위해 분주했다. 신문지를 붙여 원피스를 만들고, 평소 잘 입지도 않던 잠옷도 챙긴다. 전통적으로 독일 고등학교 3학년 수험생들은 이 한 주간을 끝으로 학창 시절을 마감한다. 한창 아비투어(독일의 수능시험) 준비에 박차를 가해야 할 시기에 약간의 숨통을 트이게 하는 통로인 셈이다. 코스프레를 한 후, 매일 저녁에 친구들이 함께 모여 파티를 열기도 한다.

테마 주간을 위해서 학생들은 1년에서 반년 전부터 함께 투표를 거쳐 테마를 결정하고 교장 선생님께 최종보고를 한다. 매년 테마가 비슷하다. 테마 주간이 되면 학생들은 요일별로 정해진 테마에 따라 다른 복장을 한 채, 우스꽝스런 모습으로 수업에 참여한다. 시험에 대한 긴장감이 높은 만큼 테마 주간의 이색적인 이벤트는 아이들에게 기분 좋은 추억을 선물한다.

2019년 당시 주니 학교의 드레스 코드 테마는 이랬다.

1. 월요일: 잠옷 입고 등교하기

딸은 한국에서 보내준 기모가 있는 노란색 상하의 잠옷을 입고 등교했다. 등굣길에 시민들은 이즈음 시기에 늘 봐왔던 모습이라 '또 아비투어 시험철이 다가왔구나' 하며 자연스럽게 받아들인다. 수험생들은 잠옷을 입고 지하철이나 버스를 타고 학교에 간 후, 수업에 참여하고 수업 중인 후배 교실을 방문하곤 한다. 수험 중인 교실을 방문해 후배들의 얼굴이나 칠판에 'Abitur(아비투어) 2019'라고 쓰기도 한다. 어떤 수험생들은 사탕을 사서 후배들에게 나눠준다. 좀 더 공격적인 수험생들은 밀가루를 뿌리기도 한다. 선생님들의 경우 전통적으로 해왔던 관례라 웃으며 넘긴다. 하지만 더러 예민한 교사들의 경우 수험생들이 들어오지 못하도록 교실 문을 잠그기도 한단다.

2. 화요일: 천이 아닌 다른 재질로 된 옷 입기

주니는 이날 검은 쓰레기봉투를 상의로, 하의는 신문지로 바지를 만들어 입었다. 내가 보기에도 우스꽝스러웠다. 아이들의 의상들은 창의적이다. 메모지를 붙여 옷을 만들거나, 속옷 위에 페인트를 칠하기도 했다.

3. 수요일: 어릴 때의 히어로 의상 입기

어렸을 때 우상이 되었던 캐릭터의 의상을 입는 것이다. 동화나 당시 텔레비전에서 유행했던 만화 주인공을 연상케 하는 옷이다. 딸은 슈퍼 마리오 의상을 입었다. 그밖에도 바비, 꿀벌 마야, 스파이더맨, 미키 마우스, 피터팬, 피카추 등 다양했다. 딸의 말에 의하면 매년 빠지지 않는 옷은 '말괄량이 삐삐'란다. 그만큼 독일 아이들에게도 '삐삐'가 로망인 모양이다.

4. 목요일: 80년대 운동복 착용하기

딸은, 내가 한국에서 입었던 운동복을 촌스럽다며 '딱 이거다!'라며 박수를 쳤다. 이날 학생들은 이 테마를 위해 인터넷에서 옷을 주문하기도 한다. 쇼핑몰에는 테마 주간을 위한 의상들도 상품으로 판매되기도 한다.

5. 금요일: 최대한 날라리 의상 입기

모범생들임을 자처하는 김나지움 학생들은 이날 최대한 규범에서 멀어진 의상을 입는다. 가슴이 깊게 파인 상의와 팬티형 스키니진과 머리를 붉게 염색하고 나타나기도 한다. 가장 파격적인 옷을 선호한다.

무엇보다 이 주간의 하이라이트는 그동안 모아둔 수업 프린트물을 자신들이 만든 풀장 같은 공간에 찢어 넣는 의식이다. 김나지움에 입학한 후 5학년 때부터 받은 수업 프린트물들은 작은 휴지 조각이 된다. 독일의 수업은 과목당 책이 있긴 하지만, 후배에게 그대로 물려준다. 그래서 주로 선생님들이 직접 만든 프린트물에 의존한다. 그래서 학생들은 종이의 홍수 속에 학기를 보낸다.

수험생들이 만들어놓은 풀장 뒤에는 이렇게 쓰여 있었다.

'아비투어는 환경보호를 만든다.'

즉 수업 시간에 많은 종이가 사용되었고, 그것은 환경 파괴를 주도한다는 의미의 역설적인 표현이다. 결국 아비투어를 끝으로 프린트물이 더 이상 쓸모없기에, 아비투어가 환경을 보호하는 매개체라는 비소를 날린 것. 테마 주간에는 사회적 이슈를 학생들 스스로의 목소리로 표현하기도 한다. 이 이벤트는 시험의 긴장 속에서 여유를 찾으려는 작은 노력의 일환이다.

아비투어 시험이 끝나면, 아이들은 새로운 인생의 출발을 마주한다. 그들의 나아가는 발걸음에 박수를 보낸다.

'브라보 유어 라이프!'

고학년일수록 학교급식 신청 안 해요

"육질이 부드러운 굴라쉬 수프, 고기도 일주일에 두 번이면 족하지. 신선한 야채와 과일, 고소한 향이 풍기는 식탁에 여유 있게 앉아 창밖으로는 흰 눈이 소복이 내리는 것을 감상하고, 맛을 돋우는 음악이 흐르는 그런 분위기 말이야."

에밀리는 혜니의 절친이다. 에밀리의 엄마는 도스토예프스키를 사랑하는 러시아 출신 여성이다. 지난해에도 도스 작가님의 탄생 200주년이라고 고전을 다시 읽기도 했다. 도스토예프스키는 러시아는 물론 독일인들도 숭상한다. 톨스토이 또한 '작가들은 허영심이 많고 질투가 심한데 그와 견주려는 생각은 한 번도 해본 적이 없다. 단 한 번도'라고 말할 정도다. 에밀리의 엄마는 마치 시를 읊듯 말을 이어 나갔다. 하지만 자신의 딸이 먹는 학교 급식에 대해 비판을 퍼부을 때는 KGB 러시아 정보요원처럼 돌변한다.

"학교 급식이 이러면 얼마나 좋아!!"

학교 급식의 실상은 가히 수용소 음식에 가깝다고 평한다. 엄마처럼 수다를 좋아하는 에밀리의 볼멘소리가 들리는 것 같다. 그녀의 비판에 난 십분 공감한다. 가끔 죽같이 변한 면발, 흐물거리는 야채, 지방 가득한 고기가 보는 눈도 질리게 한다. 게다가 30분밖에 되지 않는 점심시간은 그야말로 허겁지겁 위장 채우기 작전을 방불케 한다. 6교시 수업(13시)이 끝나기 바쁘게 교실을 빠져나와 식당으로 뛰어가는 학생들. 줄이라도 길게 늘어서면 정작 밥 먹는 시간은 고작 10-20분에 불과하다. 평소에 학교 급식Schulessen에 불만이 많은 에밀리 엄마지만, 직장을 다니는 데다 딸의 점심 식사에 대안이 딱히 없는 터라 울며 겨자 먹기로 학교 급식을 신청했다. 하지만 그녀는 아이를 위해 꼬박꼬박 오전 간식 도시락까지 챙기고, 영양가 있는 학교 급식에 대해 결코 관심을 포기하지 않는 열혈 엄마다. 나도 딸아이의 건강이 걱정되긴 하지만 가리지 않고 먹는 혜니가 급식을 고집하고 있기에 두고 보기로 했다.

언젠가 독일 학생들의 4분의 1 이상이 학교 급식에 대해 중간 수준이나 나쁜 평가를 내었다는 조사 결과가 있었다. 주변 엄마들 또한 비슷한 생각을 한다. 바쁜 생활에 아이들 점심 도시락을 챙겨주기는 싫어도, 여전히 급식의 불만 또한 줄어들지 않는 게 학부모들의 딜레마다.

2017년, 딸들이 다니는 학교에서 급식을 먹은 학생들이 집단 식중독을 일으킨 적이 있다. 식품 검열이나 위생에 철저한 독일에서는 우려되는 사건이었다. 게다가 교육을 중시하는 학교에서의 위생 문제는 그냥 두고 볼 수 없는 노릇이었다. 곧바로 각 반 학부모 대표들과 학교

측 간에 긴 시간 회의가 이루어졌다. 그 결과 해당 급식업체인 S회사와의 거래는 중단되었다. 이후 그해 8월부터는 새로운 급식회사와 계약이 시작되었다. '학교의 부엌*Die Schulkueche GmbH*'이라는 이름의 새 급식업체였다. 아이가 다니는 학교에 속한 구에 위치해 있어 빠른 운송에 따른 신선도에서 유리했다. 2013년에 설립된 후 현재 인근 유치원, 초등학교와 중고등학교의 급식을 담당하는 등 꾸준한 성장세를 보이고 있다. 학교와 지근거리라 운송시간을 줄여 영양가의 손실을 줄일 수 있다는 장점이 주효한 것 같다. 유기농 재료와 제철 과일 등을 사용한다는 점도 주목할 만하다.

이 업체는 급식일 2주 전부터 메뉴를 인터넷 홈페이지에 미리 공지한다. 학생들은 해당일 오전 9시 전까지는 인터넷에서 음식을 선택해야 그날 급식이 주어진다. 사전 선택을 통해 정확한 양을 준비하기에 음식 쓰레기를 최소화할 수 있다. 메인 요리는 주로 고기나 생선요리 중에서 선택할 수 있고, 업체 담당자가 학생들에게 직접 배식한다. 샐러드나 면밭 종류의 서브 음식은 자신이 먹고 싶은 것을 직접 골라 담을 수 있다. 그래서 나중에 온 학생들은 음식이 바닥 나, 선호하는 것을 자칫 못 먹을 수 있는 단점도 있다. 후식은 요거트나 과일샐러드 등이다.

세계적으로 급식 문화가 처음 태동한 것은 독일이다.

1790년 독일의 뮌헨에서 어려운 가정을 도울 목적으로 수프 식당을 개설한 것이 시초다. 당시엔 경제적으로 어려운 가정에게 급식을 민간차원에서 제공했지만 점차 국가적인 수준에서 법을 제정, 급식을 제공하게 되었다. 현재 독일의 단체 급식은 독일급식협회*die Deutsche Gesellschaft für Ernährung e. V*가 인정한 업체에 대해 이뤄진다. 학교 급식은 각 주 정부가 마련한 '학교 급식 표준 규정'에 따라 규제하고 있다. 이미 1920년대부터 학생들에게 규칙적으로 점심을 제공했다는 보고가 있다. 2차 세계대전 이후 구 서독 연합군 주둔 지역에서 학교 급식이 진행되었다. 역시 구 동독 지역에서도 1970년대에 어린이와 학생들의 3분의 2에게 매일 따뜻한 점심을 제공할 수 있도록 법안을 가결했다.

하지만 정식으로 학교 급식이 실시된 것은 2002년부터다. 이전까지 독일 학교는 오전 수업만 했지만, 여성의 직업 활동을 위해 전일제 학교 시스템이 도입되면서 학교 내 급식을 법적으로 의무화하고 있다. 의무화 이후 급식 음식을 직접 조리한 학교가 많았지만, 현재는 독일 전역에서 소수의 학교만 자체적으로 음식을 조리하고 있다. 나머지는 전문 급식업체를 통해 음식을 조달받는다. 학교 급식은 무상이 아니기 때문에 원하는 학생들에게 선택적 사안이다. 의무적으로 학교 급식을 규정하고 있지만 신청은 학생들 자율에 맡기는 것. 그래서인지 학년이 올라갈수록 학교 급식을 신청하지 않는 학생들이 늘어나고 있다. 고학년의 경우, 급식이 아닌 다른 먹거리들을 통해 점심을 해결하곤 한다. 2015년 통계에서 초등학생의 50% 정도가 급식을 신청했고, 학년이 올라갈수록 그 수는 줄어들었다.

우리 아이들 학교에서는 15년 전부터 학교 급식과는 별도로 카페테리아가 활성화되었다. 80명 이상의 부모들이 4개 팀으로 나누어 오전 8시부터 오후 2시까지 카페테리아에서 자원봉사로 일한다. 매일

100개의 브뢰첸(흰 빵), 120개의 브레첼(약간 소금이 들어간 빵), 베이글 빵, 5개의 케이크, 60개의 토스트, 40개의 소시지가 끼워진 빵, 150개 이상의 조각 피자 등을 준비한다. 매일 아침, 인근 빵집에서 직접 만든 빵을 공수한다. 학교 급식을 신청하지 않은 학생들은 카페테리아에서 저렴한 가격으로 점심을 해결하고 있다. 어지간한 군것질거리를 1유로 정도의 저렴한 가격에 살 수가 있었다. 그러다 보니 4유로에 달하는 급식을 먹는 것보다 빵 한두 개로 점심을 해결하는 학생들도 많다. 아비투어를 준비하는 11-12학년 학생들은 아예 학교 밖에서 점심을 해결하기도 한다. 이제는 졸업해 급식 걱정을 하지 않아도 되니 다행이다.

당시 혜니의 먹성을 보며 '학교에서 급식이라도 안 했으면 어쩔 뻔했어?'라며 가슴을 쓸어내리곤 했다. 간식 도시락 싸는 것도 번거롭고, 더더욱 점심 도시락 메뉴는 생각하기도 힘들기에 난 학교 급식이 마냥 고맙기만 하다. 게다가 메뉴 중에서 아이는 자신이 좋아하는 음식을 미리 선택해 먹을 수 있다. 먹기 싫은 날은 신청 안 하면 되는 탄력적 운용이 맘에 들었다. 식품 위생과 아이들 영양을 위해 늘 관심과 평가를 게을리하지 않는 탓에 비교적 안심한 급식을 기대할 수 있는 것도 이유다.

독일 학교에서는 엘터른아벤트(학부모 회의)를 정기적으로 개최한다. 보통 부모들의 퇴근 시간에 맞춰서인지 오후 6시 무렵부터 시작되어 9시까지 진행된다. 학교 공지 사항과 학급 상황 등을 설명하고 부모의 동의를 구한다. 여기에는 학교 급식에 대한 내용도 포함되곤 한다. 비판과 토론을 즐겨하는 독일인들의 습성 탓인지 학교 급식에 대한 논란도 많다. 고기를 너무 많이 준다거나, 수프 맛이 없다거나 등등 메뉴에 대한 불만에서부터 건강 메뉴에 대한 조언과 주문까지 한다.

사실 엄연히 따지면 독일 초등학교는 학교 급식의 개념이 없다. 아직까지진 오전 수업이 주류기 때문이다. 오전 8시에 시작해 오후 1시 30분 정도면 수업이 끝난다. 물론 방과 후 교실*Hort*(호르트)에 가는 아이들은 그곳에서 점심을 먹는다. 수업이 애매한 시간에 끝나기 때문에 아이들은 빵이나 과일 등 도시락을 싸 온다. 보통 10시 정도에 20분 가량 휴식 시간을 이용해 간식을 먹는다. 베를린 초등학교의 경우 통상 4학년까지만 호르트를 이용할 수 있고, 이후 학년에서는 대부분 방과 후 집으로 가기 때문에 그나마 급식도 없다. 물론 호르트에서는 급식은 물론, 숙제를 도와주거나 새로운 프로그램을 제공하며 탁아와 교육을 병행한다.

몇몇 독일인 부모와 현재 독일에 사는 한인 부모들에게 무상급식에 대한 반응을 물었다. 한인 부모들은 한국의 시스템과 독일의 상황을 비교할 수 있기 때문이고, 독일 부모들은 자신의 나라 복지 시스템에 대해 어떻게 생각하는지 궁금해서다. 한인 부모들은 대부분 독일의 복지 시스템은 무상급식을 군이 하지 않더라도 복지 서비스가 그만큼 구비되어 있다는 반응이다. 여러 가지 아이들을 위한 지원책이 많기 때문에 군이 무상급식을 할 필요가 있겠느냐는 반응이다. 독일인 부모의 경우도 빈곤층 아이들의 경우 급식비 지원을 받고 있고, 오히려 너무 지원하는 것도 도덕적 해이를 불러올 수 있다는 반응도 있다. 하지만 무엇보다 재원 확보가 관건이며, 현재 오전 수업만 있는 학교 시스템에서 급식의 의미가 있겠냐는 반응이다.

　독일의 경우 영어, 수학 등 보습학원의 개념이 없다. 요즘 생겨나긴 해도 외국인이나 특별히 학업 성적이 부진한 경우 보충하려는 사람들이 찾곤 할 뿐 대중적이지 않다. 우리나라처럼 사교육비 지출이 많지 않기에 그만큼 양육비의 부담이 덜어지게 된다. 게다가 아이들을 위한 직접적인 지원이 있다. 아이들은 18세까지 킨더겔트(아동 수당)를 지급받는다. 아이가 대학을 다닐 경우 28세까지도 수령 가능하다. 장애 아동의 경우는 계속 지원받는다. 이외에도 빈곤층을 위해 추가로 아동 추가수당(킨더츄슐락)*Kinderzuschlag*을 받을 수 있다. 빈곤 가정의 경우 매달 지불하는 집세 등도 지원 가능하다.

　그만큼 국가에서 후원하는 통로가 많기 때문에 오히려 국가가 제공한 지원금으로 급식비 정도는 충당하지 않겠냐는 의견이다. 즉 부모들이 그다지 사교육에 투자하는 돈이 적기에 킨더겔트를 통해 급식비는 얼마든지 지불 가능하다는 의견이다. 게다가 급식비에는 주 정부의 지원이 이미 포함되어 있기에 저렴하다. 그럼에도 빈곤층 부모들이 그나마 내는 급식비를 내지 못해 밥을 못 먹이겠다고 매스컴에 보도되곤 한다. 주 정부 또한 이를 일일이 수렴할 수 없기에 민간이나 사회단체에서 결식아동에게 점심 등을 제공하는 경우가 많다.

　앞서 언급했듯이 독일 초등학교는 오전 수업이 주류다. 호르트를 신청한 어린이만이 학교 급식을 제공받고, 호르트 비용은 부모의 수입에 따라 차등 지원받는다. 호르트 신청은 직접 관청에서 서류를 받아 작성해 호르트 담당자의 사인과 함께 다시 관청에 제출한다. 보통 세금 증명서와 재직증명서 등 부모 모두 일하거나, 공부하는 등 아이를 돌볼 수 없다는 증명서를 제출해야 한다. 또한 빈곤층 아이의 경우도 그에 따른 증명하는 서류를 제출하지만 관청과 직접 상대하기 때문에 학교에서는 일일이 아이 사정을 알 수가 없다. 아이가 빈곤층인지 아버지가 실업자인지 개별적으로 알 수도 없으며, 물론 안다 할지라도 개인적인 사생활을 물어보지 않는 것이 통례다. 또한 모든 서류 절차를 호르트에서 관청으로 연계되기에 학생을 거치지 않고 담임선생님을 통하지 않는다.

오래전부터 독일은 전일제 수업에 대한 여론이 높아지면서 각 주마다 시범적으로 전일제를 운용하는 학교가 있다. 김나지움(인문계 고등학교) 등에서는 전일제 학교에 대한 의견이 높아가면서 식당을 새로 만드는 일도 생겨났다. 전일제를 하려면 급식을 제공해야 하기 때문이다.

독일은 학교 급식 경비 보조를 위한 재원 마련을 위해 주 정부가 별도의 기금을 조성, 운영한다. 중앙정부의 정책적 지원도 있다. 하지만 무엇보다 독일은 학교 급식에 대해 수익자 부담 원칙을 고수한다. 소득 수준에 따라 차등 지원하고, 재정 확충이 어려울 경우 민간단체의 협력도 기대하고 있다. 전일제 학교로 바꾼 한 사립 김나지움의 경우 급식은 학부모들이 부담하고, 그 외 경비는 학교와 지역자치단체의 후원을 받고 있다.

몇 년 전, NRW*Nordrhein-Westfalen*지역의 경우 2,8 Millionen 학생 중 50만 명의 학생이 급식을 하며 그중 7만 명은 지방 정부에서 후원하기에 1유로만 내고 있다는 기사를 읽은 적 있다. 하지만 그중에서 1유로도 비싸서 점심 먹는 것을 그만둔다고 한다. 많은 빈곤층 엄마와 아빠는 1유로도 많다고 생각한다고 당시 위르겐 뤼트게어스_Jürgen Rüttgers(CDU) 국회의원은 말했다.

그럼에도 이 지역은 'Kein Kind ohne Mahlzeit'(급식을 못 먹는 아이는 없다. 즉 모든 아이들이 무료 급식해야 한다는 의미) 구호를 내걸었다. 하지만 일반 시민들은 정작 무료 급식보다는 급식의 질에 민감하다. Der Deutschen Gesellschaft für Ernährung(영양을 위한 독일협회)의 설문조사에 따르면 베를린 학교 중 39%의 학교만 충분한 생선을 공급했고, 야채는 20%의 학교에서만, 그리고 곡물류는 거의 없었다. 겨우 19%의 학교만이 매일 신선한 과일을 식탁에서 접할 수 있다는 조사였다. 이러한 보고서는 급식의 질에 대해 심도 있게 고민하게 된 계기가 되었다. 현재 베를린 시에서는 그들의 급식 목적을 '모든 학생들은 건강한 음식을 먹는다'는 것에 주안을 두고 있다.

고학년이 되면서 대체로 아이들은 학교의 급식을 원하지 않는다. 10학년부터는 정해진 학교 시간 내 학교 밖 외출이 가능하기 때문이다. 그래서 딸도 10학년부터는 주로 학교 밖에서 간단하게 케밥이나 쿠리부어스트, 피자 등을 사 먹는 일이 많아졌다. 그럼에도 너무 부실하게 먹지 않나 싶어 오히려 급식이 그리워질 때도 있다. 올해 둘째딸도 고등학교를 졸업해, 급식은 추억의 산물이 되었다. 가끔 독일 음식을 먹다가, 학교 급식에서 나왔던 요리라며 말하는 것을 보면 학교에서의 음식이 성장기에 중요하다는 생각도 든다.

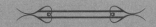

독일도 점점 간편하고 빠른 제품에
눈길을 돌리는 추세다.
점점 문명의 편리성에 길들여진
인간의 단면을 보는 것 같다.
코로나 기간에는 국가적으로도
디지털의 혁명적 변화를 위해
많은 액수의 예산을 책정했다.

Part. 6

독일 먹거리를
즐겨보라

궁색한 명품 요리, 쿠리 부어스트

　　돌덩이를 떡이라 하면 믿고 당장이라도 집어삼킬 듯한, 식성 좋
던 여고 시절이었다. 학교 언덕을 올라가는 길목엔 언제나 소녀들의 위
장을 유혹했던 분식집이 있었다. 바람 따라 실려온 구수한 어묵 국물
향이 주범이었다. 게다가 알맹이가 꽉 차고 간이 딱 맞은 김밥과 떡볶
이도 훌륭한 조연이었다. 야간자율학습으로 지친 세포는 국물까지 핥
아 빨아들인 후에야 새로운 동력을 얻곤 했다.

　　나이가 들고 결혼하면서 아이들에게 김밥 만들어주는 일은 엄
마로서의 중요한 임무가 되었다. 이곳 독일에 와서도 김밥과 떡볶이는
아이들의 1등 간식 메뉴다. 물론 김밥의 속 재료가 조금 달라졌을 뿐이
다. 김밥 길이의 독일 소시지와 오이, 당근, 계란만 넣으면 끝이었다.

　　오래전 혜니의 생일파티 때 독일 아이들과 김밥 만드는 이벤트
를 했다. 독일 사람들에게 김밥은 일본의 '스시'라는 이름으로 통한다.

난 그들에게 '김밥'이라고 이름을 거듭 고쳐주며 고집스럽게 외우게 했다. 아이들이 스스로 만든 김밥은 집으로 가져가게 했더니, 아이들의 부모들도 배우고 싶다고 물어왔다. 부모들은 애들처럼 흥에 젖어 김밥 만들기에 열중했다. 우리는 김밥을 만든 후 떡볶이를 곁들어 먹었다. 고추장을 넣으면 다소 매울 것 같아 케첩 양을 늘렸지만 여전히 맵다고 호들갑이었다.

"이게 우리의 쿠리 부어스트 같은 거야?"

"근데 소시지가 왜 이렇게 끈적거려?"

떡볶이 떡을 소시지로 아는 모양이다.

"좀 매운데 개성 있네!"

어른과 아이들이 한마디씩 평을 한다. 우리에게 김밥과 떡볶이가 있다면 독일에는 쿠리 부어스트가 있다. 독일에서 군이 전통음식이라고 소개하자면 돼지고기 뒷다리 요리인 학세_Haxe_나 아이스바인이 있다. 실상 독일의 음식 문화는 딱히 내세울 만한 게 없다. 유목 생활을 한 게르만 민족에게 가장 편리한 음식이 바로 소시지 같은 저장식품이었다. 그러기에 손 많이 가는 음식은 기피 요리였을 법하다.

내가 살고 있는 베를린에는 명물 길거리 음식이 있다. 바로 '쿠리 부어스트'_Curry Wurst_다. 쿠리 부어스트는 케첩 소스에 카레 가루를 섞어 소시지에 부으면 끝! 베를린이 수도지만 딱히 음식 문화를 내세울 게 없던 차에, 베를린이 쿠리 부어스트 홍보에 적극적이다. 이는 터키에서 건너온 '되너 케밥'_Döner Kebap_ 같은 저렴하고 간편한 음식의 위세에 위협을 느껴서인지도 모른다. 특히 베를린은 케밥이 가장 활성화된 도시다. 외국인들, 특히 터키인들의 집성촌이 많기 때문이다. 케밥은 원래 '불에 구운 고기'를 말한다. 비단 고기뿐만 아니라 '구워 먹는 음식'을 총칭하기도 한다. 가령 한국의 불고기도 '케밥'이라 칭한다.

　　베를린 시는 쿠리 부어스트를 길거리 음식으로 정착시키기 위해 박물관까지 만들어 대대적 홍보에 나섰고 관광객 유치에도 성공했다. 1년에 850만 명 이상의 입을 자극한다고 하니 그 위력을 짐작하고도 남는다. 게다가 가격까지 착하다. 한 접시에 3~4유로 정도면 급한 배고픔은 어느 정도 면할 수 있다. 사실 모양새는 볼품이 없다. 구운 소시지에 커리 소스를 뿌리고 감자칩이 전부지만, 베를린의 자랑거리라고 알려지니 관광객들도 몰려든다.

　　쿠리 부어스트의 역사는 2차대전 직후로 거슬러 올라간다. 1949년 서베를린에서 작은 소시지 관련 음식점을 운영하던 헤르타*Hertar*라는 여주인이 처음 쿠리 부어스트를 만들었다. 그녀는 전쟁이 끝난 후 동서독이 분리된 후 서베를린에 미군이 주둔하자 그들을 겨냥한 미국식 음식을 생각하게 되었단다. 그녀의 남편 호이베어*Heuwer* 씨가 미군에 문의하는 등 노력 끝에 케첩을 곁들인 미국식 스테이크를 생각하게 된다. 이후 헤르타는 스테이크에 고기 대신 독일 시스템에 맞는 소시지를 사용한 쿠리 부어스트를 적용하게 된 것이다. 소스의 마력이 미군들의 입을 자극했고, 중독성을 지닌 음식으로 전염병처럼 퍼져나갔다. 1960년대 이후부터는 입소문을 타고 철의 장벽을 넘어 동베를린에서도 분식집이 생겼다. 당시까지 케첩이 없었던 동베를린에서는 그것을 만들기 위해 연구를 거듭했다. 결국 그들만의 독창적인 케첩을 만들어내었다.

쿠리 부어스트는 소스가 맛을 좌우한다. 그래서인지 베를린의 유명 쿠리부어스트 분식집은 각자의 비밀 레시피를 가지고 있기도 한다. 맛이 있기로 소문난 곳은 어김없이 그 음식점만의 장인 레시피를 가지고 있는 법.

우리 아이들은 하굣길에 쿠리 부어스트 분식집을 거친다. 방앗간을 지나는 참새처럼 쿵쿵거리고는 용돈 주머니를 열어젖힌다. 배고픈 위장을 위한 적절한 어루만짐이다. 내 여중 시절처럼 아이들은 친구들과 쿠리 부어스트 분식집에 들러 한 텀 배를 채우고 집을 향한다. 주머니에 짤랑거리는 동전만으로도 포만감을 만끽하기 때문이다.

쿠리 부어스트 역사가 벌써 80년이 넘어섰다. 맛의 변신을 꾀하고 새로운 인테리어로 중무장한다. 길거리 음식이라는 꼬리표를 보완하는 노력도 보인다. 위생과 건강을 위해 유기농 쿠리 부어스트 분식집도 생기는 등 서민의 식문화를 주도하기 위해 애쓴다. 채식주의자들이 늘어나는 독일에서 돼지고기 소시지가 아닌 다양한 방법으로 손님들을 잃지 않으려 애쓴다. 앞으로 쿠리 부어스트가 어떤 변신으로 시민들의 입을 사로잡을지 궁금하다.

한국 음식이 대세다

"비빔밥을 처음 먹었을 때는 맛을 느낄 수가 없었어요. 매웠다는 생각밖에는. 하지만 한 숟가락 한 숟가락 뜰 때마다 점점 맛있어 졌고, 더 먹고 싶더라고요."

독일인 학생 다니엘은 우리 한식 사랑이 대단했다. 베를린 자유 대학에 재학 중이던 그는, 행사가 진행되는 일주일 내내 한국 음식을 먹겠다고 너스레를 떨었다.

2011년, 주 독일 한국문화원 주관으로, 베를린에 소재한 대학식 당에서 한국 음식을 알리는 문화주간이 열렸다. 베를린 학생후생복지 조합과 함께 베를린 자유대학 학생식당에서 '밥 먹자*Lasst uns Reis Essen* 한 국의 일품요리'를 선보인 것.

자유대학은 베를린에 소재한 종합대학 중 하나다. 훔볼트 대학 이 분단 이후 동베를린에 예속되자, 서독 정부가 미국의 재정지원을 얻어 1948년 서베를린에 설립한 것이다. 보통 독일 대학에 '멘자'라는 학생식당이 있듯, 이곳에서도 저렴하고 맛난 음식이 제공된다. '기회의 균등'이라는 원칙 하에 학비가 없는 독일 대학에서 학생식당은 자신의 돈을 지불하는 유일한 소비의 공간이다. 그러기에 학생들의 입맛에 맞는 식단을 구성하기 위해 후생복지 담당자들은 손끝에 힘을 쏟는다.

이 행사주간에는 비빔밥, 불고기, 제육덮밥, 궁중잡채, 갈비찜 등의 일품요리 400인분이 매일 한 가지씩 김치, 호박전, 두부조림 등의 반찬과 함께 제공되었다. 특히 첫날 비빔밥에서는 고추장 소스도 매운 맛과 맵지 않은 맛을 구분해 선택할 수 있도록 배려했다.

이곳에서 점심을 먹던 한국인 유학생 박모 군은, '평소 학생식당에서 우리 음식을 먹고 싶을 때가 많았는데 이번 기회를 통해 마음껏 먹을 수 있고, 이제 우리 한식도 학생식당에서 정기적으로 맛볼 수 있지 않을까 기대가 된다'며 상기된 표정이었다.

식당 곳곳에 한국 음식을 먹으며 담소를 나누는 학생들이 눈에 띄었다. 호기심으로 매운 고추장 소스를 끼얹은 독일 학생은 물을 벌컥벌컥 마시면서도 매운맛이 즐겁다고 호들갑을 떤다. 첫날 한국 음식을 맛본 독일인 교수도 "비빔밥은 한국의 전형적인 음식이고, 여러 야채가 들어 있어 최고로 건강한 음식입니다"라고 언급하며, 한식의 세계화가 멀지 않았음을 시사했다.

식당 입구에는 한국 음식 소개 코너가 마련되어 있었다. 음식에 담긴 한국 문화를 소개하기 위해 팔도음식을 상징하는 전시회가 열리고, 대형 스크린과 TV를 통해 홍보물을 상영했다. 또한 한국 음식 레시

피가 적힌 종이 편지를 진열해 식당에 들어오는 학생들에게 가져가도록 하는 등 적극적인 홍보활동을 펼쳤다.

　이날에는 한국음식문화연구원에 소속된 호텔 요리사 4명과 런던, 파리에서 유학하는 젊은 한식 요리사 2명이 함께했다. 첫날에는 비빔밥이 전부 동이 나는 등 한국 음식에 대한 독일 학생들의 전폭적인 관심을 느낄 수 있었다.

　10년이 흐른 지금, 이제 한국 음식은 최고의 인기를 달린다. 유럽도 케이팝의 열풍으로 한류 드라마가 인기가 높고, 더구나 한국 음식은 말할 것도 없다. 한식에 대한 독일인들의 열풍도 거세다. 베를린의 한식 요식업계는 요즘 독일인들의 한식 사랑에 즐거운 비명을 지른다. 지금까지는 '스시' 등 일본 요리가 강세였다면 이제는 한식이 대세인 시대가 왔다. 프랑크푸르트 무역관에 따르면 독일에서 한국 식품 판매량은 매년 20% 이상씩 증가하고 있다. 아시아 식품 분야에서 일본을 제치고 3위라고 한다. 라면이나 갈비 양념 소스, 튀김가루, 빵가루 등이 인기를 끌고 있다. 그래서인지 대형마트에서 한국 라면과 식품류를 심심찮게 볼 수 있다. 이제, 김치는 없어서 못 파는 정도가 되었다. 주말 벼룩시장에 김치가 심심찮게 보이고, 겨울 크리스마스 시장에는 한국식 야채전이 불티나게 팔린다. 한식은 특유의 중독성이 있다. 한번 김치를 맛본 독일인들도 그 맛을 잊지 못한다고 말한다.

　김치를 떠올리니 향수병이 올라온다. 15년 전, 독일 와서 첫 김치를 담글 때, 감동이 밀려왔다. 귀하디 귀한 배추를 집어 들고 '나도 드디어 김치를 담글 수 있다니…'라는 생각에 너무 감격해서 울컥했다. 한국에 살 때는 친정어머니가 김치를 담궈주셨다. 애들 키우느라 바쁘고, 직장 다닌다는 핑계로 낼름낼름 받아먹었다. 하지만 독일에서 살다 보니 모든 것이 현실이었다. 한국에서의 맛있는 김치에 단련된 우리 가족의 입맛도 서서히 내 어쭙잖은 손맛에 안착시켜야 할 판이었다. 처음 김치를 담글 때는 빈 그릇이 요란하다고 제법 타당한 변명도 늘어놓았다. 예를 들면 '재료가 영 형편없어서, 물에 석회가 많아서, 배추가 우리 것이 아니어서' 등등 그럴듯한 핑계가 먹혀들어가는 상황이었다. 하지만 같은 재료를 쓰더라도 이곳에서 요리 잘하는 사람들의 김치는 사뭇 달랐다. 부러움은 배우려는 욕구로 자라났고 이제는 제법 김치 만드는 솜씨에 탄력이 붙었다. 나의 김치 솜씨에 유일하게 칭찬을 아끼지 않는 것은 남편이다. 항상 내 반찬 솜씨가 최고라고 너스레를 떤다. 그 칭찬 덕에 내 실력도 조금씩 일취월장한 것 같다.

2주에 한 번 정도 행해지는 우리 집 김치 담그는 날은, 말 그대로 잔치 날이다. 김치의 겉에 흐늘흐늘한 부분을 떼어내어 된장국을 끓이면 말 그대로 밥도둑이다. 한인 유학생들이라도 놀러 오면 김치 한 포기씩 안겨주기에 많이 담아도 남는 게 별로 없다. 그래서 담을 때 양념을 좀 더 많이 준비해 냉동고에 넣어둔다. 워낙에 김치를 좋아하는 우리 가족은 오히려 독일 속 작은 대한민국이다. 주니는 무 맛 나는 레디쉬 김치를, 혜니는 깍두기 김치를 좋아한다.

독일에 오면 한식에 대한 애정이 늘어나는 것 외에 절약 정신이 어느새 밴다. 김치 국물도 쉬이 버리지 않고 김치 국물전으로 만들어

깨끗이 비워낸다.

　　한국에서 제법 잘 나가는 집안의 딸인 한인 유학생 K는 독일 생활에 적응되다 보니 절약이 몸에 배었다. 그녀는 오랜만에 한국에 들어갔는데 무척 놀란 적이 있었다고 한다. 웬만하면 먹을 것도 거리낌 없이 버리는 부모님을 보면서 충격적이었다고 표현했다. 그리고 '와! 내가 부잣집 딸이구나!' 실감했다고 한다.

　　아무튼 집에서 직접 담그는 김치는 그 성취감이 쏠쏠하다. 배추를 절이며 인생을 버무리고 느린 시간을 경험한다. 절이는 시간을 통해 인내와 기다림을 배운다. 해야 할 것과 멈춰야 할 것을 생각한다. 이러한 일련의 과정 속에서 나는 비로소 성숙한 엄마가 되어가는 것 같다. 독일 삶에서 느림의 미학이 김치를 만드는 과정에서도 배어난다. 내 인생의 나이테가 늘어갈수록 삼삼한 맛이 우러나는 맛있는 김치 같은 사람이 되고 싶다.

지금은 냉동식품 르네상스 시대

가끔 밥하기가 귀찮으면 냉동식품 코너에서 야채 모음 한 봉지를 산다. 소고기를 볶고 파를 송송 썰어 넣어 굴라쉬 수프처럼 먹는다. 우리식으로 표현하면 섞어찌개 정도 되려나? 하기도 편리하고 맛도 나쁘지 않다. 남편은 '전쟁 때 꿀꿀이죽'이라 놀리지만, 들어갈 것은 다 들어간 영양식이다.

실제로 냉동식품은 수확 직후 냉동 처리하는 까닭에 비타민의 손실이 적다. 이외에도 요리 시간 단축 등 시간 절약과 비용 절감은 일반 주부들의 부담을 줄여주었다. 주로 거동이 불편한 독거노인이나 귀차니즘 솔로들의 대명사였던 냉동식품이 몇 년 전부터 독일 주방을 점령했다. 이제는 가정을 넘어 사무실 방문 배달까지 거침없는 진격이다. 1970년대 이후 본격화된 독일 냉동 가공식품은 꾸준한 매출 성과를 보였다. 소시지와 치즈 등 육가공 식품에 단련된 그들에게 냉동식품 개발은 처녀림이 아닌 듯 개발과 판매는 급물살을 타고 있다. 코로나 이후로는 냉동식품 의존율이 더 높아졌다.

독일의 음식 접대는 원래 초대 문화다. 주로 집에서 만나고 집에서 음식을 나눈다. 검약 실천을 먹는 것부터 보여주는 셈이다. 하지만 요즘은 그 문화도 바뀌고 있다. 웬만하면 밖에서 해결하는 편리족도 늘어난다. 딱히 규정된 점심시간이 없는 회사에서는 간단하게 빵과 커피로 때우는 초간단 식사가 대세다. 이런 문화다 보니 집에서는 가장 간편하면서도 저렴한 냉동식품 구매가 날개를 달았다.

느림의 미학이 적용되는 독일 사회에서 패스트푸드의 핵심 그룹인 냉동식품의 소비량이 늘어난 것은 다소 이색적이다. 냉동식품 회사들의 공격적인 마케팅 때문이다. 또한 냉동식품을 신선한 야채, 과일과 비교해 중요 영양소를 분석한 결과 별 차이가 없다는 내용의 연구가 보고되었다. 광고 전략과 매스컴 홍보도 줄을 이었다. 이에 가세해 유기농 냉동식품 개발은 웰빙 무드의 급물살을 타고 자연스럽게 매출 증가로 이어졌다. 농촌에서도 이제는 유기농 제품을 생산하는 데 올인한다. 요즘 독일 어르신들 대부분이 유기농을 선호하기 때문이다.

우리집 근처 쇼핑몰에는 유기농 마트가 두 군데나 자리한다. 하나는 영양제와 미용 제품 위주의 상점과 다른 한 곳은 일반 실생활에 필요한 모든 유기농 제품을 판매한다. 이곳은 단골 고객을 흡수하기 위해 포인트 제도와 매주 해당일에 할인 행사를 한다. 비교적 저렴한 제품을 선호하는 독일인들도 이제는 건강 등을 고려해 유기농 마트를 찾는 횟수가 늘었다. 과일이나 야채, 심지어 빵과 시리얼 등도 유기농으로 구입한다. 이곳에도 유기농 냉동식품 매대가 큰 자리를 차지한다. 냉동식품은 피자, 감자류, 해산물, 냉동야채 등 다양하다. 그중 냉동 피자는 인터넷 인기 사이트인 아마존에서 꾸준히 인기 상품이다. 냉동 식품연구소 통계에 의하면 독일 시민은 연간 평균 13개의 냉동 피자를 먹고 있고, 숫자가 매년 증가 추세라고 한다. 10년 전에는 불과 10개, 20년 전에는 5개에 불과했었다.

나의 아이들 친구들도 집에 놀러 오면 냉동 피자를 사와서 함께 오븐에 구워 한 끼를 해결한다. 간단하게 끓여 먹는 냉동식품은 물론, 요즘엔 우리의 컵라면 등 간편 음식이 독일 사람들의 식탁에 오르내린다. 우리 입에도 매운 컵라면이 독일인들에게 도전 음식으로 각광 받는다. 젊은 아이들 사이에서는 얼마나 매운 라면을 잘 먹을 수 있는지 내기까지 한다고 한다.

독일도 점점 간편하고 빠른 제품에 눈길을 돌리는 추세다. 점점 문명의 편리성에 길들여진 인간의 단면을 보는 것 같다. 코로나 기간에는 국가적으로도 디지털의 혁명적 변화를 위해 많은 액수의 예산을 책정했다. 이제 온라인에서의 활동이 점차 생활 깊숙이 스며들고, 음식을 주문 배달하는 시기가 되었다. 이전의 독일에서는 익숙하지 않은 일상의 모습이다.

하지만 아이러니하게도 사회는 이렇게 빠른 진전을 보이는데 관공서의 처리 부분은 또 왜 그렇게 느린지. 그래서 시민들의 인내력은 조금씩 한계를 느끼는 것이 역력하다. 사람들의 심리 속에도 빠름이 느껴진다. 길거리에서 예전과 달리 경적을 빵빵 울리는 자동차가 늘어난다. 분노조절 장애를 보이는 시민들도 종종 보인다. 독일 사람들의 마음이 점점 조급해지는 것 같다. 더욱 빨라진 세상 속에서 예전의 여유가 없어 보여 아쉽다. 물질과 시간의 노예가 되어 분주한 독일 일상이, 오히려 요즘 나에겐 적응이 안 된다.

마시는 차에 건강 있다

　　독일에서는 감기와 같은 사소한 질병으로 병원을 찾으면 약이나 주사 등을 잘 처방해주지 않는다. 어지간히 아프지 않으면, 담당 의사는 '집에서 따끈한 차를 마시고 푹 자라'는, 누구나 할 수 있는 자연요법을 제시한다. 따끔한 주사나 강한 약 등 화끈한 처방을 요구하는 것은 오히려 용기가 필요한 행위다. 그래서인지 독일에서는 웬만해서는 스스로 해결하는 법을 찾는다. 즉, 민간요법이나 증상을 완화하고 예방할 수 있는 방법으로 건강을 다스리는 것이다.

　　군이 나치 시절 히틀러의 생체실험과 연관시키고 싶지 않지만, 독일의 의료기술은 여러 국가 중 우위를 차지한다. 그럼에도 불구하고 독일인들은 자극적인 의료기술보다 부드러운 자연 치유법을 선호한다. 아마 그것은 의료 기술 발달과 함께 나타난 의학적 부작용을 일찌감치 알아냈기 때문이 아닐까? 그래서인지 요즘 독일은 침이나 뜸 등 비교적 부작용이 적은 동양의학이 인기를 끌고 있다. 질병을 미리 예방할 수 있는 건강보조제의 성황도 이와 같은 맥락에서 이해할 수 있다. 그중 건강보조제와 함께 발달한 건강차는 일상생활에서 만날 수 있는 쉽고도 간편한 건강 버팀목이다.

보통 '차茶'라고 하면 동양의 다소곳한 다기 세트와 의상을 떠올린다. 물론 차는 중국에서 유래되었다. 처음엔 질병을 치료하거나 예방하는 차원에서 보조약의 기능이었다고 한다. 중국 전설에서도 차를 처음 마시게 된 유래가 약의 기능 때문이라고 한다.

이렇듯 동양적인 냄새가 강한 차 문화가 유럽에 들어온 것은 17세기 경이다. 포르투갈과 네덜란드 상인들이 중국을 통해 수입한 것이 그 시초다. 독일에 차가 들어온 것은 1640년 경이다.

프리드리히 대왕의 여름 별장인 포츠담 상수시 궁전의 공원 가운데에는 중국 도자기관의 건물이 있다. 프로이센 영토 확장을 위해 힘쓴 대왕이 전쟁을 치른 후 돌아와 쓸쓸하게 차를 마시는 장면을 상상할 수 있다. 자신의 궁전 외에 따로 중국차를 마시는 공간을 만들 정도로 그는 차를 사랑했다.

유독 차를 좋아한 독일 작가는 괴테다. 그는 친구들과 만날 때 차를 주로 마셨는데, 그 가운데에서 문화, 경제, 정치, 사회의 중요한 이슈들을 토론하곤 했다. 그렇게 시작된 차가 이제는 유럽 음료 시장에서 만만치 않은 위치로 자리 잡고 있다. 사실 독일은 우스갯소리로 마시는 차茶보다는 '아우디'나 '벤츠' 등 타고 다니는 차車로 더 유명하긴 하다. 그러나 건강을 생각하는 독일인들에게 있어서 간과하기 힘든 테마는

車가 아닌 茶라고 볼 수 있다. 외출 시 마실 물을 꼭 챙기는 그들에게, 마시는 차는 더없이 중요한 건강보조제다.

독일 茶협회에 따르면 현재 독일에서 茶는 물 다음으로 많이 소비되는 음료다. 그중 가장 많이 마시는 차는 홍차(슈바르츠 테)*Schwartz Tee*이고, 그다음이 녹차(그륀 테)*Grün Tee*다. 이러한 홍차나 녹차처럼 수시로 마시는 차 외에 몸의 각 부분의 건강을 위해 세분화되어 만들어진 차가 시중에서 각광받고 있다.

독일 차의 종류는 몸의 증상별로 다양하고, 일반 매장에서 쉽게 구입할 수 있다. 유기농 전문 매장에서는 질 좋고 세분화된 종류의 건강차가 소비자들을 유혹한다. 이러한 차들은 몸에 좋은 약초들에서 추출해 가공한다. '에어켈퉁 차*Erkältungs Tee*'는 감기에 걸렸을 때 마시는 차로 티백으로 되어 있거나, 약초 그대로 종이봉투에 담겨 있는 경우도 있다. 브레네셀 차*Brennessel Tee*는 억새풀 종류의 차로 꾸준히 2주 정도 마시면 몸 안의 독소를 제거해 준다. 또한 잘바이 차*Salbei Tee*는 목구멍이 헐거나 상처가 났을 때 마시면 증상이 완화된다고 한다. 카밀렌 차*Kamillen Tee*는 독일인들이 가장 애용하는 건강차로 소화에 좋으며, 감기가 오려고 할 때나 염증이 있을 때 적절한 차다. 페퍼민트 차*Pfefferminz Tee* 또한 카밀렌 차의 효능과 비슷하다. 이밖에도 위와 장에 좋은 차라 명명하며 아예 장*Darm*과 위*Magen*라는 단어를 명시한 차도 있다. 또한 기침에 좋은 차, 심장에 좋은 차, 여성들의 다이어트에 좋은 차, 아이들에게 좋은 차, 숨쉬기에 좋은 차, 잠잘 때 좋은 차, 안티 스트레스 차도 있다. 또한 카밀렌 차에서 좀 더 진화해 밥 먹고 나서 소화를 촉진하는,

약의 기능한 보유한 차*nach dem Essen*(직역하면, 밥 먹은 후)도 있다. 어떻게 보면 차가 약의 경계를 넘나드는 것 같다. 그러나 마시는 차는 단순히 건강을 예방하고 보호하는 보조제의 역할이기에 치료제로 생각해서는 무리다. 하지만 경미한 증상일 경우 완화시켜주는 기능을 하기에 건강 버팀목으로서 손색이 없다. 게다가 가격까지 착해서 일반 시민들이 손쉽게 구입할 수 있다는 점이 매력적이다.

코로나 기간에 의사들은 다시 한번 차를 강조했다. 생강과 레몬을 꿀에 재어 펄펄 끓는 물에 타서 계속 마시라는 것이다.

지난해 우리 가족 모두 차례대로 코로나에 확진되었다. 다행히 걸린 날이 달라 서로를 약간씩 돌봐줄 수 있는 시간이었다. 3일 정도 미열에 몇 일간 몸살이 심했는데 좋은 차를 우려 마셨다. 식사는 닭죽을 먹고 이브프로펜 약을 복용했다. 그 외에는 계속적으로 생강과 레몬차를 마셨다. 그랬더니 몸이 점차 회복되는 것을 느꼈다. 오래오래 건강하게 살고 싶어 하는 것은 이 땅에 사는 모든 사람의 염원일 것이다. 건강하고 활기차게 사는 방법에는 여러 가지가 있겠지만, 그중 건강차를 마시는 것은 분위기까지 마시는 일석이조의 장점이 있다. 여름엔 따끈한 건강 차와 함께 이열치열以熱治熱을 느끼고 겨울에는 몸을 더 따끈하게 감싸는 보온을 기대할 수 있다. 건강한 계절 나기에 차만큼 좋은 것이 없다.

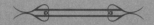

종교개혁자 마틴 루터는 와인에 대해서는
'신이 노해서 인간에게 보낸 것'이라는 평을 한 반면,
맥주에 대해서 호의적이었다.
'맥주를 마시는 사람은 잠을 잘 자고,
잠을 잘 때는 죄를 짓지 않는다'고 말할 정도였다.

Part. 7

학교 밖 정책을
탐구하라

어린이는 자연과 함께

"경란아 안녕! 열무가 그렇게 많이 자랐구나. 고놈들이 주인인 내가 없어도 잘 지내고 있다니 기특하다. 며칠 전부터 내 환갑이라고 동생들이 작은 섬마을에 휴가를 정해서 이곳에 와 있다우. 이렇게 작고 조용한 섬에 인터넷이 된다니 우리나라 참 좋다. 우리 한국 살 땐 상상도 못 한 일이지. 고마워! 소식 주어서. 아빠도 애들도 잘 지내기를 바라네. 여기 한국의 여름 날씨는 알다시피 견디기 힘들 정도야. 우리 부부 건강은 오케이. 남은 시간도 즐거운 여름휴가 되기를 바라요. 고국에서 왕언니가. 안녕!"

한국에 잠시 다니러 간 왕 성님에게서 메일이 왔다. 농장의 열무가 하도 암팡지게 컸길래 안부 겸 사진을 첨부해 보냈더니 다시 답장을 보내온 것이다. 왕 성님은 '씨앗이 어디 선반에 올려졌으니 다시 씨를 뿌리라'고 하고, 메일도 모자라 인터넷 전화까지 불사했다. 왕 성님

성격에 자식 같은 농장을 맡겨놓고 한국에서 3개월여를 지내니 궁금할 것이다.

아무튼 왕 성님이 한국 가기 전 흩뿌려놓은 열무가 용하게 둥지를 틀고 제법 그 쫄깃하면서도 여리여리한 잎사귀가 침을 고이게 한다. 고향땅에서야 여름 열무가 흔하겠지만 기후도 착하지 않은 독일 땅에서 열무김치 먹기란 짝사랑 연인을 만나는 것보다 더 달콤하고 곰삭거린다. 작은 농장을 가지고 있는 왕 성님은 파독 간호사 출신 중 제법 성공한 케이스다. 굳이 나이는 숫자에 불과하다고 해도 연배가 스물이 더 많은 분에게 언니라는 호칭도, 이모라는 호칭도 입안이 껄끄러워 그냥 '왕 성님'이라 부른다. 왕 성님은 그해 여름, 한국을 방문하면서 우리 부부에게 잠시 농장 관리를 부탁했다.

독일에는 집 외에 별도로 '슈레버 가르텐'이라는 작은 농장을 가진 이들이 많다. 이곳에서는 말 그대로 주말농장이다. 주인장의 노력에 따라 꽃과 과실수, 채소 등을 가꾼다. 잘 꾸며놓은 농장에 가보면 파라다이스가 따로 없다.

처음엔 선뜻 내키지 않았지만 막상 농장을 방문하고 보니 생각이 싹 바뀌었다. 열무, 깻잎, 상추, 쑥갓, 치커리, 미나리, 배추까지 우리 집 밥도둑들만 즐비하게 자라고 있었다. 이국만리 땅에서 '우리 것이 좋은 것이여' 하고 아무리 외쳐봐도 소용없다. 막상 우리 먹거리를 찾는 것은 호사스런 일이다. 물론 한국 식품점에 가면 가끔 우리 채소들을 보곤 한다. 하지만 그놈들이야 칙칙하게 늘어뜨려진 산발한 열무에, 잎사귀가 노르스름 변한 부추와 뿌리째 짓이겨진 깻잎나무가 고작이다. 그래도 울며 겨자 먹기로 쌈짓돈 툭 털어 한 끼 밥상에 희생해야 하는 판이니 경제적 차원에서 손이 안 가는 게 당연하다. 왕 성님 농장이 탐나는 것도 이러한 여러 이유들이다. 가뜩이나 웰빙을 외치는 이때 건강에 좋은 유기농 채소를 뜯어 먹을 수 있다는 기회를 놓칠 수가 없다. 결국 왕 성님 내외가 맘 변하기 전, 얼른 열쇠를 부여받고 농장 주인 행세에 돌입했다. 열심히 땀 흘려 농사짓는 농부의 마음이 되어본 여름이었다.

먹음직스럽게 자란 열무를 뜯어 열무김치를 담갔다. 잘 자란 깻잎을 따면서 가장 먼저 떠오르는 것은 한국 부모님이었다. 나는 그 길로 한국 가족들과 함께하는 인터넷 카페에 사진을 올렸다. 걱정하는 부모님은 우리의 사는 모습을 보며 안심하는 눈치였다. 특히 초록의 농장에서 아이들의 뛰노는 모습에 만족스러워했다.

독일의 농장은 아이들에게 자연을 느끼게 하는 최적의 장소다. 잔디나 채소에 물을 주고 나무 아래 늘어지게 낮잠을 자게 하는 것도 아이들의 체험학습 현장이다. 밤에는 모기에 뜯기기도 하지만, 그 속에서 고향의 향수를 느낄 수 있어서 행복했다.

독일에는 농장과 유사한 시립 어린이 농장이 있다. 아홉 살 마리타는 학교 수업이 끝나면 엄마와 함께 근처 어린이 농장_Kinderbauernhof_을 찾는다. 서울의 홍대거리만큼 활기 넘치는 젊음의 거리 프렌츨라우베르그_Prenzlauerberg_ 지역에 위치하고 있다. 평일 오후나 주말에는 아이들의 방문객들로 인산인해다.

특히 이 지역은 베를린에서 비교적 젊은 층이 거주한다. 그래서 인지 어린이들의 놀이시설도 수요가 증가하기 마련. 이곳은 점점 더 이 지역 부모들과 어린이들의 방문 수가 늘어나고 있는 추세다. 이곳에 가면 일요일 외에 매일 오전 11시 30분부터 오후 6시까지 동물들을 만날 수 있다. 토요일은 오후 1시부터 6시까지 운영한다. 6세에서 16세까지 누구나 원하는 어린이, 청소년들은 이곳에서 열리는 프로그램에 참여할 수 있다.

재정의 대부분은 베를린 판코우_Pankow_ 지역 구청과 개인 후원 및 동물보호협력자에게서 충당된다. 보통 오전에는 유치원이나 초등학교 등 단체 견학을 접수받으며, 프로그램에 참여하려면 10일 전에 등록을 마쳐야 한다. 자연 생태 견학이나 동물 보호 교육을 위해 오전에는 학교에서 단체로 방문하곤 한다. 이곳 프로그램은 동물 관리뿐만 아니라 음악, 만들기 등 다양하다. 전문 예술인들에게 북을 치거나 악기들을 배우는 삼바 뮤직도 있다.

동물들과 함께하며 놀기도 하지만, 먹이를 주는 것이 가능한 동물에게는 시간을 정해 아이들이 먹일 수 있도록 하고 있다. 아이들은 동물들에게 먹이를 주면서 생명의 소중함을 더 느끼게 된다. 각 동물의 이름을 배우거나 유기농 과일들을 키우는 재미도 쏠쏠하다. 또한 옛날 독일인들의 전통 수공예인 옷감 만들기, 도자기 등도 배울 수 있다. 아이들은 환경의 소중함과 자연의 조화를 배우며 생태학습을 한다. 한편 이곳에서는 사회교육학이나 유치원 교사들의 실습장이다. 방문하는 어린이, 청소년들과 함께할 수 있어 인력 재활용 측면에서도 각광받고 있다.

또 다른 곳인 핑케팡케 어린이 농장*Kinderbauernhof Pinke-Panke*.

이 어린이 농장은 1991년에 세워졌으며, 당시에는 어린이농원과 놀이공간으로서는 획기적인 시설이었다. 오후 4시(겨울에는 3시 30분)에 동물들에게 차나 과자 등을 먹일 수 있는 기회를 제공한다. 또한 농장을 청소하는 등 농장 일 하는 것도 거들 수 있다. 월요일엔 휴일이며, 일요일에는 오전엔 빵을 만들고 오후에는 목조 공예를 하는 시간이 있다. 이곳의 모든 건물은 전통적인 나무로 만들어졌다. 자연 친화적으로 구성했기에 아이들이나 청소년들이 편안한 분위기로 접근할 수 있다. 모든 프로그램은 무료지만, 점심을 먹을 경우 어린이는 1유로, 어른은 2유로를 받는다. 또한 이곳에서 잠을 잘 수도 있다. 한 아이당 8-12유로의 금액을 지불해야 한다.

이곳에서는 연중 정기적인 축제가 열린다. 2월에는 요정축제*Fasching*, 5월에는 생일축제, 8월에는 여름축제, 10월 31일에는 핼러윈축제, 12월에는 니콜라우스시장(니콜라우스는 산타클로스의 원조로 독일에는 12월 6일에 아이들을 위해 초콜릿이나 젤리 등 선물을 주기도 한다)이 열린다. 현재 핑케팡케에서는 70여 종의 동물들을 기르고 있으며, 아이들이 함께 농장 일을 할 수 있는 프로그램이 있다.

또한 1979년 설립된 우파 파브릭*Ufa-Fabrik*도 아이들이 예술 문화를 체험하기에 적합하다. 영화사의 촬영소를 개조해서 만든 문화 리모델링 공간으로 연간 20만 명 이상이 방문한다. 이곳에는 다양한 문화 공간이 마련되어 있는데 그중 어린이 농장도 하나다. 어린이 농장은

1,600평방미터 규모이다. 이 안에는 45평방미터 크기의 놀이 건물이 있고 40여 마리의 동물들을 기르고 있다. 어린이 농장은 인근 초등학교와 자매 결연을 맺어, 초등학교 프로젝트 수행주간(독일 학교에서는 프로젝트 주간을 설정해 집중적으로 한 테마에 대해 학습하고 연구하는 프로그램이다)에 참여할 수 있는 기회도 있다.

유엔 어린이권리협약 제31조에는 다음과 같은 내용이 들어 있다. "우리는 충분히 쉬고 놀 권리가 있습니다. 정부는 우리가 문화와 예술 활동에 참여할 수 있도록 해주어야 하고, 우리 모두가 이런 권리를 누릴 수 있도록 동등한 기회를 주어야 합니다."

아동의 시기에 창의력과 모험심을 고취하기 위해서는 자연 친화 교육이 무엇보다 절실하다. 아이들에게 가장 시급한 교육은 영어, 수학 등 지적 교육이 아닌, 자연과 더불어 생명을 소중히 여기는 교육이다. 즉 자연에 대한 경외심을 가르치는 것이다.

베를린 시에서는 자연 교육에 대한 투자를 아끼지 않는다. 물론 당대에 무리한 플랜을 짜지도 않는다. 금싸라기 같은 프랜즐라우베르그 거리 한가운데, 그것도 넓은 대지의 어린이 농장이 있음에도 땅이 아깝다고 개발하지 않는다. 그곳에는 미래가 숨을 쉬고 있기 때문이다. 자연을 훼손한 만큼 그 대가는 혹독하게 치러진다는 것을 알기에 미래의 주역인 어린이들에게 생태교육으로 선물하는 것이다.

채식주의와 자연주의

2010년, 독일 브레멘 시가 채식의 날을 선포했다. 매주 목요일에는 고기가 아닌 야채를 먹자는 것. 당시 옌스 뵈흐른셴 시장이 권고했고, 시민들도 수긍했다.

소시지와 치즈 등 육식을 음식의 주 재료로 삼아온 독일인들에게 채식의 날 선포는 그 어느 때보다 위장의 유혹을 감내해야 할 힘든 순간이다. 하지만 거부할 이유가 없기에 브레멘 市 뿐만 아니라 다른 市도 가세했다. 그들이 채식의 날을 선포한 것은 개인의 건강이라는 체감적 이유에 국한하지 않는다. 육식 식단이 '결국은 환경을 오염시키고, 자연을 훼손한다'는 대의명분이 오히려 시민들에게 호소력이 있어 보인다.

비근한 예로, 독일인들은 자연을 보호하고 물을 절약하기 위해 세계에서 가장 간편한 설거지를 하기로 소문 나 있다. 처음 독일에 와서

물을 틀어놓고 설거지하던 나를 보고는 기겁했던 이웃집 아줌마의 눈빛이 떠오른다. 간단하게 빵을 먹는 음식 문화 탓도 있지만 설거지를 오랫동안 하지 않는 데엔 이유가 있다. 바로 에너지 절감과 환경이다. 세제에 접시를 담가 '쓰윽' 한 번 헹궈준 후 마른행주로 닦아주는 그야말로 절약형 설거지법이다. 세제의 화학 성분이 잘 닦여질지 의구심을 가질 법하다. 혹여나 그릇에 남아 있는 세제가 몸의 섬세한 장기 속에 남아 있지 않을까 노파심도 있다. 하지만 세제 또한 에코테스트(환경검사)를 거친 제품들을 구매하기에 호들갑을 떨 필요가 없다고 입을 모은다.

그들은 자연을 있는 그대로 보존하는 데 노력한다. 대체 에너지 개발에 무엇보다 앞장서는 한편, 잠재된 자연에너지 연구에 몰입한다. 세금 징수 또한 환경 보호 측면에 더 많은 혜택을 부여한다. 그러니 교육도 마찬가지일 수밖에 없다.

독일 초등학교 교과목은 독일어, 수학, 영어(초등 3학년부터), 자연과학, 종교(기독교, 이슬람, 천주교) 또는 윤리(독일 인도주의협회에서 파견 강사), 예술(만들기), 음악이다. 그중 자연과학의 비중은 결코 낮지 않다. 상급학교 진학 시 독일어, 수학과 함께 평가 과목에 포함될 정도다. 특히 자연과학 수업 중 환경 교육은 빼놓을 수 없다. 환경 글짓기 등은 수시로 열린다.

우리나라에서는 독일의 발도르프 슐레(숲 학교)가 유명하지만 독일 초등학교 대부분은 숲과 자연을 벗 삼는 교육이 통상적이다. 군이 숲 학교에 갈 필요가 없다는 얘기다. 커리큘럼 차이 때문이지만 발도르프에 강한 큐피트의 화살을 보내는 이들을 독일 엄마들은 이해하지 못한다. 물론 이곳 발도르프 학교도 들어가기는 쉽지 않지만 비중의 차이일 뿐 일반 공립초등학교에서도 숲은 일상의 교육장이다.

숲뿐만 아니라 도심 속에서 동물과 식물 등 자연을 엿볼 수 있는 공간은 바우언호프Bauernhof다. 베를린의 각 구마다 바우언호프를 찾을 수 있고, 베를린에 산재한 넓은 공원 안에 별도로 구비된 어린이 농장도 있다. 도심 속에 풍부한 녹지대를 가질 수 있는 것은 산소에 굶주린 도시 아이들에게 축복이다.

전통적으로 독일은 유럽에서 도시농업이 가장 발달했다. 베를린의 경우는 클라인 가르텐(작은 정원)을 법으로 규정해 일반 시민들이 텃밭을 운영하도록 하고 있다. 클라인 가르텐은 1870년 주택난이 심각해서 자신의 집 정원에 나무로 만든 오두막집을 만든 것이 시작이다. 지금은 베를린에 8만여 개에 달한다. 임대형과 체재형이 있다. 물론 사용상 여러 가지 법적 규제가 뒤따른다. 공존하는 자연도시를 위한 규제라고 인식, 시민들은 수용하는 편이다.

이곳은 가정 내의 자연학습장이라고 할 수 있다. 여름이면 아이들과 클라인 가르텐에서 과일을 따먹고 즐거운 한때를 보내는 가족들을 종종 보게 된다. 그들은 시골에 가지 않아도 도심 속에서 자연을 만끽하며 또 하나의 환경교육의 공간을 만든다. 아이들은 잔디를 깎고, 씨앗을 뿌리며 가꾸는 농부의 삶을 체험한다. 그 속에서 생명이 있는 자연을 배우고, 소중히 여기는 마음을 배운다. 클라인 가르텐이 사적이고 가정 내 교육장이라고 한다면, 바우언 호프는 운영체계가 공적이며 학교 및 지역 사회 연계를 통해 이루어진다. 행정구역마다 친환경 교육

시설을 구비한다는 취지로 점차 확대되는 추세다. 베를린 어린이농장 연방협회*Berliner Landesverband der Abenteuerspielplätze und Kinderbauernhöfe*(1994년에 설립된 어린이, 청소년 놀이문화 관련 전문협회)에 등록된 베를린 어린이를 위한 농장시설은 53개 정도이다.

또한 어린이를 위한 동물사육장은 70여 개 이상에 달한다. 베를린 동물원 등 기존 공간 외에서 동물들을 관찰하고, 기를 수 있다는 얘기다.

나의 경우, 아이들이 원해 클라인 가르텐을 알아보려던 것이 벌써 몇 년이 흘러버렸다. 이제 아이들도 모두 성장하고 가르텐의 초록들을 관리하기에도 버거운 나이가 된 것 같다. 좀 더 어릴 때 가르텐을 임대해 사는 것도 아이들을 자연 속에서 키우는 한 방법인데 차일피일 시간이 흘러버렸다. 그런 와중에 큰딸은 언제부턴가 채식주의를 선포했다. 친구들이 너나 나나 할 것 없이 채식을 한다며, 자신도 하고 싶다고 말했다. 하지만 일주일도 못가 몸이 허기진다며 고기를 다시 먹기 시작했다. 채식주의도 어지간한 결단 없이는 힘든 것 같다. 나도 아직은 고기가 좋다.

'어린이 성폭력' 교육의 중요성

    오스트리아가 낳은 세계적인 심리학자인 지그문트 프로이트 (1856~1939)는 히스테리와 신경증이 유전이나 생물학적 원인이 아닌 아동의 성폭력 피해 때문이라는 '유혹이론'을 발표했다. 즉 성인이 어린이의 성기를 자극함으로써 후에 심리적 손상이나 히스테리와 신경증을 유발한다고 말했다. 모든 심리적 상황을 성적 본능에 따랐다는 비판에 이르자 즉시 철회했지만, 오랜 시간이 흘러 그의 이론이 재조명되기 시작했다.

    굳이 프로이트의 이론을 따르지 않더라도, 인생에 있어 어린 시절의 충격적인 상황은 쉬이 잊히지 않는다. 흔히 아동기에는 성폭력을 당한 것에 대해 정확한 판단을 잘 하지 못한다. 그것을 애정과 혼동함으로써 정서상의 혼란을 겪기도 한다. 또한 성폭력의 책임을 피해자 자신의 잘못으로 여겨 죄책감에 빠지고 숨기기도 한다. 보통 어린 시절 성폭력을 당한 경우 대개 심리적 억압이나 해리를 통하여 잊어버리는 경우가 많지만, 후에 청소년기에 기억이 되살아나 고통을 당하거나, 혹은 성인기에 와서 이성과 친밀감을 느끼는 순간 기억이 되살아나는 경우도 있다.

아동의 성폭력 문제에 대한 연구가 늘어난 것은 역사가 그리 길지 않다.

몇 년 전, 베를린 'Senatsverwaltung für Wirtschaft, Technologie und Frauen'(경제, 기술과 여성을 위한 시의회기구)에서는 각 지역 구청에 성폭행 대처와 상담에 관한 지침서를 배치, 일반 시민들에게 배부했다. 지침서 내용을 보면, 다음과 같은 구절이 눈에 들어온다.

'만지는 것, 쓰다듬는 것, 사랑하는 것, 몸을 부비는 것, 키스하는 것, 성관계를 하는 것은 아름답다. 다만 그것은 상대방이 원할 때다. 만약 원하지 않는다면 어느 누구도 키스할 수 없고, 어느 누구도 성관계할 수 없고, 어느 누구도 강요할 수 없다. 그것은 성폭력이다.'

이 지침서에는 자신이 원하지 않을 시 'Nein sagen'(싫다고 말하는 것) 해야 하고, 거부해야 하며, 소리를 지르거나 도움을 청하라고 권고하고 있다. 이러한 성폭력과 관련해 1995년에 설립된 'Krisen-und Beratungszentrum'(위기와 상담센터) LARA(라라)와 같은 시 정부 차원의 연계 상담프로그램도 배치하고 있다. 이곳에서는 오전 9시부터 자정 12시까지 성폭력 피해자를 위해 상시 대기한다. 피해자와 함께 해결점을 찾고, 재판정에 갈 경우 원하면 동행도 가능하다. 특히 어린이와 관련

된 성폭력 예방을 위해서는 가정과 사회, 국가가 연대한다.

14세 미만의 성폭력 피해자(연령이 낮을수록)는 공포, 악몽, 퇴행 정신적 공황 상태에 빠지기 쉽고 성행위에 대한 부정적 시각이 각인된다. 결국 어른이 되어서도 결혼 및 성관계의 잘못된 인식이 고정화되어 사회 전반적으로 악영향을 끼친다는 것. 그래서 어린이 성폭행 피해자의 사후 조치에도 각별한 신경을 쓴다. 예방 측면에서도 사회와 학교 교육, 가정, 국가가 공동으로 해결해야 할 문제라는 점에 이견이 없다.

독일에서는 어린이 성폭력 대처를 위해 예방과 피해 후 조치 등 양쪽에 힘을 쏟는다. 매년 신학기가 되면 유치원과 학교에서는 가정 서신을 통해 하교 후 아동을 집으로 데리고 갈 사람들을 지정하게 한다. 부모나 할머니, 할아버지 등이 주로 해당된다고 볼 수 있겠다.

명단에 적혀 있지 않은 사람이 부득불 아이를 데리고 가야 할 경우에는 미리 사전에 전화나 편지를 선생님께 전달해야 한다. 방과 후 교실인 호르트에서도 마찬가지다. 학교에서 하는 연계 특별활동을 위해 호르트에서 장소를 이동할 시에도 부모나 다른 보호자의 도움을 필요로 한다. 집까지 오는 과정 속에서 혹여나 일어날 수 있는 사고를 미연에 방지하고자 하는 특별한 조치다. 특별 프로그램의 일환으로 성교육 분야 경찰관이 정기적으로 방문, 성폭력 예방에 대한 교육을 실시한다. 물론 학교에서 배우는 성교육 수업과는 별도다. 또한 학부모 회의인 엘터른 아벤트*Eltern Abend*에는 학부모들에게 어린이 성폭력 예방을 위해 다음의 지침을 일러준다.

'다른 사람이 준 선물을 함부로 받지 않기, 알지 못하는 사람의 차에 타지 않기, 낯선 사람과 함께 집에 가지 않기, 'Nein sagen' 하기, 혹시 불길한 생각이 들면 빨리 뛰어 도망가기, 다른 사람들이 들을 수 있도록 큰 소리로 소리 지르기'

이러한 행동 요령과 함께 성에 대한 정확한 교육의 중요성을 강조한다. 자신의 몸을 소중히 다루는 법을 가르치기 위한 일환으로, 성교육은 기본이라는 생각에서 출발한다.

주니의 경우, 학교에서 3학년과 7학년 때 성교육 수업을 받았다. 현재는 1학년부터 8학년까지 순차적으로 실시하고 있다. 물론 학부모나 교사 중에는 너무 이른 성교육 탓에 성적 호기심을 오히려 고조시키고 조기 성 경험을 양산하는 게 아닌가 우려하는 이도 있다.

학교에서는 수업 도중이나 직후 성에 관한 이해 여부를 파악하기 위해 간단한 시험을 치르기도 한다. 교재는 학교의 재량에 맡기는 편이다. 딸들이 다녔던 초등학교에서는 〈Peter, Ida und Minimum(피터, 이다와 미니뭄)〉이라는 책으로 성교육을 진행했다. 책 표지에 만 6세부터 읽을 수 있는 책이라고 명기되어 있고, 쉽게 읽을 수 있는 만화책이다.

내용은 피터와 이다, 라는 7살, 5살 두 남매가 엄마 뱃속에 있는 태어나지 않은 동생을 '미니뭄'이라 부른다. 엄마, 아빠를 통해 자연스럽게 성과 관련된 지식을 알아가는 내용이다.

독일의 서점에는 성교육 관련 동화책과 만화책이 즐비하다. 만 10세 이상의 아이들이 읽을 수 있는 〈Antwortbuch der Sexualität(성에 관한 해답책)〉는 성인 교재를 방불케 한다. 그림과 내용이 적나라하게 묘사되어 있다. 콘돔 사용법, AIDS가 무엇인지, 출산할 때 어떤 고통을 느끼는지, 제왕절개, 동성애, 매춘, 변태성욕자 등등 성에 관한 다양한 질문과 답이 수록되어 있다. 이 책에서는 성폭력의 정의를 '누군가 강제적으로 성교를 하는 것'이라고 표현하고 있다. 이러한 학교 교육뿐만 아니라 국가적으로는 어린이 성폭력에 관한 처벌조항으로 규제하고 있다.

2021년 7월에 개정된 청소년보호법 제176조1항(§ 176 I 1 StGB)에서는 14세 미만의 어린이에 대한 성폭력은 1년 이상의 실형에 처하고 이 어린이를 다른 3자에게 성적인 행동을 하게 만들거나 3자가 행동하도록 권유해도 같은 처벌을 받는다. 또한 제176a조1항(§ 176a I 3 StGB)에서는 어린이의 포르노 유포 범죄자의 경우 6개월에서 10년까지 실형에 처한다.

독일에서는 법적 제재를 통해 가해자에게 경종을 울리기도 하지만, 오히려 범죄 피해자에 대한 구제에 신경을 더 쓴다. 성범죄 피해자를 위한 단체와 협회들이 사회 구석구석에서 손을 내민다.

1976년에 설립된 'Weisser Ring(하얀 반지)'의 경우 6만 명 이상의 회원이 가입되어 있고, 피해자 보호를 위한 전화번호를 개설하고 있다. 차트비터 *Zartbitter* 단체에서 열리는 범죄피해자 예방극장은 천 번 이상 막이 올려졌고, 3만 5,000명 이상의 어린이들이 방문해 성폭력 예방에 대한 공연을 관람하기도 했다.

이러한 사회 시스템의 역할 탓에 물리적 약자인 어린이 및 여성이 성폭력 피해를 당할 경우 신고를 기피하거나 비밀에 부치는 경우는 흔치 않다. 물론 사람들이 운집한 지하철 등에서의 성추행 사건의 경우는 주변 사람들이 솔선수범으로 신고해 범법자를 가려내기도 한다. 성폭력 피해는 더 이상 성을 한정하고 구속시키는 수치심 덩어리가 아니다. 게다가 아이들 대상의 성폭력은 가해자의 파렴치한 변태적 욕망의 비판쯤으로 머물러서는 안 된다. 피해 아동에게 오는 심각한 영향력의 여파를 생각할 때 시급히 근절하고 뿌리 뽑아야 한다. 그럼에도 불구하고 성폭력 범죄는 여전히 매스컴을 후비며 기분 나쁘게 장식하곤 한다. 교육과 처벌 등으로 사전 사후노력에 힘 쓰지만 틈새를 노리는 성폭력은 오뚝이처럼 고개를 내민다. 성폭력 없는 세상이 진정한 평등사회라면 아직도 성평등의 끝은 멀다. 도대체 해답은 어디에 있을까? 독일도 그 답을 찾기 위해 골머리를 썩고 있다.

술 잘 먹는 나라

독일 브레멘에 사는 연금생활자 안드레아스(70세)는 이른 아침 일어나, 냉장고에서 맥주를 꺼내 마시는 것으로 하루 일과를 시작한다. 직장 다닐 때는 그나마 근무를 해야 하기 때문에 아침에 마시는 것으로 끝났다. 하지만 정년 퇴직을 하자 딱히 할 일이 없어졌고 맥주는 하나의 생활이 되어버렸다.

아침부터 만진 술병은 점심 때까지 그의 손에서 떠날 줄 모른다. 점점 산책하는 것도 잊어버리고, 소일거리 없는 지루한 일상을 보내다 보니 건강까지 나빠졌다. 급기야 만취 상태에서 병원까지 실려 가게 되었다. 결국 병원 주치의는 그에게 '알코올 중독'이라는 꼬리표를 달아주었다. 독일 국민들 중 음주로 인해 만취 상태에 빠진 알콜리커들도 종종 보인다. 특히 축구 경기장의 훌리건들의 음주 실태는 관용의 범위를 넘어선다. 다른 도시에서 축구 경기를 보러 온 젊은 관람객들이 집으로 돌아가는 기차 안에서 알코올을 섭취하며 난동을 부리는 경우도 허다하다. 나 또한 축구 경기가 있는 시즌에는 다른 도시로 가는 기차를 타는 것이 꺼려진다. 기차 안에서 젊은 취객들을 목격한 적이 있다. 패싸움을 벌이는가 하면, 다른 승객들에게 추태를 보이는 행위 등 난잡한 모습이다.

하지만 술이라고 다 나쁜 것은 아니다. 독일인 가정에 초대받았을 경우, 가장 무난한 방문선물이 바로 와인이다. 와인 한 병만 들고 가면 끝이다. '포도주와 맥주의 나라'라는 말을 증명하듯 독일 국민의 음주 사랑은 지대하다. 식사 후 가벼운 와인 한 잔에서부터 병나발까지 천태 만상의 음주 문화가 존재한다.

종교개혁자 마틴 루터는 와인에 대해서는 '신이 노해서 인간에게 보낸 것'이라는 평을 한 반면, 맥주에 대해서 호의적이었다. '맥주를 마시는 사람은 잠을 잘 자고, 잠을 잘 때는 죄를 짓지 않는다'고 말할 정도였다. 우스갯말로 그것은 아마도 자신의 아내 카타리나 폰 보라가 지하실에 맥주 양조장을 만들어 팔았기 때문이 아닐까 생각도 든다.

독일 연방 약물연구소*Die Drogenbeauftragte der Bundesregierung*의 보고에 따르면 독일 인구 중 950만 명이 술을 마신다. 그중 약 130만 명이 알코올 의존증을 가지고 있고, 10%만이 알코올 중독 치료를 받고 있다는 보고가 있다. 게다가 95만 명 정도는 건강이 위험한 상태이고, 매년 약 7만 3,000여 명이 음주 남용으로 사망한다고 한다. 이러한 통계를 대변하듯 연방통계청에 따르면 독일 맥주 판매량의 83%가 독일 내에서 소비된다고 한다.

맥주 소비량이 가장 많은 곳은 노르트라인 베스트팔렌 주와 바이에른 주로 집계되었다. 아마도 뮌헨의 옥토버 페스트로 인한 다량의 맥주 소비에 기인한 것이 아닌지.

연방정부가 발간하는 약물중독보고서에 보면, 독일인들의 평균 알코올 섭취량이 10리터에 달한다고 보고되었다. 세계적으로 룩셈부르크, 아일랜드, 헝가리, 체코에 이어 5위를 기록하고 있다. 독일인들은 알코올을 남용하지 않을 거라는 나의 선입견에 찬물을 끼얹는 보고였다.

독일 약국연합회의 2009년 조사를 보면, 당시 독일인 중 7%가 매일 술을 마신다고 한다. 16세 이상의 독일인 3,370명을 대상으로 한 설문조사에서는 응답자의 23%가 일주일에 2일 이상 술을 마신다고 답했다. 또 41%의 사람들이 음주를 전혀 하지 않으려 노력한다고 답했다. 응답자 중 남성의 12%가 매일 술을 마신다고 말했다. 또한 여성의 경우에는 3%가 매일 술을 마신다고 답했다.

또한 나이가 많은 연금 생활자의 12%가 매일 맥주나 와인을 마시며, 29세까지의 응답자들에서는 2%만이 매일 술을 마신다고 답했다. 우리나라처럼 회식 문화가 발달하지 않고 가정문화 중심인 독일에서 매일 술을 마신다는 것은 음식과 함께 술을 곁들인 문화적인 생활 행태와 연관이 있다고 추측된다.

독일의 주류 정책은 알코올 중독 예방에 초점이 맞추어져 있다. 주류세에서 거둬들인 수입은 예방 등 교육에 활용된다고 볼 수 있다. 알코올 판매 금지는 현실적으로 불가능한 사안이기 때문에 소비자의 계몽을 통해 자발적 예방에 근거한다는 것이다. 이와 함께 국가적으로 가격 및 주류세, 음주운전에 대한 처벌 조치, 알코올 광고 제한, 청소년 보호를 위한 정책 등을 편다. 주류 정책에서 간과할 수 없는 테마는 청소년을 위한 예방 교육이다. 매장이나 소매점에서는 청소년들의 알코올 구입에 대한 내용을 부착하고 있다. 학교에서도 외부 강사를 통해 알코올 예방 교육을 실시한다.

또한 주류 판매에 있어서 청소년을 위한 법적 보호를 숙지시킨다. 만 16세 미만의 청소년에게는 판매하면 안 된다. 단 부모가 동행하는 경우에는 예외가 된다. 관련 사회단체에서는 어린이와 청소년을 위한 알코올 음료의 위해성을 제시하고 있다.

- 어린이들이 알코올 0.5Promille만 마셔도 의식을 잃을 수 있다.
- 몸무게가 낮은 아이일수록 높은 혈중 알코올이 높아질 수 있다. 소량의 알코올이라도 어린이를 위험에 빠뜨릴 수 있다.
- 남자의 경우 알코올 60g, 여자는 40g 정도는 위험하다. 참고로 1리터의 맥주에는 40g의 순수 알코올이 있다.
- 알코올은 아이들의 정신적, 육체적 성장을 저해할 수 있다.
- 독한 알코올이 든 초콜릿이나 마치판*Mazipan*(독일과자 종류)은 어린이들에겐 위험할 수 있다.

이와 함께 임산부에 대한 알코올 음료 가이드 라인을 배포하고 있다. 임신상담센터, 조산사협회 등에 책자를 배포하며 교육에 초점을 맞추고 있다. 하지만 이러한 조치가 사회심리학적으로 남녀 불평등을 초래한다는 반론도 있다. 실제 영국에서 임신부에 대한 포괄적 제재와 간섭이 괴롭힘이나 성차별주의라는 지적도 있었기 때문이다.

베를린에 사는 미샤엘(45세) 씨는 "1974년 4월부터 담배 광고는 금지되어 있는데, 술 광고는 아직도 성행하고 있다. 더 많은 규제가 필요하다"고 말한다. 독일 거리 곳곳에서는 'Rauchen kann toedlich sein(흡연을 통해 죽을 수도 있다)'라는 담배 유해 광고가 보인다.

종종 길거리나 공원 벤치 등에서 청소년들이 술을 마시는 것을 목격하곤 한다. 안 그래도 테스토스테론이 왕성한 시기에 술까지 마시면 주체할 수 없는 상태가 된다. 적당한 와인 한 잔은 낭만을 불러오지만, 만취한 술은 죽음을 불러올 수 있다.

어린이에게 아낌없이 주는 예산

18세기 스위스 작가인 에레미야스 고트헬프*Jeremias Gotthelf*는 '어린이가 없는 세상은 사막과 같다'고 말했다. '사막'이라는 단어에 담긴 의미로 볼 때, 어린이의 부재는 삶의 황폐함, 역동하지 않는 사회를 내포한다.

근래 들어 출생률이 낮아지면서 미래 사회에 대한 어두운 전망을 내비친다. 아이가 없는 세상은 미래가 없다. 독일은 만 18세 미만을 법적 수혜 측면에서 어린이로 간주한다. 연방통계청의 자료에 의하면, 2020년 현재 독일 전체 인구 8,324만 명 중 16.5%가 어린이다. 독일의 18세 미만 아동 인구가 2000년 1,520만 명에서 2010년 약 1,310만 명으로 10년 동안 210만 명이 감소했다. 최근 보도에 따르면 2050년에는 전체 인구가 7,500만 명으로 줄어든다고 하니 인구 감소는 심각한 문제일 수밖에 없다.

독일의 아동복지는 가족의 테두리 안에서 유기적인 관계를 맺고 있다. 먼저 출산율 촉진을 위한 체감적인 경제 지원은 아동의 출산후 지원책과 자연스럽게 맞물린다. 삶의 질을 우선하는 독일 정부는, 궁극적으로 아동복지를 위해 부모의 보육비 절감을 위한 공동의 책임감을 가지고 예산을 지출한다. 삶의 질은 호주머니 사정과 관계가 있다는 논리를 잘 적용하는 셈이다. 그렇다면 아이들을 위한 경제적 지원금은 어떤 것이 있을까?

먼저 킨더겔트*Kindergeld*(아동수당)를 들 수 있다. 킨더겔트는 독일의 가장 대표적인 아동 지원금이다. 세금을 납부하는 모든 부모의 자녀에 지급된다. 2000년부터 시행된 이 제도는 꾸준히 수령액이 증가했다. 2021년에는 첫째와 둘째 자녀는 219유로, 셋째는 225유로, 넷째부터는 250유로를 매달 지급한다. 2023년에는 한 아이당 250유로로 지급이 인상된다. 이 지원금은 부유층과 빈곤층에 상관없이 평등하게 지급한다. 통상 만 18세까지 지급하며, 이후 자녀가 대학 과정이나 직업 교육을 받고 있으면 최장 25세까지 지원한다. 또한 장애아인 경우는 연령에 상관없이 수령 가능하다.

엘터른겔트*Elterngeld*(부모수당)는 자녀를 양육하기 위해 휴직하는 부모에게 주는 수당이다. 2007년부터 도입되어 최장 14개월까지 아이를 낳기 전 마지막 달 실수령액의 65-100%를 받을 수 있다. 예를 들어 실수령액이 1,240유로였을 경우 그것의 65%를 받고 1,220유로인 경우 66%를 받고 1,000유로에서 1,200유로 사이면 67%를 받는다. 1,000유로 미만의 경우 100%를 받는다. 최소 300유로, 최고 한도액은 1,800유로이다. 만약 아이를 낳기 전 돈을 벌지 않는 학생이나 주부의 경우 300 유로까지 수령 가능하다. 이 휴직급여를 14개월 동안 모두 받기 위해서는 부모나 배우자는 서로 휴직을 교대로 사용해야 하고, 한쪽이 적어도 2개월 이상 휴직하여야 한다. 부모 중 1명만 아이를 돌보면 육아휴직 급여는 12개월만 지급된다.

2015년 7월 1일부터 아이를 낳은 부모는 기존의 부모수당과 새로 도입된 '부모수당 플러스(엘터른겔트 플러스)' 중 하나를 선택하거나 두 개를 혼합한 형태를 신청할 수 있다. 부모수당 플러스는 부모수당보다 지급액은 적지만, 부모 합산 36개월까지 수급 기간을 연장할 수 있다. 한부모 가정이나 기타 생활이 어려운 저소득 부모에게 지급되는 아동 추가수당*Kinderzuschlag*은 2022년 1월부터 매달 209유로를 지급한다.

2005년 1월부터 시행된 이 제도는 저임금을 받는 근로자 가정에 해당된다. 킨더겔트를 보완하기 위해 만들어진 제도로 양쪽 부모가 수입이 최소 900유로, 한부모 가정의 경우 600유로 이하인 경우 신청 가능하다. 이 지원금은 킨더겔트와 함께 지급된다. 경제적으로 여의치 않아 자녀 양육이 어려운 경우의 가정에 연방 정부가 부담하는 경제적인 지원이다.

현재 독일의 베이비시터제도는 Tagesmutter(타게스무터)라는 이름으로 조직적으로 운영되고 있다. 하지만 이를 이용하지 않고 개별적으로 베이비시터를 공급받기도 한다. 올 10월부터 최저 임금이 12유로로 올랐기 때문에 베이비시터의 시간당 급여도 인상될 것으로 본다.

이러한 아이 돌보미에 세금 감면 제도를 도입했다. 통상 아이를 맡기는 비용의 3분의 2를 세금 공제 혜택을 받을 수 있고, 최고 4,000유로까지 세금 공제가 가능하다. 또한 할머니가 손자를 돌봐주는 경우 유류비 등이 지불되었다면 아이 돌보미로 인정해 세금 혜택을 받을 수 있다. 독일 가정에서 아이를 돌보고 집안일을 하는 외국계 출신의 오페어에게 드는 비용도 세금 혜택이 가능하다.

이렇듯 많은 재원이 자녀 양육비로 지원됨에도 실질적으로 저소득층에 체감적으로 작용하는가가 논란거리다. 특히 미혼자에 비해 기혼자의 과세 혜택*Ehegattensplitting*은 일단 두 사람의 수입을 합쳐 이등분한 과세 적용이기에 저소득층 가정은 큰 혜택을 보지 못한다는 여론이 강했다.

미래의 상징인 어린이가 없다면 미래지향적인 정책 어젠다도 의미가 없다. 그래서 어떻게든 출산율을 높이는 정책에 머리를 맞댄다. 결국 여성의 출산율을 끌어올리기 위해서는 수요자의 체감적 수혜 정책에서 비롯된다는 것이다.

연방정부가 지원하는 수당제 외에도 어린이들을 위한 다양한 제도적 장치가 있다. 국립박물관 등의 무료 혜택, 진료 시 처방약 무료, 치아교정비 지원, 저소득층 아이들을 위한 학용품비 지원, 청소년관청*Jugendamt*의 아동 폭력 등에 대한 상시 관리체제 등이 연계되어 있다. 인간 삶의 질의 기초는 유아기 때 형성된다는 점을 감안, 아동복지 예산에 인색하지 않은 것이 사회복지의 기본이라고 생각한다.

한부모 가정,
국가가 배우자가 되어드립니다

'더 이상 핑계대지 마! 어린이, 청소년의 가난을 물리쳐라. 어린이 가난 스톱!'

'산타 할아버지는 가난한 어린이들은 피해 간다!'

몇 년 전, 독일 지방선거를 앞두고 독일 어린이 관련 단체들이 각 당에 온라인 청원서를 제출했다. 각 정당에 빈곤 어린이 관련 정책 시정을 요구하고, 모든 아이가 똑같은 가치를 가지고 성장할 수 있도록 권고했다. 청원에 참여한 단체들은 바람직한 아이들의 성장은 단지 부모의 지갑에만 달려 있으면 안 된다며 더 구체적인 국가 사회적인 지원을 촉구했다.

청원서의 내용은 다음과 같다.

첫째, 어린이를 위한 영세민 지원(Harz-IV(저소득지원 관련))은 너무

적다. 이것은 불확정한 산출 방법이며 적정하지 않다.

둘째, 가난한 가족들은 높은 수입을 가진 가족과 최소한 비슷한 수준의 가치를 인정받아야 한다.

셋째, 국가적 도움은 간단하고 쉽게 받을 수 있어야 한다.

청원서의 자료에 의하면 현재 독일에 300만 명 이상의 빈곤 어린이와 청소년이 산다고 한다. 그중 100만 명 이상이 한부모 가정의 자녀인 것으로 나타났다. 독일연방정부의 통계(2021.1)에서도 미성년 자녀가 있는 가정의 19%가 한부모로 드러났다. 한부모 가정의 경우 자녀 돌봄에서 양부모 가정보다 취약하고, 그만큼 직업 활동이 어려울 수 있다. 그에 따라 빈곤의 악순환에서 벗어나기 힘들다.

독일에서 혼자 아이를 키우는 부모는 배우자에게 양육비를 요구할 수 있도록 법으로 규정하고 있다. 아이가 만 18세가 되기까지 가능하나 직업교육을 마칠 때까지, 혹은 결혼하기 전까지 적용 가능하다. 양육비 책정은 해당 아이의 연령과 배우자 소득에 따라 달라진다. 아이에게 특별 돌봄이 필요하거나 건강보험에서 지불할 수 없는 치료를 받을 경우 더 많은 양육비를 요구할 수 있다. 부모의 의무를 간과하지 말라는 법적 조치라고 볼 수 있다.

아동추가비용*Kinderzuschlag*은 한부모가 소득이 적을 때 지급되는 비용이다. 이 수당의 계산은 노동청을 통해서 가능하다. 아이가 25살이 될 때까지 받을 수 있다.

부양수당*Unterhaltsvorschuss*은 유감스럽게도 양육비를 줘야 하는 배우자가 제 시간에 맞춰서 주지 않거나 못 주는 형편일 경우 유겐트암트 (청소년관청)에서 도움을 받을 수 있다. 2022년 1월부터는 만 6세까지는 170유로, 6살부터 11살까지는 236유로, 12세에서 17세까지는 한 달에 314유로를 받을 수 있다. 청소년관청에 지원하면 된다.

돌봄부양Betreuungsunterhaltung은 한부모의 경우 전일제 근무가 가능한가의 물음에서 시작된다. 만약 3세 이전의 아이가 있다면 일하기란 더욱 어렵고 집에서 아이를 돌봐야 할지도 모른다. 만약 일을 할 경우, 아이 돌봄에 따른 베이비시터 비용 등을 양육하지 않는 배우자가 지불해야 한다. 이 비용은 부모의 결혼 여부와 상관없이 아이가 출생한 시점부터 양육비 의무가 따른다. 또한 아이가 아팠을 경우, 1년에 20일 병가를 낼 수 있다. 또한 법정 의료보험 가입자의 경우 50일까지 병가가 가능하다.

수입이 적은 한부모 가정의 경우 주택 임대료를 위한 비용 지원과 세금 감면 혜택도 있다. 물론 어린이 돌봄에 대한 도움을 받기 위해 상담을 거쳐야 한다. 주로 청소년관청에서 이를 전담하며 어떤 도움과 조건으로 지원받을 수 있는지 정보를 제공한다. 이외에도 세금 우대 혜택과 디아코니세, 카리타스 등 종교단체 등의 상담 도움을 받을 수 있다. 한부모 가정을 지원하기 위한 가장 눈에 띄는 정책은 소득세 부담 완화이다. 독일의 세전, 세후 월급은 혼인 관계와 자녀 수에 따라 다르게 계산된다. 한 부모 가정의 경우, 근로소득세, 연금, 건강보험, 실업보험으로 약 35-45%가 공제된다.

보통 한부모 엄마들은 시간 압박을 가지고 있고, 직업 부담과 사회에서도 고립되기 쉽다. 혼자 키우는 엄마들은 그만큼 스트레스가 많다. Burn-out 등을 경험한 한부모 엄마들이 많고, 너무 많은 책임을 지려고 한다.

아이들은 어떤 환경에서든 똑같은 가치를 지닌 인격체로 자라가야 한다는 말이 와닿는다. 이제 국가와 사회가 한부모의 따스한 배우자가 되어야 할 것이다.

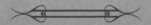

여성 스스로 '여성은 물리적 약자'라는 관념을 버리고,
어릴 때부터 여자아이를 '여성'이라는 관념과
인습의 굴레에 가두지 않고
강하고 건강한 인간으로 자라나는 것이다.

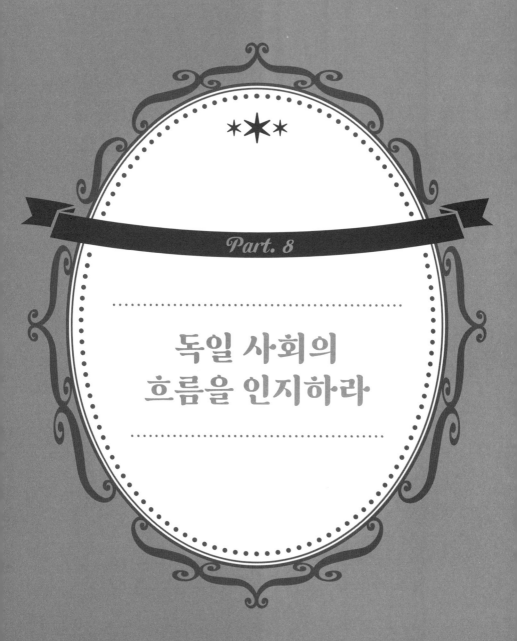

Part. 8

독일 사회의
흐름을 인지하라

어린아이들을 혼자 집에 놔두지 마세요

2011년 3월 23일 수요일 밤 10시 30분. 비어기트는 동거남과 함께 마을에 있는 작은 음악클럽의 일을 돕기 위해 나섰다. 11살, 8살 두 딸들만 놔두기엔 꺼림칙했지만 그녀가 일하는 클럽이 집에서 겨우 100미터 정도 떨어졌기에 언제든 달려올 수 있으리란 생각을 했다. 늦은 시간이었지만 아이들을 재우고 문을 잠그진 않았다. 혹시 화재 등이 염려되고, 무슨 일이 있으면 아이들이 곧바로 나올 수 있도록 잠그지 않은 것이다.

다음날 24일 목요일 새벽 4시 40분. 비어기트와 동거남은 지친 몸을 이끌고 집으로 돌아왔다. 하지만 아이들 방을 들어서자 왠지 모를 공포가 엄습했다. 피비린내가 코를 찔렀다. 아이들은 이미 저세상으로 간 후였다. 잔인하게 폭력당한 흔적, 칼로 난자된 아이들, 널브러진 아이들 방이 전날 밤 죽음의 투쟁을 연상할 수 있었다.

5분 뒤 경찰이 달려왔다. 조용한 시골 마을 크레일링은 경악했다. 이웃들은 자제력을 잃었다. 바로 어제까지만 해도 귀여운 미소를 자아내던 두 명의 어린아이가 작별 인사도 없이 이별을 고한 것이다.

아이들 집 앞은 순식간에 추모 공간이 마련되었다. 죽은 소녀들의 친구들과 이웃들이 꽃과 양초를 놓고 아이들에게 우울한 인사를 했다. 죽은 아이들이 그렸던 그림에 색칠을 하던 친구들은 끝내 울음을 터트렸다.

"너희들은 여기에 없지만, 꿈과 미래는 영원히 살아 있을 거야."

"아무도 너희를 잊지 않을 거야."

"잘 살아! 하늘나라에서 힘들지 않도록 기도할게."

"안녕! 귀여운 아이야."

그들이 쓴 쪽지에는 슬픔이 번져 있었다. 4일이 지난 화요일 저녁 엘리자베스 가톨릭 성당에는 500여 명의 추모객이 모여, 죽은 어린이들의 마지막을 애도하는 예배를 드렸다.

한편 살인사건 특별수사전담반이 구성되었다. 증거 확보를 위해 보상금 5,000유로를 걸었다. 이들은 숙련된 범죄수사관들로 살인자의 프로필을 추적하기 시작했다. 현장 검식에서 DNA를 채취했다. 사건 5일 만에 50개의 증거들을 찾아냈다.

그들은 신중했다. 매스컴에서는 연일 전국 방송으로 보도하며 수사전담반의 희소식을 기다렸고, 범인 추적에 함께 매달렸다. 하지만 수사전담반은 "현재 110가지 증거를 찾았지만 지금 누가 죽였는지 말할 수 없다. 지금은 질문들에 대해 어떠한 대답도 할 수 없다"고 함구했다.

범행 현장엔 법의학자와 범죄심리학자들이 참여했다. 91개의 타액 검사와 100여 명의 사람들에 대한 탐문수사가 이뤄졌다. 현장엔 수많은 유혈과 폭력 흔적이 있었고, 성폭력은 없었던 것으로 드러났다. 범행 도구는 칼과 아령이었다.

수사의 실마리가 잡혀가던 4월 1일 금요일, 수사전담반은 범행 장소에서 50km 떨어진 파이센베르그에서 네 명의 자녀를 둔 50대 용의자를 체포했다. 그는 죽은 아이들의 이모부였다. 그는 별다른 저항 없이 경찰에게 붙잡혔다. 하지만 자백하지 않았고, 묵비권을 행사했다. 처음 사건이 난 후 범죄심리학자는 '이것은 전형적인 면식범의 소행'이라는 점을 단언했다. 무엇보다 먼저 가족들을 수사했다. 아이들의 친아빠는 범행 당시, 다른 도시인 함부르크에 있었기에 알리바이가 성립되었다. 순서에 맞게 이모부도 짧게 심문했다. 그는 법의학자가 왔을 때 순순히 타액 채취에 응했다. 수사팀은 그의 1차 심문과 2차 심문의 내용이 다른 것에 착안했다. 게다가 살인 과정에서 발생할 수 있는 상처 및 혈흔 등이 검사 결과 범인을 확증할 수 있었던 단서가 되었다.

조사 결과, 이모부는 아내와 5살에서 13살까지 네 명의 아이들을 둔 가장이다. 아내는 유방암 투병 중이고, 아들은 간 이식을 받아야 했다. 범죄심리학자들은 어려운 가정형편에다 피해 소녀들의 엄마와 유산 분배에 따른 질투 및 공동유산인 집 등에 대립이 있었다고 말한다. 공범 여부에 대해서도 용의자의 아내에게 비중을 버리지 않은 이유다. 범행 동기는 당시에는 알려지지 않았다. 정황상으로 죽은 아이들의 엄마와 자매인 용의자의 아내 사이에 유산과 관련된 증오와 다툼이 있다는 의견이다. 당시 용의자의 4명의 아이들은 청소년관청*Jugendamt*에서 보호했다.

　이 소식으로 독일 전역은 발칵 뒤집혔다. 조용한 마을에서 하루아침에 어린아이들이 처참히 살해되었다. 게다가 유력한 범인은 이모부였다. 독일에서는 아이들을 집에 혼자 놔두는 것을 부모의 방치이자 아동 폭력의 일종으로 간주한다. 열쇠 관리에 철저하고 문단속을 중요시하는 독일에서 야밤에 문을 잠그지 않고 외출한 엄마에게도 은근히 비난의 화살을 던진다. 하지만 세간의 화살보다 더 힘든 시간을 엄마는 슬퍼하고 괴로워하며 보내고 있다. 수사는 계속 진행되어 1년이 지난 2012년 뮌헨 법정은 이모부에 대해 종신형을 선고했다.

　한국에서 살 때, 다섯 살과 두 살 어린아이들을 집에 놔두고 잠시 슈퍼를 다녀온 적이 있다. 아이들이 인형과 잘 놀고 있다고 생각했는데 잠깐의 시간에도 엄마의 부재를 느끼며 울고 있었다. 독일에 와서는 어디를 가든 꼭 아이들을 데리고 다닌다. 집에 아이들만 두는 것은 아무래도 이국땅에서 더 꺼림칙하기 때문이다. 이런 사건들이 발생하면 오그라든 가슴이 더 쪼그라든다.

❈
'이방인' 엄마의 무력감

　　나이가 들수록 고향이 점점 가까이 다가온다. 유년 시절, 엄마가 해준 반찬이 생각나는 것도 나이가 들었다는 증거다. 그에 비해 어릴 때부터 외국에서 커온 두 딸은 현지 문화에 점점 동화된다. 독일 음식과 독일식 사고에 굳어진 아이들과 한국이 그리운 부모는 교차점을 잃은 채 평행선을 달리게 된다. 결국 독일과 한국의 어디쯤에 선 제3의 문화를 만들어낸다.

　　이 같은 자녀와 부모의 사고·문화 차이는 나만의 특별한 이야기는 아닐 것 같다. 으레 겪는 세대 차이를 외국이라는 환경에서 더 크게 겪는다. 품 안을 벗어나, 오롯한 개인으로 성장하는 딸들의 모습은 뿌듯하다. 그러면서도 고국을 떠나 산 우리에게 어딘가 모르게 서글픔이 자리한다. 익숙한 언어와 음식, 문화와 사고를 나눌 수 있는 한국이 점점 그리워진다.

정착 초기 다시 한국에 갈 짐을 쌀까 고민하게 한 가장 큰 요인은 언어였다. 미숙한 현지어로 인해 무력감을 반복해서 느껴야 했다. 우선 빠르게 현지어를 습득하는 아이들과 달리, 나는 낯선 외국어를 좇아가기 바빠 숙제를 도와줄 수조차 없었다. 특히 아이들이 라틴어를 공부할 때 심한 박탈감이 몰려왔다.

　　혜니가 5학년 때(김나지움 1학년), 라틴어 시험에서 4점을 받아 온 적이 있다. 불쑥 화가 나서 '너는 라틴어 시험공부를 안 한 거니?'라고 묻자 딸은 볼멘소리로 말했다.

　　"다른 친구들은 엄마, 아빠가 라틴어를 잘해서 공부도 도와준대요. 나는 아니잖아요. 왜 엄마는 라틴어를 몰라요?"

　　독일어도 힘든데 라틴어까지는 너무 했잖아! 라틴어는 언어의 구조나 발음, 활용이 우리말과는 완전히 다르고 한국에서 접할 일도 없다. 한국인이 배우기 가장 어려운 언어지만, 구구절절 아이에게 설명할 수 없었다. 그저 무기력함과 미안함에 말을 잃었다.

　　상실감은 다른 곳에서도 느꼈다. 독일에 처음 왔을 때, 학부모 회의에서 난 그야말로 '꿔다 놓은 보릿자루'였다. 한국에서 독일어를 공부한 적 없던 나는 멘털 붕괴였다. 다른 사람들의 웃음과 행동만으로 분위기를 파악하느라 신경이 곤두섰다. 결국 회의가 끝나고 집에 와 심한 몸살을 앓았다. 대학 때 과외 아르바이트를 하며 가르치는 데에 나름 자신이 있었던 나, 어디서건 당당하게 소신을 밝히던 나는 독일에서 자취를 감췄다. 자녀에게 더 좋은 교육을 제공해주고 싶어 독일에 남았지만 엄마의 자존심도 중요했다.

보통 학교 행사나 학교 일에 솔선수범하는 부모의 자녀를 교사가 특별히 관심 있게 지켜본다. 그래서인지 실제로 자진해서 학부모 대표를 맡고, 학교 식당 봉사 등도 자원한다. 특히 김나지움 학부모들은 자녀 성적에 예민해 더 많은 관심을 보인다. 하지만 독일어가 어눌한 나로서는 언감생심이었다. 학부모 회의에 참석해도 듣고만 있다 끝나는 무렵에 잠깐 선생님에게 딸들의 일상을 물어보는 게 전부였다. 같은 일이 반복될수록, 독일 교육에 대한 회의와 귀국에 대한 열망이 커졌다.

여러 상황으로 이곳에 남았지만, 아이가 자랄수록 '자녀 교육'이라는 명분으로 떠나지 못한다. 고향 떠나온 이방인의 신세가 꽃길일 리만무하다. 게다가 갈수록 독일 교육이 좋다는 말에 확신이 없다. 모든 것은 일장일단이 있는 법이다.

귀국에 대한 열망이 실행 직전까지 가기도 한다. 다행히 시간이 약이었다. 걸핏하면 귀국을 말하는 내게 큰딸 주니는 "아비투어(대학 입학자격시험) 볼 때까지만 참아주세요"라고 말할 정도로 훌쩍 컸다. 그러는 사이 나 또한 독일 삶에 어느새 적응이 된 것 같다.

시간이 흐를수록 자녀들과의 문화적 거리를 느낄 때가 있다. 명절이나 가족 행사 때 카카오톡으로 보내온 사진을 보며 열광하는 우리 부부와 달리, 두 딸은 점점 건조하게 반응한다. 한국 고전무용을 배우게 하고, 한국 드라마를 보게 하는 작은 노력에도 아이들은 일상에서는 독일 문화 속에 깊이 스며든다. 점점 아이들에게 뿌리를 잊게 한 것이 아닌지 고민이 커진다. 그만큼 한국에 대한 그리움도 짙어진다. 최고

보다 최선을 다하는 어른이 됐으면 좋겠다면서도, 독일인들에게 뒤처지지 말라고 은근히 강요하는 내 모습에 자괴감도 일어난다. 나도 어쩔 수 없이 독일 사회의 '엘보겐 게셀샤프트'(팔꿈치 사회/팔꿈치를 밀치며 경쟁하는 모습)를 알아버린 엄마니까 말이다.

이방인으로서 박탈감은 더 많은 경쟁을 부추기고 결국 독일 문화 속에 스며든 아이들이 제 갈 길을 가는 시간이 다가오고 있다. 경제적이면서도 질 높은 공교육 시스템, 차별 없는 사회적 분위기는 외형적 시선일 뿐이다. 그 안에 내재된 이방인의 고뇌는 상대적으로 높다. 이 국땅에서 아이들을 키우며 치러야 하는 감정적 대가 지불도 크다. 고국을 등지고, 가족의 유대를 만끽하지 못하고 홀로 서 있는 것 같은 외로움은 가장 큰 대가 지불이다.

독일인 시어머니와 한국인 며느리

9월 들어 기온이 뚝 떨어졌다. 한국이라면 푹푹 쪘을 8월에도 이 곳에선 오리털 파카를 꺼내 입을 때도 있었다. 물론 추웠다가 더웠다 하는 변덕스런 날씨에 적응하지 못해 질긴 감기에 낙오된 탓이기도 하다. 때론 겨울옷을 정리하지 못하게 하는 날씨가 얄밉기도 하지만 여름에도 겨울옷을 입어볼 수 있다는 즐거움도 제법 쏠쏠하다. 그래도 아주 가끔은 선심 쓰듯 태양이 반짝 얼굴을 내밀 때가 고맙기만 하다. 이런 날은 약속이나 한 듯, 허멀건 독일인들은 허물을 벗어던진다. 겨우 끈 하나 달린 조각옷을 걸치고 태양을 숭배하는 듯 하늘을 향해 몸을 디민다. 한국에 살면서 뜨거운 햇볕을 피해, 양산문화에 길들여진 탓에 태양이 대지에 내리면 이곳 사람들처럼 당당하게 하늘을 향해 머리를 내밀지 못했다. 얼굴에 나기 시작한 중년의 주근깨와 비싼 선크림도 믿을 수 없는 자외선의 파격적인 시선이 두려웠던 탓이다. 드디어 깜짝 햇볕

마저도 아쉬운 고독한 계절로의 진행이 9월부터는 시작되는 것 같다. 그와 함께 난 어쩌면 자연스럽게 하늘을 쳐다볼 수 있게 되었다.

하늘! 한국의 가을하늘이 가장 아름답다고 느꼈었다. 그런데 이곳 독일의 하늘도 내 시선을 고정시킨다.

친구 미나와 '운터 덴 린데' 거리를 걸으며 이야기했었다. 네덜란드에서 하늘을 쳐다보면 꼭 바이킹 타는 것처럼 어지럽다고…. 이곳도 가끔 하늘을 보다 구름의 빠른 움직임을 따라 바라보면 현기증을 일으키곤 한다. 가끔 거실의 소파에서 바라다보이는 하늘에 빨려 들어갈 뻔한 충동을 받은 적이 있다. 독일의 하늘에서 구름의 움직임은 우리네 인생처럼 빨리 흘러간다. 한국에서 가져온 달력을 들여다보니 곧 추석 시즌이다.

지금쯤 서울은 추석 상품이니 하며, 추석 명절로 들썩거릴 것이다. 아마도 추석 명절 예산을 짜고 선물 준비에 열을 올리겠지. 한국에 살 때는 시댁과 친정에 무엇을 선물할 것인지 고민했었는데 오히려 그 때의 부산함이 그리울 정도로 지금은 적막하다. 저녁 8시가 넘어서면 쥐 죽은 듯 조용한 주변, 어느새 잿빛으로 물들어가는 저녁 시간의 고즈넉한 하늘도 어색하다. 서울의 저녁 하늘은 왠지 활기차 있었던 것 같은데 말이다.

그러고 보니 친한 미나도 지금은 옆에 없다. 미나는 독일인과 결혼한 베를린의 내 친구다. 얼마 전 남편과 함부르크 근처의 작은 마을에 있는 시댁에 간다고 했다.

미나와 난 하늘을 보는 것을 좋아했다. 암컷 개와 고양이의 엄마인 그녀와 딸만 둘인 나는 공통점이 없는 것 같으면서도 평행선을 걷다 보면 언제나 만나는 꼭짓점을 발견하곤 한다. 한국인 남편이 가진 단점은 독일인 남편을 둔 미나에겐 자못 위안과 장점이 되는 것 같다. 서로의 어려움과 힘듦이 때론 서로를 돌아보며 위로를 삼는 계기가 된다.

이탈리아에서 공부한 미나는 가끔은 피렌체의 하늘을 그리워했다. 물론 유럽의 하늘이야 그 하늘이 그 하늘이겠지만, 자신이 느끼는 하늘의 색깔이 있는 것이다. 내 20대 하늘의 색깔이 낭만과 감상주의적 산물이었듯, 미나에게 있어 피렌체의 하늘도 예술로 점철된 청춘과 낭만의 표상이었다.

미나는 독일 남자와 결혼했지만, 자신은 한국 여성들처럼 시댁의 어려움은 겪지 않는다고 위안 삼았다. 나 또한 고국과 멀리 떨어져 있기에 시댁과의 문제는 존재하지 않는다. 다만 효도하지 못해 미안할 뿐이다. 그녀는 말을 이었다.

"처음 결혼해서 독일어가 어눌하잖아. 말이 안 통하니 하랄드의 부모님과 대화가 당연히 힘들었어. 그래서 나도 모르게 벙어리 3년 했지 뭐야. 하하. 오히려 언어 소통이 안 되니까 서로에게 스트레스도 없었던 것 같아. 그냥 난 벙어리로 있는 거고. 지금은 독일어를 너무 잘해 탈이지!"

언어가 안 되면 무지 힘들었을 텐데, 오히려 그때가 '스트레스 없다'는 말은 좀 슬프게 들렸다. 독일의 결혼 문화는 한국과는 달리 부모에게 예속되거나 부모를 봉양하는 것은 거의 보기 힘들다. 18세가 되면 대부분 독립하기 때문에 부모에게 경제적으로 의지하지 않는다. 그래서인지 시부모님에 대한 책임도 그만큼 덜하다. 하지만 부모와 자식 간에 평등한 관계로 차를 마시고 가끔 여행을 가는 것을 보면 부러울 때가 있다.

꼬박꼬박 시간을 내어 시댁을 향해 발길을 돌리는 미나가 정겹다. 미나에게 친정엄마는 그냥 엄마로 존재한다고 했다. 언제나 정겨웠던 어린 날 흐릿한 기억 속의 엄마일 뿐이라고. 가끔 오랜 추억을 더듬는 것처럼 돌아가신 친정엄마를 생각할 뿐이라고. 미나는 독일의 시어머니에게서 친정엄마의 모습을 찾고 싶어 했다. 하지만 문화와 언어, 식습관의 차이는 그 간격을 좁히기가 힘들다고 한다. 결국 그 격차마저도 달게 받아들이며 노력하는 것을 선택한 것 같다. 긍정적이고 사랑스러운 그녀에겐 배울 점이 많다. 사람을 만나는 것은 그 사람의 삶과 만나는 일이다.

난 멀리 있음에도 어줍지 않은 맏며느리인 탓에 죄인 같은 느낌, 친정엄마에게 늘 미안하다. 전화를 해야 하고 죄송하다고 이야기해야 하고 무언가 의식적인 손놀림과 몸짓을 해야 할 때도 있다.

하늘이 다시 잿빛이다. 미나가 돌아오면 내가 느꼈던 지금의 하늘을 이야기하리라. 그리고 주저리주저리 넋두리를 풀어놓으리라. 나의 가을하늘이 맑아지도록.

여성 정책, 어디까지 왔나?

메르켈 정부가 2021년을 끝으로 16년의 시간을 내려놓았다. 2005년부터 집권했으니 보기 드문 장기 집권이다. 자신의 정치 스승인 콜 총리보다 재임 시간도 길었다. 독일 여성들의 사회적 진출과 성공을 단적으로 보여준 예라고 생각한다.

독일의 '마거릿 대처'라고도 불리는 그녀의 외교와 경제부흥책은 많은 독일인에게 호평을 받았다. 물론 독일 내 정치적으로는 끊이지 않는 잡음으로 카리스마 넘치는 정책을 펼치는 데는 다소 무리가 따랐다. 하지만 불황의 독일 경제를 일으켜 세우는 데 한몫한 인물로 평가되고 있다. 같은 여성이라는 생물학적 동질감을 떠나 소시민적 심정으로 그녀의 행보를 호기심 있게 바라보게 된다. 비판하기 좋아한다는 독일 민족에게 그녀의 리더십이 얼마나 어필되었는지도 궁금하다.

총리 되기 전 여성청소년부 장관으로 재직하는 동안 양성평등에 대한 목소리를 높였다. 1991년, 독일 정부에서 여성과 청소년을 담당하는 독립적인 부처가 만들어졌다. 당시 초대 장관은 앙겔라 메르켈이었다. 그래서 여성 총리 집권 후 양성평등에 대한 소신을 얼마만큼 잘 펼치고 있는지 같은 여성으로서 은근슬쩍 곁눈질해보기도 했다.

동서양을 막론하고 여성이 사회에 표면적으로 드러난 역사는 그리 오래지 않다. 독일은 1840년대부터 여성 정치 참여에 대한 요구와 투쟁이 시작되어 1차대전이 끝날 무렵인 1918년에야 투표에 참여할 수 있었다.

대부분의 정당에서는 '여성할당제' 또는 규정을 통해 당 고위직 내의 여성 수를 늘리려고 한다. 기업에서는 여성의 일자리 고충을 상담하고 해결할 여성 담당관을 의무적으로 배치했다. 현대사회로 진입하면서 여성의 평등을 나타내는 것은 바로 고용 평등과 정치 참여 비율에 있다.

일곱 명의 자녀를 둔 우슬라 폰 데어 라이엔(기민당). 유럽연합 13대 집행위원장이다. 2013년 당시 독일 노동부장관으로 재직하며 기민당과 기사연합의 여성할당제 도입에 대한 표결을 앞두고 지지 의사를 표명했다. 사실 독일에서 여성의 정치 참여 비율은 비교적 높지만, 그 여성들에게 맡겨진 자리는 큰 비중을 차지하지 않거나 지도자의 자리에 있는 경우도 흔치 않다. 여성할당제가 많은 부분에서 남녀평등 정신을 구현시켰지만 아직도 남녀평등은 사회적 과제로 남아 있다. 지난해 독일 아헨시 연방 하원의원에 당선된 재독 한인 2세 이예원 씨의 정계 진출은 같은 아시아인 여성으로 자랑스럽고 뜻깊은 일이었다. 한국계 여성으로는 처음 있는 일이다. 앞으로 더 많은 한국계 여성들의 정치 참여가 이루어질 거라 믿는다.

독일 대학에서 여성들이 최초로 강의를 들을 수 있었던 것은 1896년 베를린 훔볼트 대학에서 청강생 자격이었다. 그것도 교수나 학교 관계자의 허락을 받아야 했다. 의학부에서의 여학생의 수업 참여는 더 까다로웠다. 1900년 바덴 주를 비롯해 다른 주에서 여성의 대학 입학 권리를 부여했다. 1920년대에야 교수 시험 응시 권리가 주어졌다. 지금은 독일에서 대학 입학 자격*Abitur*을 취득하거나 대학생인 경우 여학생의 수가 43%에 달한다.

직업 전선에서의 평등은 급여의 평등을 의미한다.

독일 여성가족부의 보고에 따르면, 성공적으로 '직업교육'을 받은 여성의 비율이 남성보다 훨씬 많음에도 여전히 여성이 남성보다 적은 급여를 받는다고 한다. 물론 그것은 엔지니어 등 비교적 월급체계가 높은 자연과학 분야에 남성이 많다는 데에도 기인한다. 남성의 경우 여성들이 많은 유치원 교사 등 직업에 종사하는 비율이 낮다. 그것은 남성들이 유치원 교사나 유아보육사 등의 직업에 뛰어들기 힘든 것은 수입의 문제라기보다 아직도 강하게 남아 있는 '왜 남자가 남의 애들 기저귀를 갈아줘야 해'라고 하는 사회의식 때문이라고 이야기한다. 몇 년 전에는 이러한 사회현상을 개선하고자 연방 여성가족부에서 '유치원에서 더 많은 남성을!'이라는 프로젝트를 통해 유치원 교사 지원을 권장한 적도 있다.

당시 일자리 지원을 위한 정부의 기회균등은 정책 기조는 다음과 같다.

　1. 일자리 시장에서의 남성과 여성의 평등한 할당

　2. 남성과 여성, 어머니와 아버지를 위한 평등한 경력 기회

　3. 직업 능력에 따른 균등한 급여

　급여의 불균형은 일자리 유형에서 비롯된 것만은 아니다. 여성의 급여 평등의 걸림돌은 출산과 육아로 인한 경력 단절이다. 이러한 사회적 인식은 육아휴직의 보장으로 해결점을 찾고 있다. 독일에서는 육아에 전념하는 시간도 주고, 이와 더불어 직장 복귀에 용이하도록 체감적인 육아휴직 정책을 펼치고 있다. 일정 기간 동안 아버지와 어머니가 교대로 휴직할 수 있고, 아이의 나이가 3-6세일 때에도 육아휴직이 가능하다. 또한 아이를 낳으면 최대 2년 동안 휴직한 부모 급여의 60% 정도를 부모지원금으로 받을 수 있다. 직업을 가진 어머니에 대한 산모 보호법을 통해 일자리를 전적으로 보장받는다. 독일에선 주당 40시간 근무 시간을 50%, 75% 등등 탄력적으로 근무를 조정할 수 있는데, 어린아이가 있는 직장여성의 70% 정도는 파트타임으로 일한다. 하지만 육아와 직장의 헤게모니 속에서 방황하는 전문직 여성들도 더러 보게 된다.

　독일에서는 남녀평등을 위한 여성운동 조직이 활성화되어 있고, 여성의 삶의 질을 보호하기 위한 '여성의 집'이 설치되어 있다. 이는 종교와 민간단체에서도 활발하다. 베를린 가톨릭 종교단체에서 운영하는 '드보라의 집'은 직업적 소외 및 가정과 사회적 약자로서의 여성들의 권익에 앞장선다. 여성의 복지는 결국 성을 통한 이기주의가 아닌,

남녀가 하나의 인간으로 함께 살아가는 의식의 변화에 있다. 나의 이방인적 시선에서는, 이미 독일은 양성평등이 어느 정도 문화 속에 자연스럽게 배어 있는 것 같다. 굳이 정책적으로 이끌지 않아도 '인간은 신 앞에서 모두 평등하다'는 기독교적 사고가 기본 무드에 깔려 있기 때문이다. 어쩌면 여성우월주의나 남성우월주의라는 단어보다는 '인간 동등주의'라는 말이 더 어울린다고 생각한다.

베를린에 처음 발을 들여놓았을 때, 이곳에서 오래 거주한 한인 아주머니가 한 말을 기억한다. 어쩌면 질타라고 해야 맞을 것이다. 예쁜 원피스를 입고 긴 머리를 나풀거리는 일곱 살 난 큰딸을 바라보며 말이다.

"아이에게는 무조건 편한 옷이 최고예요. 여기에선 무엇보다 운동을 잘하도록 편하게 입히고, 머리도 나풀거리지 않도록 잘라주는 게 좋을 거예요."

우리 아이가 예뻐서 질투하나 싶을 정도로 얄미웠지만, 그 말이 틀리지 않았다. 이곳에서 조금 지내다 보니 정말 그 말이 맞았다. 금지옥엽 예쁜 딸이라서 공주처럼 키워볼까 생각했던 것은 오히려 아이에게 성에 대한 잘못된 고정관념을 키울 위험이 있었다. 그리고 무엇보다 예쁜 옷을 통해 현실적으로 행동반경을 제한할 염려가 있었다. 한창 뛰어놀아야 할 어린 나이에 자신의 옷을 통해 활동폭이 줄어들 염려가 있는 것이다. 그래서일까? 이곳의 초등학생들은 남녀 구분이 느껴지지 않을 정도로 운동이나 기타 활동 등에 모두가 적극적으로 임한다. 게다가 매장의 옷들은 특별히 남녀 구별이 크지 않은 것이 특징이다.

언젠가 집 근처 운동장에 놀러 간 적이 있다. 고등학교 정도 되어 보이는 남녀학생들이 오래달리기와 멀리뛰기를 하고 있었다. 남녀학생의 멀리뛰기 수준이 비슷했고 오래달리기에도 여학생이 남학생에게 결코 뒤지지 않는 체력을 가지고 있었다.

독일은 가구나 기타 생활부품을 모두 조립해서 사용하고 있다. 심지어 커다란 장롱도 조립제품이다. 대부분 완성품이 아닌 상태로 구입해 집에 와서 모두 조립하게 되는데, 특히 여성들이 그 몫을 담당하는 경우가 허다하다. 게다가 자전거를 타는 여성들이 많아, 자전거의 타이어 교환 및 기타 모든 조치를 스스로 할 수 있다. 지하철역 계단에서 자전거를 불끈 어깨에 메고 오르는 여성을 보는 것도 흔한 일이다. 물리적인 측면에서 남성의 도움을 필요로 하진 않는다. 여성 스스로 '여성은 물리적 약자'라는 관념을 버리고, 어릴 때부터 여자아이를 '여성'이라는 관념과 인습의 굴레에 가두지 않고 강하고 건강한 인간으로 자라나는 것이다.

한국과 마찬가지로 독일 유치원도 오수 시간이 있다. 그 시간대가 되면 남녀 아이들 모두 팬티만 입고 잠잘 준비를 한다. 누가 여자아이이고 누가 남자아이인지 구분이 잘 가지 않는다. 물론 아직 신체적 성징이 나타나지 않는 시기이지만, 굳이 미리부터 남녀를 구분하려고 하진 않는다.

일찍부터 자연주의 학습법이 발달된 독일에서는 의지적으로 관념을 강요하거나 의식화시키는 것을 자제한다. 프뢰벨이 세계 최초로 유치원(아이들의 정원)*kindergarten*을 만들었다. 그의 생각의 기초는 아이들을 평등한 자연인으로 성장시키는 것이다. 스위스가 낳은 발달심리학의 대가인 장 피아제는 자신의 세 아이의 성장 과정을 관찰하며 인지발달 이론을 정립했다. 그는 '인간은 정해진 일련의 보편적인 인지발달 단계를 거치며 각 단계는 정보의 양적 증가뿐만 아니라 지식과 이해의 질적 변화도 같이 일어난다'고 말했다. 그의 이론에 비추어 이 시기에 고정된 가치관은 어른의 단계까지 이어질 가능성이 있다.

여자아이, 남자아이를 구분시키는 도구를 인형과 자동차 등으로 이분화하지 않는다. 남성 또는 여성으로서 갖추어야 할 덕목에 앞서 인간으로서 지켜야 할 덕목을 남녀 모두 공감하도록 교육하는 것이다.

주니는 어릴 적 집 근처 운동장을 날마다 휩쓸고 다녔다. 그 에너지가 어디서 나오는지 신기할 정도였다. 한국에서 피아노와 발레를 배웠던 아이지만, 이곳에서는 수영과 달리기, 자전거 타는 것을 배우고 싶어 했다. 집안에서 소리 지르고 떠드는 아이에게 더 이상 "여자아이가 조용해야지!"라고 하지 않는다. "함께 운동장에 나가서 뛰어볼까?"라고 제안해본다. 얌전한 여자아이로 자라나는 것보다 건강한 육체와 건전하고 밝은 성격의 인간으로 자라나길 소망하기 때문이다.

독일에는 고등학생들의 'Boy's Day'와 'Girl's Day' 프로그램이 있다. 우리 아이들도 김나지움에 다닐 때 이 캠페인에 참여하며 다양한 직업 현장을 경험하기도 했다.

물리적 차이는 더 이상 차이가 아니다. 그것은 누군가 만들어낸 외형적 굴레일 뿐이다. 그것을 딸아이 스스로 자라가며 터득하길 바란다. 그렇게 키웠던 아이가 대학생이 되었다. 이제는 자신의 에너지를 어디에 적절하게 분산하고 사용해야 할지 아는 성인이다. 남녀의 차별은 이제 구태의연한 의식이라는 것을 아이들은 알고 있다. 능력으로 평가받아야 함을 알기 때문에 성이 다르다는 것에 의미를 부여하지 않는다.

독일의 '환자자기처분권'에 대해

'인간의 근원적 불안은 자기의 의사로 이 세상에 태어난 것이 아니고 대부분 자기의 의지에 반하여 죽어가야 한다는 것에서 비롯된다.'

〈팡세〉를 쓴 파스칼은 삶과 죽음의 현실을 불안이라는 명제로 이야기한다. 우리는 현재의 시간 속에서 삶 전과 죽음 후의 세계를 전혀 가늠하지 못하는 영혼의 기억상실증 환자인지 모른다. 마치 치매 환자가 치매 전의 상황을 인식하지 못하고 그저 자신의 세계 속에서만 인지하는 것처럼 말이다.

"아들의 죽음보다 더 고통스러운 게 딱 하나 있어. 그건 아들이 죽고 싶어 한다는 거야."

영화 〈내 안의 바다 *das Meer in mir*〉는 젊은 수영 선수가 다이빙하다 사고로 전신이 마비되면서부터 죽기까지 겪는 과정을 그렸다. 인간의 본질적인 존엄성에 대한 견해를 담고 있다. 우리 현실에서 충분히 있을 수 있는 주제다. 자신 스스로 죽음을 택하고 싶어도 할 수 없는 상황에서 주인공의 애절한 호소는 보는 사람에게 안락사에 대한 의미를 생각해볼 수 있는 기회를 제공한다.

Exit(엑시트)라는 단체를 설립한 베흘리*Wehrli*. 이 단체는 수십만 명의 회원이 가입된, 스위스에서 안락사를 위한 가장 큰 단체다. 1년 회비를 내면 3년 동안 무료로 안락사 술(약물이나 주사 투여)로 삶을 마감시켜준다. 이 단체는 '환자가 다른 가족들의 강압에 의한 결정이 아님을 증명해야 하고, 본인 스스로 결정할 수 있는 상황이어야 하며, 불치병일 경우 완화의학이나 호스피스에 대해서도 충분한 지식과 정보를 가질 수 있어야 한다'는 것을 전제조건으로 내건다.

스위스, 취리히. 아름다운 경치를 배경으로 자연의 신비로움을 따라가다 보면 비탈길 언덕에 자리 잡은 현대식 빌라를 발견하게 된다. 빌라의 주인은 루드비히 미넬리*Ludwig Minelli/1932~*. 독일의 정론지 〈슈피겔〉 등에서 27년 동안 언론사 기자로 일했다. 죽음을 앞에 둔 사람들의 고통을 취재하면서, 존엄성을 유지하며 죽을 권리의 필요성을 실감한 그는 1998년 'Dignitas'(존엄성/디그니타스)를 창립했다. 그를 찾아오는 사람들이 자유의지로 삶을 마감할 수 있도록 도와주는 일을 시작한 것이다.

미넬리 씨는 죽음에 대한 생각을 묻는 질문에 '나는 죽음이 무섭지 않다. 죽음은 내가 태어나기 이전으로 돌아가게 할 뿐이다. 이 짧은 생애 동안 무엇인가를 남겨놓고 싶다'고 말하며 이 활동에 대한 사명감을 비쳤다.

이렇듯 스위스는 안락사를 가능하게 도와주는 면에 있어서 세계에서 가장 진보된 나라다. 독일인들은 죽기 위해 인근 스위스로 간다. 즉 살아서는 독일에 오지 않는 '죽음의 관광'을 떠나는 셈이다.

스웨덴 작가 비욘 나티코 린데블라드는 자신의 책 〈내가 틀릴 수도 있습니다〉를 통해 아버지의 죽음을 이야기한다. 그의 아버지는 만성폐색성 폐질환COPD을 앓고 스스로 호텔에서 가족이 지켜본 가운데 주사기 하나로 죽음을 선택한다. 그리고 아들에게 이야기한다.

"비욘, 나는 병원에서 천천히 고통스럽게 죽고 싶지 않단다. 질병이 마수를 뻗치기 전에 끝내고 싶구나."

그의 아버지는 자신의 마지막 순간을 함께할 '에베르트 타우베'의 노래와 스코틀랜드 백파이프 연주곡 등으로 재생목록을 만들었다. 마지막까지 아버지와 동행한 곡들이었다. 남은 가족에겐 이별의 상처가 남지만, 생을 떠나는 스스로에게는 어쩌면 가장 편안한 죽음의 선택일지 모른다.

독일은 역사적으로 나치 시절, 정신, 지체장애자, 동성애자, 유대인들을 살아야 할 가치가 없는 존재들이라 명명하고, 그들을 조직적으로 살해한 과거가 있다. 그러한 씻지 못할 과오 탓인지 자살을 도와주거나 자살의 의도가 있음을 알고도 신고하지 않을 경우 법적 처벌을 면치 못한다. 그래서 일찍부터 존엄성을 가진 죽음의 대안으로 완화의학이나 호스피스가 발달했는지 모른다. 사람은 누구나 젊고 건강하게 생명을 보전하고 싶어 한다. 하지만 아무도 예측 못할 중병과 늙어감을 피할 길은 없다. 그들은 누구도 돌보아주지 않는 현실에서 무거운 질병의 고통을 움켜쥐며 외롭게 죽어가는 것을 두려워한다. 그래서 죽음의 질을 생각한다.

이러한 대안의 일부로 독일에서는 안락사와는 본질적 의미가 다른, 즉 질병 상황을 대비해 미리 생명 연장 여부를 서면으로 명시해두는 법적 절차를 도입하게 되었다. 의식불명이나 중병환자에게 '더 이상의 무의미한 생명 연장의 가치가 있는가'라는 의문 속에 'Patientenverfuegung'(페티엔텐페어뷔궁/환자자기생명처분권)이 발효되기에 이른 것.

사실 이 법 제정 전에도 독일 내 100만 명 이상이 임의로 자신의 생명처분권을 작성해두었다는 통계가 보도된 적 있다. 또한 이러한 사회적 분위기는, 한 여론조사 결과에서 나타난 '독일인들의 2/3 이상이 불치병 환자의 적극적 안락사 도움 행위가 적법화되길 바라는 것'과 맞물려 있다. 독일 의사들 또한 암이나 중병 등 불가항력적인 임종의 순간에 단순히 생명을 연장하는 공격적 치료 방법이 과연 어떠한 의미가 있는지 고민한다. 병원 내 의사의 중병환자 조치의 문제는 어제오늘의 일이 아니다.

'환자 자기생명처분권'은 건강할 때 미리 자신의 의지에 따라 생명 연장 수단의 중단 여부를 미리 결정하고 명시하는 것이다. 더 이상 회생이 불가능한 환자들이 생명 연장에 대한 자기결정권을 누릴 수 있게 되어 진정한 인간의 기본권이 실현되었다, 며 반기는 반응도 있다. 하지만 한편으론 비록 미리 생명처분권을 명시했다 해도 의식불명의 환자나 고통 속에 있는 환자가 과연 생명을 연장할 의지가 전혀 없는지는 알 수 없기에 위험성도 배제할 수 없다는 것. 이는 오히려 존엄성이 아닌, 살고 싶어 하는 욕구를 묵살하는 살해 행위가 될 수 있다는 것이다. 또한 10년 이상 식물인간으로 살아온 환자가 갑자기 기적처럼 벌떡 일어서는 기상천외한 사건이 일어날 수도 있다고 믿고 싶은 이들 또한 반대의 표를 던진다.

그럼에도 꾸준한 검토 끝에 지난 2009년 9월 발효된 이 법은, 삶의 질 뿐만 아니라 죽음의 질에 대해서도 고민하게 한 복지서비스의 진보적 그림이다. 요즘 유행하는 말처럼 '웰다잉'의 또 다른 접근인 셈이다.

'환자자기생명처분권'의 명시는 독일 민법 제1901a조(§1901a I BGB)에 드러나 있다. 여기에는 환자 처분 결정의 발생 시기, 환자 처분 결정의 조건, 후견인이나 보호인의 행동 방침과 업무 범위 등이 상세하게 언급되어 있다. 자기생명처분권은 서면 작성을 원칙으로 하며, 만 18세 이상의 인지 능력이 있는 사람이 작성해야만 효력을 발생시킨다.

물론 서면 철회는 언제든지 가능하다. 어느 때에 작성한 것이 유효한지 알기 위해 시간과 장소를 명확히 기입해야 한다. 이러한 생명처분권은 누구나 할 필요는 없다. 또한 이 서류를 미리 작성했다 할지라도 무조건적으로 인공호흡기를 제거하는 등 의료적 노력을 중단한다는 의미는 아니다. 즉 이 법이 시행되어도 의사가 환자의 죽음에 능동적인 도움을 주는 것은 제한하고 있다. 게다가 의도적으로 환자가 나중에 자신을 죽여달라고 요청한 것 또한 금지되어 있다. 의식 불명이나 회복 불가능한 상태에 있을지라도 국가 지원의 보호인과 후견 법원의 후견인 협의에 의해 계속적 치료에 대한 심도 있는 논의를 거치는 것이다.

이 법은 본질적으로 생의 마지막에 품위 있게 임종을 맞이하고 싶은 욕구를 반영한 최종적 사회복지주의의 형태라고 볼 수 있다. 대부분 죽음 과정 속의 지독한 고통이 아닌, 편안하게 마지막을 맞이하고 싶은 바람을 대변한 셈이다. 혹여라도 다가올 고통의 순간을 대비한 사전 의사 표시의 수단이다. 궁극적으로는 인간의 존엄성에 대한 자치권을 획득한다는 의미를 내포한다.

독일인들의 노년은 외롭다. 아파트에서 사망한 지 수일이 지난 후 발견된 노인들, 크리스마스 명절에 외롭고 쓸쓸해 자살하는 노인들의 소식도 들린다. 사회복지의 선봉장으로, 복지서비스를 자부했던 독일인들에게 노인 문제와 죽음에 대한 접근은 새로운 복지체계의 성찰을 요구한다. 결국 이 법이 생사의 갈림길에 있는 환자들에게 마지막 삶의 질을 챙기는 수단이 될 수 있을지 더 지켜보아야 할 일이다.

자원봉사자의 도시, 베를린

세계 역사상 최고 부자는 누구일까? 그 질문에 곧바로 떠오르는 인물이 있다. 바로 16세기를 풍미했던 독일인 야콥 푸거*Jakob Fugger/1459~1525*. 록펠러보다 부유한 재산가라면 고개가 끄덕여진다. 그는 독일 아우구스부르크 도시의 은행원 출신 평민이었지만 일찍이 돈의 흐름을 파악했다.

당시 로마 교황청의 면죄부 판매대금을 로마로 송금하는 유통업무 담당자였던 그는 일약 돈방석에 올랐다. 이러한 기반으로 당시 핫 트렌드였던 은 광산업과 금융업에 뛰어들었다. 신성로마제국의 재정을 쥐락펴락했던 것이다. 황제 막시밀리안 1세의 후원자가 되어 구리 시장까지 독점했다. 그가 사후 남긴 재산은 유럽 내 총생산의 2%에 달했다고 한다.

하지만 그는, 영원한 부는 시민의 힘을 얻지 않으면 불가능하다는 것을 직감했던 것 같다. 아니면 독실한 가톨릭 신자인 그가 '부자가 천국 가는 것이 낙타가 바늘구멍으로 들어가는 것보다 어렵다'는 성경 구절에 양심이 찔렸는지도 모른다. 그는 가난한 이들에게 마음을 돌리기 시작했다.

1516년, 푸거 가문은 독일 아우구스부르크 시내에 부지를 매입했다. 이후 주택 106채를 건립해 '푸거라이 *Fuggerei*'라는 이름을 지었다. 거주자에게 1년에 1굴덴(현 1유로 정도)의 임대료만 받았다. 놀랍게도 시간이 흐른 지금도 여전히 1년 임대료가 1유로(1,300원)가 안 되는 겨우 88센트의 임대료만 받고 있다. 하지만 세입자가 해야 할 몇 가지 전제 조건이 있다. 비교적 간단하다. 하루 세 번 기도하는 것. 강제 사항은 아니지만, 이곳에 살게 된 것을 감사하며 다른 사람들을 위해서 기도하는 것이 좋다는 게 대부분 그곳 주민들의 반응이다.

푸거라이는 사실상 전 세계 최초의 사회복지 도시다. 현재 주로 가난한 노인들이 살고 있다. 하지만 생활이 힘든 젊은 사람도 더러 있다.

현 거주자인 어느 23세 여성은 아주 어린 나이에 아이를 가져, 만 8세와 1세 아이들을 홀로 키운다. 그녀는 요즘 치솟고 있는 독일의 월세 걱정은 안 해도 되니 그것만으로도 감사하다고 했다. 사실 가난은 싫지만 요즘 베를린 집세 오르는 것을 보면 그녀가 부럽기까지 하다. 현재 푸거라이 지역에는 142개 주택에 150명이 거주하고 있다. 1인 거주자의 집은 60평방미터로 그리 좁지 않다. 거의 무상에 가까운 거주 조건 탓에 입주 대기자도 많다.

이 거리에는 박물관을 건립해 입장료 수입을 받아 유지 비용의

20%를 충당한다. 나머지는 후세들의 사업인 임업에서 부담하고 있다. 현재 재단 운영자는 야콥 푸거의 16대손이 맡고 있다고 한다. 부자가 3대 가기 힘들다는데, 예외도 있는 것 같다. 물론 1대인 야콥 푸거만큼은 아니겠지만 여전히 부는 이어지고 있는 것 같다.

자신의 재산과 부를 어떻게 잘 사용해야 할지 알고 실천하는, 진정한 노블레스 오블리주의 삶을 실천하는 푸거 가문이다. 그들이 이웃 사랑을 실천하는 이상 천 년의 시간도 거뜬하리라 생각한다.

前 독일 탁구 국가대표로 일한 슈미트 씨는 매주 화요일 저녁이면 배낭을 꾸린다. 배낭 안에는 2리터 짜리 물과 운동복, 탁구 라켓이 들어 있다. 자원봉사로 활동하는 스포츠 클럽에 가기 위해서다. 그는 이곳에서 무료로 탁구를 가르친다. 스포츠클럽에는 탁구를 배우려는 유치원 아이부터 중년 남성까지 다양하다. 슈미트 씨는 자신의 재능도 기부하고 몸도 단련할 수 있는 자원봉사 활동에 자부심을 느낀다.

독일 전역에는 약 8만여 개의 지역 스포츠클럽이 있다. 그곳에는 약 500만 명 정도로 추산되는 자원봉사자들이 활동한다. 그야말로 사회복지의 근간은 자원봉사다. 전후 독일 경제의 재건에 무엇보다 무보수 명예직의 자원봉사자들의 노력이 컸다. 이외에도 어린이와 청소년시설에서부터 노인복지시설까지 자원봉사자들이 그물망처럼 탄탄하게 얽혀 있다.

독일 전체 인구 8,200만 명 중 2,500만 명 이상이 자원봉사자로 활동하고 있다. 기성세대의 대부분이 자원봉사에 발을 담그고 있다는 말이 된다. 정규직원보다 오히려 자원봉사자가 많을 정도다. 여가 시간 대부분을 자원봉사 활동에 투자한다고 해도 과언이 아니다.

베를린 시의 통계에 의하면, 시의 350만 전체 인구 중 100만 명 정도가 자원봉사자로 활동한다. 즉 3분의 1 정도가 돕는 일에 팔을 걷어부친다. 베를린은 2만 개 이상의 봉사클럽에서 자원봉사자들과 함께하고 있다.

몇 년 전, 지방선거에서 SPD(사회민주당)가 베를린에서 다시 우세한 자리를 차지하면서 자원봉사 활동도 엔진을 달았다. 당시 보베라이트 시장은 "베를린의 사회적 시설은 자원봉사자의 아이디어와 시간과 후원에 의해 이루어지고 있다. 이제 시민참여 봉사 또한 자신들의 명예가 보장되어야 한다"고 강조했다. 시민참여인식 문화는 2011년부터 새로운 전기를 맞았다. 자원봉사자들을 배려하기 위한 시스템도 발굴하고 있다. 그중 하나가 자원봉사자 카드_Ehrenamtskarte_다.

이 카드는 3년 동안 한 달에 최소 20시간, 1년에 240시간 자원봉사에 참여한 시민들에게 부여한다. 물론 자원봉사의 헌신적 영역을 비용의 보상이나 상응한 대가로 지불될 수는 없을 것이다. 하지만 그만큼 베를린 시에서도 자원봉사 활동에 대해 높은 평가를 부여하고 예우하겠다는 의미다. 이 카드는 발급된 후 2년 동안 유효하다. 혜택을 받을 수 있는 곳도 다양하다. 베를린의 동물원, 프리드리히슈타트 팔라스트 공연장, 박물관, 극장, 베를린 돔을 비롯해 관광명소나 시에서 운영하는 시설들을 파격적인 할인가에 입장이 가능하다. 카드를 발급받으려면 자신이 활동하는 단체나 자원봉사를 관할하는 구청에 신청하면 된다.

자원봉사자 카드 외에도 다양한 자원봉사자들을 배려하는 혜택들이 있다. 봉사자들을 위해 의료보험회사의 지원으로 수시로 유명 레스토랑에서 요리 교실을 열어 건강 식단을 제공한다. 또 인기리에 상영되는 극장 공연 시 자원봉사 단체를 위해 따로 객석을 마련, 무료로 초대하는 이벤트도 연다. 이렇듯 국가적, 사회적 차원에서 자원봉사자들을 예우한 점도 있지만, 무엇보다 자원봉사자들 스스로의 자부심이 크다. 그렇다면 봉사 의식은 어디서부터 생겨나는 것일까.

독일의 사회참여의식은 교육에서부터 시작된다. 초등학교에서는 사회공동체의 삶, 즉 함께 사는*Zusammenleben* 연대 의식을 교육한다. 또한 국내에서 해외로 눈을 돌려 빈곤한 제3세계 국가에 대한 기부활동이 교육기관 차원에서 활성화되고 있다.

베를린의 한 초등학교의 경우 연말이면 각각 가정에서 포장한 작은 박스를 가져오도록 권고한다. 그 박스 안에는 아이들이 다른 빈곤한 나라의 아이들에게 주고 싶은 초콜릿, 장난감, 과자, 문구류 등 자신이 직접 고른 선물을 이름을 써서 가져오도록 한다. 그러면 학교에서는 아이들의 선물 박스를 수거해 직접 제3세계 아이들에게 전달하고 있다.

결국 어린아이 교육부터 이어지는 사회참여 의식은 성인, 그리고 노년층까지 자연스럽게 연결되고 있다. 무엇보다 그 근간에는 은근하게 당겨주는 국가 차원의 지원책도 한몫하기에 가능한 것이 아닐까?

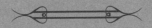

숨 가쁘게 세월을 거슬러 왔지만
남은 건 머리에 핀 하얀 꽃이다.
팔십을 훌쩍 넘은 그는
흔적만 남은 조선소의 수송 열차를 바라보고,
엘베강 가에서 하염없이 서 있었다.

Part. 9

여전히 이민자임을
인식하라

독일 이민자 자조단체를 본다

2010년, 독일 사회민주당*SPD*의 일원이자 연방은행 위원인 틸로 자라친*Thilo Sarrazin*의 책이 한동안 뜨거운 화제가 된 적이 있다. 당시, 무려 120만 부나 팔린 베스트셀러였다. 〈독일은 사라질 것이다*Deutschland schafft sich ab*〉라는 제목의 책이다.

이 책의 부제는 '어떻게 우리가 우리나라를 위험에 빠뜨리게 할 것인가*Wie wir unser Land aufs Spiel setzen*'이다. 당시 외국인 혐오와 인종차별적인 내용을 담고 있어 논란이 거셌다. 이런 논란이 노이즈 마케팅이 되어 판매율에 영향을 미친 것도 사실이다. 그는 자신의 저서에서 특히 이주민 가운데 다수를 차지하는 터키 및 아랍계에 비판의 칼날을 겨누었다.

"무슬림 이민자 때문에 독일인이 자신의 나라에서 이방인이 돼가고 있다. 대부분의 무슬림 이민자는 독일과 같은 서구 사회에 부적합하며 사회복지 제도를 남용하고 범죄에 연관돼 있다. 또한 독일인들이 오히려 외국인 실업자들의 생계를 책임지고 있다."

그가 말하고자 하는 화두 속에는 독일 사회 근간에 도사리는 이민정책 실패에 대한 자괴감이 스며 있었다. 어쩌면 끊임없이 대두되는 독일 사회 내의 이주민 문제가 지상으로 표출된 사례라고 볼 수 있다.

독일 인구 중 이민자의 수는 날로 증가한다. 2018년 한 해만 해도 22만 7,000여 명의 이민자가 독일에 왔다. 이 외에도 조상이 이주민이었거나 사회·정치적 이유로 독일로 이동한 이주민의 총수는 20%를 육박한다. 독일인들의 출생률은 낮은 반면, 아랍이나 터키인들은 자녀를 많이 낳는다. 독일 정부로부터 자녀수당을 받아 '킨더 팩토리(아이공장)'라는 닉네임까지 붙는다. 문제는 지속적인 무슬림 인구 증가로 독일 내 사회문제의 요인이 될 수도 있다는 우려가 높다. 이주민 청소년들의 일탈행위 때문이다.

외국인 노동자가 독일로 이주한 경로는 다양하다. 1차 대전과 나치 시절에는 외국인 노동력을 강제 징용해 전쟁 산업에 투입했다. 2차 대전 이후 1950년부터는 이탈리아와 노동계약을 맺은 것이 본격적인 시작이었다. 그 후 그리스·터키·모로코·포르투갈·튀니지 등의 노동자_Gastarbeiter_들이 유입됐다. 우리나라 파독 광부와 간호사의 유입은 1963년부터 시작된다. 이어 독일의 불황으로 다수 노동자들이 본국으로 돌아갔지만 독일에서 거주할 수 있는 방법을 찾아 남는 노동자들도 생겨났다.

독일은 1970년대 이후 이주노동자의 독일 정착이 가시화되고 오일쇼크가 터지면서 노동 모집 금지 정책과 귀국 정책을 폈다. 하지만 남게 된 외국인들은 사회보장 혜택을 경험하면서 오히려 정착 의지를 굳히게 됐다. 이후 1990년대 들어 이주자의 물결은 더욱 거세졌다. 일부는 터키, 구 유고슬라비아와 다른 나라에서 온 난민 지원자들이고 또 다른 일부는 구소련 연합과 동구권에서 거주하다 귀국한 많은 수의 독일계(원 독일 민족) 동유럽인들이었다. 몇 년간 독일 정부는 제3국에서의 이민과 독일계 외국인의 이민을 엄격히 제한했다. 하지만 1990년대 초반 대규모 난민 이동으로 한 해 2만 명 정도의 난민이 독일에 합법적으로 입국했다. 또한 원칙에 따라 모든 국민이 사회복지 서비스를 받도록 노력하고 있다. 이민자들도 의료보험·실업보험·연금·자녀수당 등 사회복지 혜택을 받고 있다. 미국과 달리 독일은 사회 적응에 대한 많은 부분이 공동으로 조직되어 있다. 독일에서 병이 들거나 실업자가 되면 개인이 아닌 공동으로 해결한다. 바로 연대의 법칙이 사회복지의 근간이다. 전 국민이 내는 세금으로 복지서비스가 충당되기 때문에 외국인들은 독일 사회에 대한 적응과 시민들의 공감적인 시선이 절대적으로 필요하다고 볼 수 있다.

미국에서는 이민자들이 2-3개의 직장을 가지고 있는 것을 미국 사회의 외국인 적응도로 이해하는 데 반해, 독일의 경우 공식적으로 2-3개의 직장을 가질 수 있지만 엄청난 세금 때문에 현실적으로 그렇게 많은 일을 하는 게 쉽지 않다. 또한 반세기에 가까운 이민자의 삶에도 불구하고 사회구조적 부분에서 독일인과 동등한 위치를 확보하기란 쉽지 않다.

독일 정치인들은 이를 "이주자들이 대학 입학도 못 할 뿐 아니라, 직업학교에서 기술을 배워 기술자가 되기에도 부족한 독일어 실력 때문"이라고 말한다. 하지만 실제로 한 직장에 동등한 수준을 가진 독일 청년과 독일어에 능통한 외국인 2세가 지원했을 때 독일인이 취업될 확률이 높다.

그동안 독일은 이민국임을 공식적으로 인정하지 않았다. 하지만 날로 증가하는 외국인 수는 자연스레 이민국이라는 사실을 수긍하게 했다. 사회민주당의 오토 쉴리Otto Schily 의원에 의해 이 주장이 정립됐다. 또한 2008년 1월 31일 〈디 자이트Die Zeit〉 신문에서 17개 당의 정치인들이 연합으로 공동성명을 제출했다.

"독일 연방은 독일이 이민국이라는 기정사실을 더는 외면하면 안 된다. 지금까지 잠자고 있었던 '통합'을 적극적으로 회복해야 할 것이다."

이를 통해 그동안 묵인돼왔던 이주민 통합 논의가 급물살을 타게 됐다. 그러한 시기에 태동한 코드가 외국인 통합정책이다. 이러한 통합정책을 수행하기 위해서는 외국인 자조 단체의 힘이 절실했다. 인종차별적 시각과 이주민의 독일 내부적응 등 통합에 어려움을 느낀 독일의 사회분석학자와 정치인들은 이 문제를 해결하기 위해 각 나라의 자조 단체에 대해 긍정적인 태도를 보이기 시작했다.

초기 외국인 노동자들의 경우, 노동계약이 3년 단기라는 점에서 이주자 단체의 지속성을 유지하기에 어려움이 있었다. 통상 외국인 자조 단체가 만들어지려면 첫째, 변화되는 독일 사회에 자신들의 방향을 맞춰야 하고, 둘째는 기존에 있는 독일 단체에 가입하든지 아니면 자조 단체끼리 네트워크를 만들어야 했다. 일반적으로 외국인 자조 단체가 존립할 수 있는 길은 독일 단체와 동등한 조직력을 갖고 있어야 했다. 또한 외부에 자신의 단체를 알릴 수 있는 홍보력, 시나 관공서 및 다른 단체가 인정할 수 있는 활동력이 있어야 영속성을 갖는다.

초기 이주민 자조 단체는 자국민으로 구성된 경우가 많았다. 이주민들은 언젠가 고향으로 돌아가 묻히고 싶다는 희망과 함께 외로움과 향수를 자조 단체를 통해 위로받을 수 있었다. 그것은 문화 및 종교, 정서가 다른 이국땅에서 독일 사회의 공감을 얻으며 적응하기가 쉽지 않았기 때문이다. 창립 목적 또한 1950년대까지는 만남 및 문화단체의 성격이 강했다. 외국인 단체들은 공식·비공식적으로 존재한다. 비공식적 그룹은 법인체가 아니며 대부분 한시적으로 존재하고 단기간에 해체한다. 공식적 그룹들은 등록된 단체에 의해 조직된다.

운영진과 회원이 주로 외국인으로 구성된, 즉 외국인 단체들은 외국인단체등록청*Ausländervereinsregister*에 등재된다. 독일 자조 단체의 대표적인 구성을 보면 다음과 같다.

1. 회원들이 자국인들로 구성된 단체

2. 자국민과 다른 나라 사람이나 독일인들로 구성된 단체

3. 자국과 연결돼 운영되는 단체(예, 가톨릭 Assozioni Chrisne Lsvoratori Ilalisni, ACLI)

4. 독일협회 산하 단체로 가입해 활동하는 경우(예, 카리타스, DPWV(독일 비영

리 단체를 총괄하는 협회이다.))

5. 특별한 주제나 목적을 위해 활동하는 단체(예, 불교사원, 기독교, 운동단체, 한
   글학교 등)

독일의 많은 이민자 자조 단체들은 출신 민족에 따라 형성되었
다.(예, Camculta e.v. association of Cameroons) 이곳에서는 문화적 행사부터
정치적 활동까지 펼쳐진다. 이와 달리 민족과 무관한, 각각 다른 국적
의 이민자 그룹이 조직되기도 하며 대표적으로 여성단체가 있다. 이들
은 남성이 주도권을 쥐는 단체와 달리 가족과 연관된 문제, 자녀 양육,
교육과 같은 문제에 활동의 초점을 맞춘다. 최근 생겨나는 또 다른 이
민자 그룹들은 초기 이민자들이 고령화됨에 따라 나이가 든 이민자들
이 단체를 조직한 것이다. 이 단체들은 신체적 장애나 질병과 연관해
설립되기도 한다.

외국인 자조 단체는 통합이라는 목적이 있는 독일 정부나 복지
협회에서 후원을 받는다. 이와 별도로 자체적인 후원 또는 이민자 본국
에서 지원받는 경우도 있다. 또한 정부 프로젝트의 지원을 받거나 기업
에서 협찬·후원을 받기도 한다. 보통 자조 단체를 설립·운영하는 방법
에 대한 지속적인 교육 프로그램이 제공된다. 외국인 단체가 가장 많은
노르트라인베스트팔렌*Nordrhein Westfalen* 주에서는 이민 자조 단체를 전담
하는 곳에서 설립·운영에 대한 상담을 받을 수 있다. 이는 복지단체 파
리테티셰*Der Paritätische*가 운영하며 노르트라인 베스트팔렌 주에서 재정
을 지원한다.

1970년대부터 베를린 주 정부 외국인 담당관으로 일해왔고, 파

리테티쉐 前 베를린 지부 대표였던 바바라 욘_Barbara John_은 언젠가 나와의 인터뷰 중 말했다.

"외국인 가운데 그나마 파독 간호사와 광부들은 이민 통합에 성공한 사람들입니다."

이는 파독 근로자들이 독일 사회 내에서 어느 정도 호평받으며 바르게 살아왔다는 지표로 해석된다. 또한 1세들의 노령화와 함께 2세들의 입지와 활약도 긍정적 평가를 받는다는 증거다. 하지만 다른 평가를 받는 민족도 있다. 현재 이민자 자조 단체 중 가장 많은 수를 차지하는 조직은 이민의 역사가 길고 많은 수를 보유한 터키 이민자 단체다. 60년 전 손님 노동자로 독일에 오기 시작한 터키인들은 이민자 중 다수다. 하지만 지금까지 독일 사회와의 통합이 가장 어렵고 교육 수준과 임금도 매우 낮다. 또한 실업률이 최고로 높다는 평을 받고 있다. 정부가 터키인들의 기본적 권리를 보장하는 데도 오랜 시간이 걸렸다. 또 근본주의적 이슬람 남성우월주의에서 파생된 강제 결혼, 가정폭력과 여성의 종속적 위치가 이질감을 불러일으켰다. 자주 발생하지는 않지만 심지어 독립적인 삶을 살려는 무슬림 여성이 남성 친척에게 살해되는 명예 살인까지 자행되는 현실이 위기감을 고조시키기도 했다.

현실적으로는 독일 정부가 외국인 문제를 외국인 자조 단체와 함께 토론할 정도로 진보적이라고 볼 수 없다. 지금까지 이민정책과 관련된 독일의 입장은 선진국의 시각으로 열세한 외국인들을 동정하고 도와주는 것일 뿐 동등한 눈높이의 토론자로 보지 않았다. 하지만 외국인 고령화와 2세 청소년 범죄의 증가는 외국인 문제를 이민자의 눈으로 분석하고 연구하도록 고무시키고 있다.

그러나 아직은 200여 개 국가가 모여 사는 이곳에서 각 민족의 문화적·정서적 차이를 인정하며 문제를 해결하기는 역부족이다.

점점 독일은 이민자들이 필요한 시대가 되었다. 최근 독일 연방 고용청장 데트레프 쉐엘레는 현재 독일 내 인력 부족을 강조하며, '더 많은 이민자가 필요하고 1년에 40만 명 이상의 이민자를 유입해야 한다'고 말했다. 그러기에 앞으로 더욱 이민자 자조 단체의 역할이 커질 것이 분명하다. 그리고 독일 시민사회의 중요한 요소로 자리 잡아갈 것이다. 앞으로도 이들 단체는 독일 사회와의 이해, 소통과 관련해 다양한 기능을 하며 이민자의 사회참여에 기여할 것이다.

독일 사회와 이민자 간 문화 중재자로서 자조 단체의 역할이 어느 때보다 중요한 시점이다. 한인 세대는 이제 다음 세대를 키워야 할 시점에 와 있다. 개인적으로 독일 한인사회 내 파독 1세대의 영역보다는 이제는 청년, 청소년들의 역량을 높이는 자조 그룹이 많이 생기길 개인적으로 바란다.

독일에 파독 선원 근로자도 있다

"안녕하세요? 파독 선원 노동자 김OO 씨죠?"

"뭐요? 노동자? 난 노동자가 아니라 기술인이요!"

어르신 김 씨는 버럭 화를 내며 전화를 끊었다. 나중에 그분을 직접 만나러 갔을 때는, 다행히 목소리와는 달리 따뜻하고 넉넉한 이미지였다.

그분에게 그토록 노동자라는 말이 힘들었을까? 독일어로 'arbeiten'(일하다, 노동하다)은 그야말로 정신적, 육체적 노동을 총칭한다. 독일에서 50년 가까이 사신 분인데 노동자라는 단어가 하급 일을 하는 사람으로 들렸던 모양이다. 그만큼 어르신 내면에 트라우마가 있었던 게 아닐까? 해외에 살면서 같은 한국 사람에게서 노동자라는 말을 들으니 섭섭했던 것 같다. 별 의도 없는 단어였는데도 말이다. 나중에 찾아뵙고는 그의 인생 이야기를 소소하게 들을 수 있었다.

김 씨는 파독 광부와 간호사들처럼 독일에 온 가스트아르바이터 _Gastarbeiter_(손님 노동자)였다. 그의 일은 선박을 주조하는 업무였다.

파독 선원 근로자분들에게 느낀 점은, 상대적인 박탈감을 가지고 있다는 것이다. 근래 들어 근대화의 공신으로 파독 광부들과 간호사들이 평가받는 것에 비해, 수적으로 약세인 파독 선원 기술자들은 역사의 그늘 속으로 사라져가고 있다는 사실 때문이다.

한국 매스컴에서는 파독 간호사와 광부만을 집중 보도한다. 하지만 독일에 파견된 이들은 그들만이 아니다. 비록 소수지만 병아리 감별사와 조선업 기술자도 국익에 이바지한 그룹이다. 우리나라 조선업 발전의 근간은 독일에서 조선 기술자로 일했던 이들이다. 이들이 고국으로 돌아와 조선업에 뛰어들면서 선박 분야에 두각을 나타내기 시작했다.

독일의 조선업이 한창 주가를 높이던 1970년대, 총 384명의 청년이 독일 함부르크에 왔다. 그들은 대한민국의 대표 청년이라는 자부심으로 꼼꼼하고 성실한 태도로 일했다. 하지만 3년의 계약기간이 끝나자 대부분 고국으로 돌아갔다.

1971년 31살의 나이에 1진으로 온 김 씨도 당시 100여 명의 기술자들과 함께 독일에 오게 되었다. 집안이 가난했던 김 씨에게 독일 취업의 조건은 파격적이었다. 그 당시 독일 월급은 한국 기술자의 10배에 달했다. 한국에서도 그는 기술자였다. 어린 나이에 노동 현장으로 나간 김 씨는 미8군에서 건물의 허술한 부분을 수리 공사하는 일을 했다. 그러던 중 해외개발공사에서의 독일 취업 공고를 접하게 된다. 배관공과

용접공을 모집한다는 신문광고를 보고 자신이 소지하고 있던 2급 기사 자격증을 제출했다. 합격통지를 받고 그해 5월 20일 함부르크 HDW 조선소에 오게 된 것이다. 독일에 온 그는 한국에선 보지도 못했던 작업환경에 놀랐다. 한국의 미8군에서 일했을 때보다 근무환경도 좋았고, 무엇보다도 동료들이 좋았다.

그는 조선소에서 크고 작은 파이프를 도면과 모형대로 제작하는 일을 했다. 능력도 인정받았고, 일도 재밌었다.

김 씨가 독일에 처음 올 때는 혼자의 몸이었다. 한국에 아내와 자녀 넷을 두고 왔다. 3년 후 대부분 동료들은 고국으로 돌아갔지만 그는 돌아갈 수가 없었다. 3년이 다 되어가던 어느 날, 일하다가 눕기만 하면 송장이 될 정도로 극도로 피곤해졌다. 병원에서 진단 결과 결핵이었다. 아픈 몸으로 한국에 돌아가는 건 죽어도 싫었다. 7개월을 병원에서 지낸 후 노동청에 가서 사정 얘기를 했다. 결국 엑스레이를 제작하는 공장에서 일할 수 있었다. 그리고 5년 후에는 아내와 자식들도 한국에서 데려왔다. 김 씨는 고국에 있는 부모님을 위해 매달 월급의 대부분을 송금했다.

"우리 부모님은 내가 부치는 생활비를 가지고 사셨어요. 멀리 있는 내가 할 수 있는 최선의 효도였지요."

김 씨는 눈시울을 붉혔다. 그는 독일에서의 생활비를 충당하기 위해 근무 시간 외에도 주말엔 양로원에서 일하고, 과수원에서도 일하는 등 궂은일을 마다하지 않았다.

몇 년 후에는 컨테이너를 빌려 본격적으로 분식 사업을 했다. 18년 동안 밤낮없이 일했다. 어느 정도 먹고살 만해지니, 자식들은 어른이 되어 하나둘 떠나갔다.

숨 가쁘게 세월을 거슬러 왔지만 남은 건 머리에 핀 하얀 꽃이다. 여든을 훌쩍 넘은 그는 흔적만 남은 조선소의 수송 열차를 바라보고, 엘베강 가에서 하염없이 서 있었다. 고국으로 돌아가고 싶지만 이미 시간은 너무 빨리 지나왔다. 이제 힘든 노구를 끌어안은 채 망향의 삶을 살아간다. 몸은 독일에 있지만, 마음은 언제나 고향 산천이다.

"이제 우리나라도 경제 10위권 안에 들었어요. 기적과 같은 일입니다. 독일의 뱃사람으로 살아왔지만 고국을 잊어본 적이 없어요. 발전한 우리나라가 대견스럽습니다."

그는 회한에 찬 눈빛을 엘베강에 오롯이 쏟아놓는다. 그의 청춘을 품은 엘베강이 그의 등 뒤에서 도도히 흐르고 있었다. 나는 그의 굽은 허리에서 세월의 강을 힘차게 건넌 큰 어른을 보았다.

❋ 필리핀에서 온 결혼 이주자

　　트레틴은 베를린의 장벽박물관에서 시간제 아르바이트로 일한다. 그녀는 필리핀 결혼이주 여성이다. 독일에 오기 전, 마닐라의 작은 호텔에서 일했다. 리셉션에서 일하고 있던 중 어떤 독일 남성을 만났다. 지금의 남편이 된 안드레아스는 당시 필리핀으로 여름휴가를 온 상태였다. 안드레아스는 경비경호업무를 전담하는 경찰공무원이었다. 1993년 호텔에서 한눈에 시선이 오간 두 사람은 꾸준히 연락하며 장거리 연애를 했다. 결국 트레틴은 2년 후 독일로 오게 된다.

　　독일 이주 후 처음엔 6개월마다 비자를 갱신해야 하는 번거로움이 있었지만, 2000년에 영구거주권을 획득했다. 그는 독일 생활에 아주 만족했다. 그동안 두 딸을 낳아 큰딸은 아비투어를 거친 후 잠시 여행 중이고, 둘째 딸은 김나지움에 다니고 있다. 트레틴은 생활력이 강한 여성이다. 영어가 능숙했기에 독일에 온 후 곧바로 무역 사무실에서 일

할 수 있었다. 지금은 건강이 좋지 않아 사무실 근무를 그만두고 박물관에서 파트타임으로 일하고 있다.

그럼 독일에서 사는 같은 필리핀 사람들과의 접촉은 어떠할까?

"처음엔 필리핀 교회도 가고, 아이들이 어릴 때는 필리핀인들의 모임에도 갔지만 지금은 가지 않아요. 그저 독일 속에서 조용하게 살고 싶어요."

그녀는 오히려 필리핀 사람들과 있을 때 더 힘들다고 토로했다. 말이 많아지고 소문이 나는 것이 두렵다 했다. 특히 독일에 사는 필리핀 사람들 사이에서도 결혼 이주여성에 대한 정체성 부분이 힘들다는 것이다. 대부분 동남아계 결혼이주 여성들은 나이 든 독일 남성과 결혼하는 경우가 많다. 우리나라 농촌 총각 결혼과 비슷한 양상이다. 그러기에 독일 내에서도 아시아 여성에 대해, 대부분 결혼이주 여성으로 생각하기도 한다.

트레틴은 필리핀 친구가 한 명 있지만 자주 만나진 못한다고 했다. 필리핀에 다시 돌아가고 싶진 않은지 물었다. 그는 단번에 거절했다. 단지 음식이 힘들어서 나이 들어서는 필리핀에 자주 가야겠다고 웃었다. 독일어 실력도 뛰어나 여러 사회활동도 활발하게 참여한다. 소위 독일 통합노력의 성공적인 사례라고 볼 수 있다.

독일은 이제 대내외적으로 이민 국가다. 이는 외국인 등록 수치가 증명한다. 연방통계청 조사에서 2020년 이민자 배경을 가진 인구수는 2,100만 명이 넘어선다. 그중 75%는 유럽 연합국 내 출신들이다. 하지만 비유럽연합국 내 외국인도 급격하게 증가하는 추세다.

이주 배경을 가진 사람들이란, 1950년대 이후 이주해 독일 국적을 취득한 사람들과 그 자녀들까지 포함한다. 사실 독일이 이민 국가임을 인정하며 구체적인 대안에 돌입한 것은 2005년 이후부터이다. 이민법 개정 후 'foerdern und fordern'(푀어데른 운트 포어데른/지원한다, 그리고 요구한다)이라는 모토 아래 이주민 통합정책을 펼치게 된 것도 그때부터다. 정책 수립을 위해 메르켈 총리실이 메가폰을 잡았고, 이민자의 다수를 차지하는 무슬림과의 대화에도 관심을 보였다. 2006년 여름, 당시 내무부 장관인 볼프강 쇼이블레 *Wolfgang Schäuble*의 발언도 무슬림에 대한 유화된 시각을 드러낸다.

그는 '무슬림은 국가 일부고, 다양성이 사회 위협 요소가 아니라는 것을 잘 이해하게 되었다'고 말했다. 외국인 중 많은 수를 차지하는 터키계 무슬림을 고려한 말이다. 다시 말해서 이민자 문제를 국가 차원에서 끌어안겠다는 적극적 정책의 취지로 해석할 수 있다.

결혼 이주는 독일 이민자 유입 중 중요한 터널이다. 기본적으로 결혼 이주국의 기본 언어는 습득해야 한다는 것이 정책의 기조다. 그럼 독일에서의 결혼 이주자 통합정책의 주안점은 무엇일까?

첫째는 문화적 통합이다. 결혼 이주여성이 고국의 문화에만 치중해 게토를 형성하는 것을 우려해 독일 문화에 통합되도록 노력을 기울인다. 각 구역별로 시민학교를 통해 요리 교실과 취미 교실을 열어 독일 문화 속에 유입되도록 이끈다.

둘째는 언어 능력을 통한 통합이다. 언어는 성공적인 통합을 위한 전제조건이다. 2007년 8월 이후부터는 외국인의 사회통합과 강제결혼을 막기 위해 결혼 이주자를 대상으로 초보 독일어 테스트를 치르도록 하고 있다. 이 테스트에 합격해야만 비자를 발급받을 수 있다. 앞서 결혼이민연구 조사에서 보면, 설문자의 3분의 1가량이 이러한 독일어 증명시험에 대해 부담스러워하는 것으로 나타난 바 있다. 사실 3분의 1가량만 이 테스트에 합격했다는 결과를 보였다. 이들이 언어를 습득하는 경로는 괴테학원(36.7%), 개인 사설학원(21.7%), 개인수업(15.4%), 인터넷을 통해 혼자서(5.1%) 등이다. 언젠가 EU 법원에서 터키계 결혼이민자들이 치르는 독일어 시험이 부당하다는 판결을 내린 적이 있다. 터키인들이 독일에서 일하는 배우자를 따라 독일로 이주하기 위해 독일어 능력을 증명한다는 것이 맞지 않다는 논거였다. 그 터키계 여성은 터키 내에서도 문맹자여서 도저히 독일어를 배울 수 없는데 자신에게는 독일어 시험이 너무 무리라는 반응이었다. 하지만 이러한 판례에도 불구하고, 기독사회당 의원들은 "간단한 독일어조차 배우지 않을 사람이면 독일 사회에 통합노력 준비가 덜 된 것"이라고 일축했다.

셋째는 구조적 통합이다. 이는 일자리 창출 등에서 이주민에게 균등한 권리를 허용해야 한다는 것이다. 하지만 대부분 결혼 이민자들의 경우 자국에서 고학력자라 할지라도 언어적 한계에 부딪혀 결국 주류사회에 진입하지 못하고 하류층에 편입되는 경향이 강하다. 물론 블루카드 도입으로 전문능력을 가진 이민자는 그에 따른 대우가 뒤따르는 것이 사실이다. 결국 구조적 통합은 지속적 노력이 필요한 부분이다.

넷째는 사회적 통합이다. 결혼 이민자의 경우 일주일에 한 번 이상 이웃이나 아이들의 학부모 등 독일인과의 접촉이 이루어지는 것으로 보고된 적이 있다. 하지만 이민자의 3.6%는 전혀 독일인과의 접촉이 없는 것으로 나타났다. 어느 사회이든 소통이 관건이듯이 독일 사회 통합에도 소통은 중요한 요소이다.

하지만 이러한 독일의 통합노력을 두고, 혹자는 이것은 통합이 아닌 동화정책이라고 비난한다. 베를린의 터키인들이 밀집한 지역에서 독일어 구사 능력이 없어도 살 수 있는 문맹자 여성에게 독일어 강요는 무리한 요구일 수 있다.

결혼이주 여성들에게 있어, 독일은 어쩌면 거대한 갑과 같은 존재다. 하지만 한편으론 상대적으로 늘어나는 외국인을 통솔하기에는 힘의 논리가 적용되는 갑을관계가 정책 수립자들에겐 가장 이상적인 대안일지 모른다.

그럼에도 독일에 외국인들이 몰려온다. 어쩌면, 마치 파블로프의 개처럼 자신도 모르게 훈련되었는지 모른다. 독일 생활에 적응되어 만족, 대만족을 외치며 최면 섞인 입소문을 퍼뜨린, 독일 내 외국인들이 바로 홍보대사들일 것이다.

영어는 영원히 지존의 언어인가?

　　매년 9월, 베를린에서는 국제가전박람회 *IFA*가 열린다. 1924년 시작된, 독일에서 가장 큰 박람회다. 세계 3대 박람회 중 하나로, 1930년에 아인슈타인이 기조연설을 했다고 한다. 올해는 코로나 이후 처음 방문하는 것이라 마음이 들떴다. 역시나 인산인해였다. 전 세계 비즈니스 담당자들로 박람회장은 분주했다.

　　각 기업체를 방문하면서 느낀 것은 영어의 지존이었다. 무역에서는 영어 없이는 소통이 되지 않는다. 글로벌 시대의 경쟁력으로 영어는 아무리 강조해도 지나치지 않는다. 해외에 나와 있으니 더욱 언어, 특히 영어의 중요성을 실감하곤 한다. 독일어는 유럽에서 기본적으로 가장 많은 언어 사용자를 가지고 있다. 하지만 그리 대중적이지는 않다. 요즘 부쩍 독일어보다 영어를 더 체계적으로 배워야겠다는 생각을 한다.

물론 대학 때까지 숱하게 영어에 묻혀서 살았다. 토익이니 토플이니 도서관에서 파묻혀 있긴 했지만, 솔직히 지금 구사하는 영어는 글쎄올시다!

얼마 전 한국에 다녀오면서 독일 항공인 루프트한자를 타고 왔다. 그런데 비행기 내 승무원은 독일인이지만 영어로 응대했다. 그녀는 내가 영어에 익숙하리라 생각했겠지만, 내가 정작 독일어로 이야기해도 영어로 답하는 것이다. 프랑스에 갔더니 대부분 영어를 이해하고 말할 수 있음에도 프랑스어를 고집하는 느낌이었다. 그것은 자발적 회피에 불과했다. 러시아도 마찬가지였다. 자존심 때문에 국제 언어인 영어를 기피하는 것처럼 보이지만 기본적으로 구사 능력은 있었다.

누구나 여행에 대한 꿈을 꾼다. 우리는 살아보고 싶은 삶도 많고 다른 세상의 사람도 알고 싶어 한다. 일상이 힘들 때면 가끔 다른 세상 속에 기대면 조금은 위로가 된다. 다른 세상으로의 여행을 위해서는 기본적으로 영어가 절실하다.

이곳 독일 초등학교에서는 이미 영어나 프랑스어, 스페인어 등을 배운다. 김나지움(인문계 고등학교)에 다니게 되면 영어는 어느 정도 무리 없이 구사한다. 물론 알파벳이 비슷한 모습으로 서로가 연관된 단어가 많은 탓도 있지만 아무튼 독일의 수능인 아비투어 시험을 치를 실력이라면 영어는 거리낌이 없다. 게다가 영어를 완벽하게 구사하는 외국인 선생님이 만반의 준비를 하고 있기 때문에 수업에서도 마찬가지로 실질적인 언어 수업이 된다.

초등학교에서는 3학년 때부터 조금씩 영어를 실제 생활에서 독일어와 비교하며 가르친다. 자연스럽게 독일어와 영어를 함께 익혀가는 방법이다. 선생님은 인사법에서부터 재미있게 설명하며 공부에 흥미를 느끼게 해준다. 공부 자체보다는 언어를 자연스럽게 적응시키기 위해서다.

이러한 학교 시스템과 함께 일반사회에서의 언어 습득 현장도 있다. 일반인이나 기타 외국어를 배우고 싶어 하는 이를 위해 이곳 독일에서는 여러 강좌들이 있다. 그중 폭스호크스슐레*Volkshochschule* 일명 *VHS*라는, 시에서 운영하는 교육기관이 있다. 이곳에서는 영어, 독일어, 불어 등을 비롯해 터키어, 심지어는 한국어 강좌도 마련되어 있다. 비록 참여 숫자가 적다고 해도 그 강좌는 열려 있다. 그래서 일상생활에서도 여러 외국어를 자연스럽게 습득하고 접할 수 있는 기회를 제공하는 것이다. 물론 비용도 비교적 저렴하다.

독일에서 유일하게 영어를 배제하는 곳은 관공서다. 특히 외국인청 직원들은 영어를 구사하면 독일어로 이야기한다. 영어 구사 능력이 떨어져서일 수도 있지만 어쩌면 자국의 우월주의에서 비롯된 이유인 듯싶다. 외국인청에는 많은 외국인이 비자를 받기 위해 몰려든다. 그들은 독일에 거주하기를 원하기에 아무래도 '을'의 위치일 수밖에 없다. 그래서인지 유독 이곳에서 일하는 공무원들은 불친절을 덕목처럼 여긴다. 마치 그들 자신이 독일 체류를 허가해주는 것처럼 오만하기 이를 데 없다.

한인사회 유학생 커뮤니티에서도 외국인청의 불친절 사례나 부당한 일을 토로하는 경우를 흔히 볼 수 있다. 우리나라의 위상이 높아지기 전에는 비자를 받기 위해 새벽부터 줄을 서야 했다. 하지만 한독 간의 협정으로 이제 더 이상 줄을 서지 않고 예약번호를 받고 곧바로 대기실에 오를 수 있다. 초창기 비자 받을 때 얼마나 떨었는지 기억이 난다. 독일어는 힘들고 강하게 보이는 독일인들을 바라보는 것도 고역이었다. 시간이 흘러 지금은 영주권자이기 때문에 외국인청에 갈 일이 없다. 하지만 여전히 유학생 등 체류자들에게는 관공서 방문은 고역이다.

또한 특유의 독일 관료주의 성향 탓에 영어를 사용하지 않는 경우가 많아 대부분 독일어 통역자를 대동한다. 물론 독일에 살려면 현지어를 해야 한다는 것은 당연지사다. 그럼에도 사회 곳곳에서는 독일어 없이 영어만으로도 소통이 가능한 세상이다. 유독 이곳에서만 독일어 세상이다. 노인들을 제외하고 일반 독일인들의 영어 실력도 높다. 한편 독일인들의 영어 문화사대주의도 한몫 하는 것 같다. 제2외국어인 영어를 잘할 경우 어느 정도 배웠다는 인식이 강하다는 것이다. 그래서 독일인들과 다툴 때 오히려 영어로 이야기하면 꼬리를 내리는 경우가 더러 있었다. 그러기에 독일에 살지만 아이러니하게도 영어를 배우고 싶은 욕구가 늘어간다.

점점 정착 기간이 길어지면서 독일어는 제자리, 영어는 다시 초보로, 한국어는 잃어버리는 사태가 벌어진다. 그야말로 시쳇말로 0개 국어를 하는 셈이다. 언어에 있어서도 균형을 잃지 않아야 하는데 쉽지가 않다. 나의 경우 생활적으로 늘 사용하는 독일어, 한국 책을 쓸 때 사용하는 한국어, 가끔 제3의 외국인과 만날 때 사용하는 간단 영어 등 그 어느 것 하나 소중하지 않은 언어는 없다. 그래서 균형은 중요하다. 하지만 내 현실은 방향을 모른다. 어느 것 하나 제대로 구사하지 못한 채 허공에 떠 있는 이방인의 모습이다. 그래도 영어는 해야 하는데, 이미 언어의 머리는 지상 아래로 떨어진 지 오랜 듯하다.

둑이 터진 아시아인 인종차별

2020년 9월, 아시아인에 대한 인종차별을 고민하던 차에 아는 후배가 뜻있는 연극을 하자는 제안을 해왔다. 예술가 3명이 일단 모여서 만들어보자는 것이다. 난 이 연극의 희곡을 맡았다. 연극은 텍스트와 무대미술과 음악, 그리고 춤이 어우러진 실험극의 형태였다. 아시아인 인종차별 문제를 다룬 〈칭창총 소나타 No.1〉은 이렇게 시작되었다.

원래 칭창총이라는 말은, 가위바위보를 말하는 게임의 일종이다. 독일 아이들도 주로 이 명칭을 사용한다. 하지만 지금 이 단어는 인종차별적인 단어로 전락했다.

연극 모임은 다음 해 2021년으로 이어져 9월에 무대에 올려졌다. 나로서는 매우 뜻깊은 일이었다. 독일 사회에서 소수 민족인 아시아인에 대한 내재된 차별의식이 코로나로 인해 돌출되었던 시기였다. 체구가 작고 순종적인 아시아인에 대한 선입견은 이들에게 '아시아인은 온순해서 쉽게 대해도 된다'는 무언의 의식이 심어져 있었는지 모른다. 연극을 통해 아시아인들의 이야기들을 끌어내 보고 싶었다.

2020년 코로나 초기에 유럽인들의 아시아인들을 향한 냉소는 극에 달했다. 당시 마스크를 쓰고 거리를 나서면 비아냥 소리를 듣곤 했다. 그것은 인종차별적 요소가 다분했다.

"너희 아시아인들은 그렇게 겁이 많아?"

"지저분한 너희 나라로 가!"

"너희 아시아인들 때문에 코로나에 걸렸잖아!"

그런 비난을 듣는 건 다반사였다.

나 또한 비슷한 경험을 한 적 있다. 지하철에서 아랍계 여성이 내 어깨를 툭 치고는 '코로나! 차이나!'라고 외치는 것이다. 그날따라 난 그저 듣고 지나가진 않았다. 몸을 돌려 그녀에게 다가가 어깨에 손을 얹고 아주 조용히 말했다.

"이봐! 아줌마! 나 한국에서 왔거든! 당신, 한국을 알아?"

그렇게 말은 했지만 갑자기 겁이 덜컥 났다. 그 지역은 아랍계가 많이 사는 곳이었기 때문이다. 혹여나 피해를 당할 수 있어 잽싸게 몸을 돌려 잰걸음으로 빠져나갔다. 그러자 그 여성은 내 등 뒤에서 '차이나! 마피아!'라고 큰소리로 소리를 질렀다. 난 뒤돌아보지 않은 채, 오른손을 들어 흔들어주었다.

마스크 문화는 그동안 유럽 사회에서 터부시되었다. 폐 질환이나 심한 질병에 걸린 사람 외에는 사용하지 않았다. 어떤 이들은 아시아인들이 마치 정부 독재자의 정치 시스템에 순종적이어서 마스크를 쓴다고 생각했다. 코로나 초기, 아이들 학교에서도 유독 몇 안 되는 아시아계 아이들만 꼬박꼬박 마스크를 쓰는 바람에 다른 아이들의 시선도 그리 좋지 않았던 모양이다. 그동안 내재되어 있던 아시아인들에 대한 차별적 인식이 물 만난 듯 터져 나온 것! 아시아인들은 지금까지 상당히 양순한 민족으로 인식되었다. 터키인이나 아랍계 출신의 사람들은 테러나 폭력적인 소지가 있고 그들 간의 결속이 단단한 편이다. 그래서 독일인들은 그들에 대해 내면적으로는 멸시하면서도 차별을 표출하진 않는다. 아프리카 흑인들에 대해서는 전 세계적으로 인종차별에 대한 인식의 저변이 있어서인지 무척 조심하는 눈치다. 하지만 아시아인들은 사각지대다. 특히 베를린은 국제도시로 여러 민족과 인종이 골고루 살고 있다. 하지만 아시아인들은 다른 인종에 비해 수적으로도 열세다. 게다가 보트피플이라 불리는 베트남인들, 여러 측면에서 좋지 않은 시선을 받는 중국인들이 대부분이다. 나이 많은 독일 남성들과 브로커를 통해 결혼한 동남아시아계 이민자 여성들에 대한 이미지도 그리 달갑지 않다. 그럼에도 '모범적 소수인종'이라는 말로, 근면하고 성실한 긍정적 이미지 등이 양면성으로 다가온다. 외국에서는 아시아인들은 국적 불문하고 하나의 동양인으로 간주한다. 우리나라는 최근 들어 위상이 높아졌지만 여전히 나이 든 독일인들에겐 먼 나라에 불과하다.

　　독일은 역사적으로도 유대인 대학살 등 인종주의가 팽배했다. 여전히 지금도 유대인 회당 앞에는 경찰이 경비를 서고 심심찮게 테러 사건도 발생한다. 게다가 유대인의 무덤까지 훼손하는 등 이미 잠들어 있는 사람들에게까지 린치를 가한다. 외국인들을 달갑지 않게 생각하는 정당이 세력을 확대하고 내심 신나치를 옹호하는 국민도 많다고 한다.

인종주의는 꾸준히 살아남아 지금도 그 과녁은 평범하고 선량한 사람들에게까지 맞춰져 있다. 외국인이나 외국에서 들어온 것에 대한 적대적 태도를 '제노포비아'라고 부른다. 기본적인 안전 욕구가 있는 사람들에게 낯선 것은 불안을 가져올 수 있기 때문이다. 그래서 프랑스 사상가 몽테뉴1533-1592는 프랑스인들에게 자주 여행을 통해 차이점을 관찰하라, 고 조언했다. 그에게 있어 여행이란 남을 잘 알 수 있는 수단이었다. 여행을 다녀보지 않은 이들은 타인의 세계를 잘 알지 못한다. 특히 독일의 시골 마을에 사는 노인들은 타지를 다녀본 경험이 없는 이들이 많다. 더더욱 아시아는 지리적으로도 멀다. 아시아인에 대해 잘 알지 못하기 때문에 '그곳에는 먹을 것도 없고 가난하다'는 선입견을 갖는다.

한 예로, 독일 남성과 결혼한 한인 유학생은 시골에 사는 시아버지가 자신을 가난하고 지저분한 나라에서 왔다고 생각했단다. 결국 복합적인 이유로 이혼했지만, 여전히 상처는 남아 있다. 다른 세계가 있다는 것을 알지 못하고 견문을 넓히지 못한 무지함에서 생긴 행동이다.

내 기억으로 인종차별 관련, 가장 안타까운 사건은 미국 버지니아 공대의 한인학생 조승희 총기 난사 사건이다. 그가 남긴 말 중에 '너희들이 나를 칭창이라고 하니까 나는 총으로 너희를 쏜다'고 했던 것이 기억난다. 그는 인종차별의 최전선에서 비상구를 찾지 못했다. 나는 연극에서 칭창총의 원래 의미와 본연의 모습을 돌려주고 싶었다. 칭창총을, 몸은 하나지만 머리가 셋 달린 신화 속 새로 표현했다. 그들은 원래 하나였지만 나눠짐을 당한 것이다. 판타지와 리얼리즘, 그리고 상징주의를 접목시킨 연극이다. 칭창총이라는 단어를 통해 일상에서 아시아인들의 차별적 요소를 보여주는 것과 동시에 이러한 단어가 차별을 불러일으킬 수 있는 여지가 있다는 것도 말하고 싶었다. 연극을 통해 자칫 간과하기 쉬운 아시안들에 대한 인종차별을 목적 지향적이 아닌, 연극의 과정, 즉 음악과 춤을 통해 물 흐르듯 관객들의 심리에 학습되어지기를 바랐다.

우리에게 '게토'라는 단어가 심심찮게 사용된다. 베를린에도 터키인 게토가 있다고 말한다. 게토는 원래 '하나의 공동체를 다른 사람들로부터 고립시켜 그들끼리 따로 살도록 강요하는 것'이다. 게토는 사실 이탈리아 베네치아 앞의 작은 섬이었다. 하지만 1516년 베네치아에 살고 있던 유대인들이 다른 공동체로부터 분리되어 이 섬으로 보내졌다. 다시 말해 강제적인 요소가 있는 것이다.

우리 윗집에는 아프리카에서 온 가족이 살고 있다. 어린 딸이 셋인데 귀엽고 앙증맞다. 언젠가 저 건너편에 아이들이 걸어오고 있었다. 그때 나는 무심코 옆에 있던 혜니에게 말했다.

"저기 오는 흑인 아이들 참 귀엽지?"

그러자 혜니는 걸음을 멈추더니 지그시 나를 바라보며 말했다.

"엄마, 그냥 애들이 예쁘다고 하면 돼요. 왜 흑인을 붙여요?"

신체적인 모습을 표현하는 것 자체도 차별이라는 것을, 혜니는 강조했다. 혜니는 대부분의 한국인들은 만나면 먼저 외모에 대해 이야기한다며 이해하기 힘들다고 한다.

"오, 살 빠졌네. 다이어트했나 봐!"

"너, 많이 예뻐졌다. 남자친구는 없어?"

"네가 엄마 것, 다 뺏어 먹었나 봐. 엄마보다 덩치가 더 크네."

일상생활에서 외모로 보는 것부터가 차별이라고 말하는 것을 보면 무심코 하는 말도 생각을 해야겠다고 다짐하게 된다. 인종차별은 동등한 기준에서 출발한 인간이 다른 프리즘으로 상대를 바라보는 시선의 차이이다. 그 시선의 왜곡을 좀 더 올바른 방향으로 보게 하려면 차별에 대한 정확한 인지와 이해가 필요하다. 이 연극을 통해 함께 살아가는 사회의 틀 속에서 인종의 다양성을 인정하는 출발선이 되길 바랐다.

내 생애 가장 외로웠던 이방인의 시간 동안
위로라는 단어를 알게 해준 그녀.
삶의 질고 속에 함몰되어 놓쳐버리고 말았던 따스함을
하나로 모아준 그녀였다.
그래서 더더욱 지금 그녀를 향한
지독한 사랑앓이를 하고 있다.

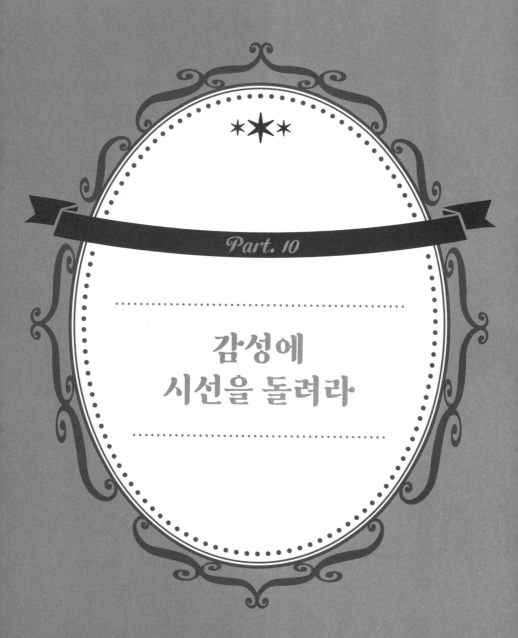

Part. 10

감성에
시선을 돌려라

✺ 꽃보다 소통을

그 할머니가 돌아가셨다. 젊었을 적 남정네들의 마음을 설레게 했을 법한 고운 기색이 남아 있었다. 하지만 그녀의 노년은 초라했다. 10미터 앞에만 가도 그녀의 존재감을 느끼게 하는 특유의 냄새가 코를 자극했다. 오랫동안 씻지 않아 생긴 결과였다. 행인들은 지저분한 벌레를 보듯 피해 갔다. 막상 모르고 다가왔던 이들은 이내 눈을 찌푸리고 고개를 돌렸다.

지하철 입구 바닥에 허리를 구부리고 앉아 있던 독일인 할머니. 아침 출근길에 어김없이 작은 담요에 가녀린 몸을 감싸고 누워 있는 할머니를 본 적이 있다.

처음 독일에 왔을 때, 이렇듯 잘 나가는 선진국에서 왜 이렇게 노숙자가 많은 건지 이해가 되지 않았다. 언젠가 통계에서 약 30만여 명의 노숙자가 있다는 기사를 읽은 적 있다. 그들 모두 원해서 집을 탈출하진 않았을 것이다. 갖가지 사연과 고뇌를 안고 하늘을 지붕 삼았을 것이다. 모두 다양한 이유로 가족 혹은 집과 단절할 수밖에 없었을 것이다.

5년 이상을 한 곳에서만 걸인 행위를 해서인지 웬만해선 이 지역 사람들은 모두 그녀를 안다. 하지만 그건 모를 것이다. 할머니의 지난한 삶의 역사를.

시인 릴케가, 누워 있는 노숙자 할머니에게 돈 대신 장미꽃을 건넸다는 이야기를 읽을 적이 있다. 건네는 이의 마음은 사뭇 낭만적이지만 정작 받는 이에겐 장미꽃의 가치가 어느 정도일까? 하지만 감성이 심장 밑바닥에 도사리고 있다면, 그 장미꽃의 위력은 한 푼의 돈보다 클 것이라고 난 자부한다. 그 일화를 들으며 지하철 노숙자 할머니를 떠올렸다. 난 차마 꽃을 건넬 만큼의 오지랖이 없다. 대신 어디서 용기가 쏟아져 나왔는지 할머니와 이야기를 나눌 수 있었다. 그 용기는 지독하게 후각이 발달한 나에게 그녀의 냄새와의 조우가 반가울 것일까, 라는 물음에 대한 답이었다. 물론 그녀의 몸에서 풍겨 나온 냄새가 결코 기분 좋진 않았다. 하지만 이야기의 심연 속에 빠져들면서 그녀의 냄새는 역사 속에 잠식되었다.

할머니의 남편은 번듯한 자동차 정비 마이스터였다. 남편은 오시Ossy였다. 분단 시절, 동서독이 서로를 비하해 부른 이름이 오시, 베시였다. 소위, 오시는 동독 출신인 셈이다. 냉전이 치열했던 시대, 동서독 간 장벽이 생기면서 심지어 열기구를 타고 동독에서 날아올 정도로 동독인들의 서독으로 향한 탈출은 치열했다. 잠시 친정인 서베를린에 머물게 된 할머니는 동베를린으로 돌아가지 못하고 남편을 향한 그리움만 삭히게 되었다. 그리움은 남편의 용기를 북돋았다. 할아버지의 서독행이 감행됐다. 결국 탈출에 성공했지만, 도중에 부상을 입어 장애인이 되었다.

언젠가 베를린 체크포인트 찰리 박물관을 방문한 적이 있다. 이 박물관은 동서독 검문소 옆에 만들어진 박물관으로 동독 탈출의 역사를 고스란히 볼 수 있다. 장벽을 넘으면서 총에 맞아 죽은 17세 동독 청년의 십자가가 아직도 박물관 벽면에 분단의 흔적이 되어 가슴을 쾡하게 때린다. 냉전이 주는 소름끼치는 스토리다. 탈출 도중 총을 맞아 쓰러진 청년의 낭자한 선혈이 분단의 처절함을 극명하게 보여준다.

이야기를 다시 노숙자 할머니에게로 향해본다. 할머니와 할아버지의 만남은 잠시였다. 1989년 장벽이 무너지는 것도 동서독의 통일도 그들에겐 지상 속의 그리움에 묻혔다. 남편은 그렇게 세상을 떠났다. 할머니는 남편과의 사별 후 삶의 고뇌가 너무 커, 20년 동안 거리 생활을 전전한다고 한다. 그는 미간에 흩어진 주름들을 모으며 쓸쓸한 웃음을 지었다.

시간의 흐름과 함께 그녀도 남편 곁으로 돌아갔다. 분단과 통일의 언덕을 경험했던 그들을, 대한민국 국민의 한 사람으로서 조금은 체감할 것 같다. 지상에서 유일한 분단국가이기에 더더욱 남의 일 같지 않다. 단지 다른 점이라면 그들은 운 좋게도 하나 됨을, 우리는 아직도 분단된 삶 속에 이미 적응되어버렸다는 것이다.

결국 내가 할 수 있는 일은 그녀의 마지막은 외롭지 않고 따뜻했길 기도할 뿐이었다. 생전에는 장미꽃 한 송이 주지 못했지만 그녀의 무덤이라도 찾아가 비석이라도 어루만져주고 싶다. 그렇게 시간은 역사의 한 페이지에 담겨 흘러간다.

언젠가 한인 성당을 다니는 어떤 분에게서 연락이 왔다. 한인 노숙자의 안타까운 사연이었다. 그는 나에게 그분에 대한 글을 써서 한국 사회에 도움을 요청해달라는 의견이었다. 한인 호스티스 봉사단체 '동행 호스피스'에서 교육받은 경험이 있는 나는, 마음속에 늘 '도움증후군'이 꿈틀거렸다. 어떤 모양이라도 돕고 싶었다. 그는 파독 간호사 출신으로 노숙자 신세였다. 한국에서 간호학교를 졸업하고 수간호사로도 일했다. 할머니는 소문대로 독일 신문을 읽으며 맥도널드에서 햄버거와 커피로 주말 아침을 맞고 있었다. 언젠가 한국의 맥도널드 할머니에 대한 기사를 읽은 적이 있다. 롱코트에 지적인 할머니의 모습이었는데 이분이 딱 비슷한 느낌이다. 지인의 말에 의하면 그분은, 노숙자 쉼터에서 식사를 해결한다. 평일 낮에 베를린 공업대학 도서관에서 책을 읽는다고 한다. 주말에는 도서관이 문을 열지 않아 맥도널드 신세를 진다는 것.

그녀의 정보만 듣고 맥도널드로 찾아갔다. 역시 그녀는 우아하게 신문을 읽고 있었다. 그녀 옆에 조심스레 앉았다. 할머니가 날 보자, 독일어로 먼저 말을 걸었다.

"Ist es draussen zu warm?"(밖에 너무 더워요?)

"아, 네…."

난 갑자기 준비되지 않은 각본에 허둥대었다. 나는 한국말로 "어디서 오셨어요?"라고 물었다. 그랬더니 할머니는 나의 한국말 질문에도 불구하고 독일어로 자신도 '한국에서 왔다'고 대답했다. 우리는 우리가 두고 온 고국에 대해 이야기를 나눴다. 그녀와 나는 서른 살 이상의 나이 차에도 불구하고 강한 공감대를 느꼈다. 그것은 우리 모두 이방인의 삶을 살고 있었기에 가능했다.

"자녀가 있으세요?"

어느 정도 이야기가 무르익었을 때였다.

"난 좋은 남자 만나면 아이를 꼭 낳고 싶어."

일흔이 넘은 할머니의 입술이 파르르 떨렸다. 할머니는 자신이 떠나왔던 청춘의 언덕에 그대로 머물러 있었다. 과거와 현재 사이에서 허둥대었고, 기억과 현실 사이에서 방황했다.

"40년 동안 한 번도 한국에 못 갔어. 우리 엄마, 아버지는 죽었을 거야."

할머니의 눈에 얼핏 이슬이 맺혔다. 지금처럼 여행이 자유롭고, 글로벌한 세상에서 반세기 가까이 고향 산천을 밟아보지 못한 경우가 있구나! 나는 마음이 서글퍼졌다.

"여기서 돈 많이 벌어 우리 엄마, 아버지 호강시켜드려야 할 텐데…."

그녀의 기억은 다시 이십 대로 돌아갔다. 결혼을 했지만 실패했고, 돈 한 푼 없이 독일 남편에게서 쫓겨났다. 무지해서 당했다 했다.

그래서 한국에 갈 수도 없고, 갈 형편도 안 되었다. 가족 친척과도 연락을 끊었다. 초라한 모습을 형제들에게 보여주고 싶지 않다고 했다. 형제들도 죽었거니 하고 찾지 않은 것 같았다. 아니 찾을 여유도 없었다. 내면적 단절로 지독한 외로움에 허덕이면서도 겉으론 초연한 척했다. 그러면서도 자신이 두고 온 고향을 그리워했다. 삶은 너무 복잡하고 쉽지 않다. 성공해서 언젠가는 꼭 고국에 갈 것이다, 며 웃는 그녀의 모습이 유독 슬퍼 보였다. 인생의 시간이 그리 많지 않아 보였다. 그녀는 내 연락처를 써달라고 하더니 호주머니에 꼼꼼하게 집어넣었다.

자신의 뿌리를 더듬어보지 못하는 단절의 아픔을 이방인은 누구나 공감한다. 할머니는 고국과의 내면적 단절로 영혼의 기아 상태에 있었다. 그리움을 애써 밀쳐내고 고향과의 단절을 고집했다. 집으로 돌아오는 길에 그녀의 눈빛이 내내 어른거렸다.

첫 만남을 가진 후 며칠 뒤 불현듯 전화가 왔다. 지난번 만난 맥도널드에서 햄버거를 같이 먹겠냐, 는 할머니의 전화였다. 모든 약속을 미뤄두고 달려갔다. 채 캐어내지 못한 할머니의 삶이 궁금했다. 하지만 정작 다시 찾아갔을 때 그녀는 없었다. 무슨 갑작스런 일이 일어난 걸까? 아니면 만나지 말아야겠다는 심경의 변화가 왔을까? 할머니에게 바람맞은 그날, 난 밤새 잠을 이루지 못했다. 기운 내시라는 촌스런 말이라도 건네볼 걸 그랬나 보다, 고 주절거렸다.

몇 년이 흐른 후 잠깐 다시 만났지만, 난 내 일상의 일에 빠져들어 잊고 살았다. 어딘가에서 그저 행복의 감정이라도 누리시길 바랄 뿐이다.

게르다의 연애편지

어느새 창밖이 뿌옇게 밝아왔다. 밤새 쓰다만 편지들이 책상에 어지럽게 널려 있다. 난 일주일에 한 번은 꼭 연애편지를 쓴다. 그것도 손 편지다. 편지를 쓸 때마다 마치 십 대 소녀처럼 갖가지 스티커로 편지지를 장식하곤 한다.

내 연애편지의 상대는 84세 독일 할머니다. 문명의 이기로 손의 따스함이 주는 정이 사라지는 요즘이다. 하지만 게르다 할머니와의 손 편지 소통은 침체되어 있던 내 안의 감성을 끌어올린다. 그녀는 핸드폰과 인터넷을 사용하지 않는다. 아들이 핸드폰을 사주었지만 필요 없다며 되돌려주었단다. 빵도 슈퍼에서 파는 것은 입에 대지 않는다. 날마다 정성스럽게 빵을 굽고, 제철에 맞게 과일잼들을 만들어 두고두고 먹는다. 21세기에 살지만, 그녀의 심장은 100년 전의 모습이다.

문득 일기장을 펼쳐 들었다. 독일로 이사 오면서 어딘가에 딸려

들어왔을 빛바랜 일기책이었다. 1997년이었다. 소설가 신달자 씨가 김 남조 시인을 '단아한 용모'라고 표현한 적이 있다. 시인의 외모만큼이나 고상하고 서정적인 시 '편지'를 일기장에 옮겨적었었다. 마지막 구절에 울컥했던 기억이 일기책의 얼룩진 흔적에 남아 있다.

'한 구절을 쓰면 한 구절을 와서 읽는 그대, 그래서 이 편지는 한 번도 부치지 않는다.'

어느 가을날 구르몽처럼 홍대 근처에서 낙엽을 밟다가 한 잎 한 잎 주워 모아 책갈피에 넣어둔 은행잎이 긴 세월을 견디며 누워 있었 다. 20년을 견디어온 은행잎에 새삼 경의를 표하고 싶어졌다. 시들어가 는 젊음의 끝자락에서 버둥거렸던 그때. 지금 돌이켜보면 유난스러웠 다. 밤새 누군가에게 손 편지를 쓰고는 부치지 못하고 어둠 속에 던져 두었던 시간이 지렁이처럼 내 안에서 꿈틀거렸다. 사랑하는 자의 존재 의 밑바닥엔 애절함이 똬리를 틀고 있었다. 지금 생각하면 한없이 젊었 는데도 마치 인생이 끝난 것처럼 애면글면했다. 사실 내 많은 흔적들은 지금쯤 한국 부모님 집 어딘가에 주인 없는 설움을 견디고 있을 것이 다. 그 오랜 일기책의 추억과 손 편지를 기억나게 해준 분이 바로 게르 다 할머니였다.

15년 전, 남편을 따라 독일 베를린에 온 이후 독일어를 배워야 한다는 일념에 학원을 다녔다. 하지만 그것으로 부족하다는 것을 느꼈 다. 독일 교회를 다녔지만 내성적인 성격 탓에 잘 어울리지 못했다. 어 느 날 집으로 돌아오는 길이었다. 독일 할머니 한 분이 무거운 짐을 들고 걷고 있었다. 나는 할머니에게 달려가 도와드리겠다고 말했다. 이윽고 함께 그분의 집 쪽으로 걷기 시작했다. 그분의 집은 다름 아닌 내가 사는 집 건물이었다. 할머니는 내 아래층 남자의 어머니였다. 할머니는 남부 독일에 살지만, 아들이 사는 베를린에 잠깐 방문했다고 했다. 그날 할머니는 나에게 차 한잔하자고 이야기했다. 그분의 집에서 맛난 케이크와 커피를 대접받았다. 할머니는 젊은 시절에 남편과 이혼하고 아들 둘과 딸 하나를 홀로 키워낸 독일 사람답지 않은 지고지순한 우리 시대의 어머니상이었다. 난 볼품 없는 독일어를 마치 늘어진 테이프처럼 이야기했지만, 그녀는 끈기를 가지고 들어주었다.

둘 사이에 세월과 문화의 간격은 컸지만, 가슴 밑바닥에 응고된 외로움이 서로를 깊이 끌어당겼다. 난 고국에 두고 온, 부모님에 대한 애틋함을 그녀에게서 찾고 싶어 했고, 게르다는 딸 없는 허전함을 나를 통해 채우고 싶어 했다. 그녀가 베를린에 있는 시간은 짧았다. 석 달여를 머물렀는데 우리는 거의 매일같이 만났다. 난 순전히 독일어를 배우겠다는 숨은 속셈도 가지고 있었다.

그녀는 날 위해 독일어 속도의 태엽을 천천히 돌렸고, 난 서서히 그녀의 독일어에 순응하고 있었다. 가끔씩 남부 독일 사투리가 섞였지만 덕분에 독일어 지방 방언까지 습득하는 기회였다. 처음에 얄팍한 욕심으로 만남을 시작했지만 점점 순수한 인간적 이끌림에 매료되었다.

얼마 되지 않아 게르다는 자신의 고향으로 돌아갔다. 이후 서로를 향한 그리움은 손 편지로 메워졌다. 언어적 한계 때문에 내밀한 감정을 다 읽을 순 없었다. 하지만 인간의 소통은 언어가 아닌 심장에서 비롯된다는 진리를 체득하는 순간이었다.

1년이 지난 11월의 어느 날 게르다에게서 편지가 왔다.

'크리스마스 시즌에 베를린에 갈 거야. 네가 무척 보고 싶구나.'

하지만 난 크리스마스에 가족과 함께 한국에 갈 예정이었다. 오랜만에 게르다를 만날 기회를 잃은 게 아쉬웠지만 한국행보다 나을 리는 없었다. 하지만 게르다는 계획과는 달리 베를린에 오지 못했다. 암진단을 받게 되어 급히 수술을 해야 했기 때문이다.

시간이 흐른 후 게르다는 항암제 투여 중에도 나에게 사랑이 담긴 편지를 보내오곤 했다. 위로를 받아야 할 그녀가 오히려 날 위로했다. 게르다는 고향 땅을 등지고 먼 이국땅에서 얼마나 힘든 일인지 자신의 러시아계 조부모를 통해서 익히 알고 있다고 말했다.

'늘 너를 생각하고 기도한단다. 널 축복하마.'

칭찬을 받으니 부끄럽지만 기분이 좋아졌다. 마치 김남조 시인의 시 '편지'를 읊는 것처럼 게르다의 편지는 오붓했다. 그녀에게 난 아주 가녀린 동양의 여자아이였다. 언제부터인지 게르다는 나의 독일 엄마가 되었고, 난 그녀의 유일한 딸이 되었다. 편지 말미에는 '너의 엄마 게르다가 사랑을 보낸다'라는 말을 잊지 않았다. 심지어 내 생일은 물론 내 아이들의 생일에도 잊지 않고 선물을 보내오곤 했다.

계절은 여러 번 바뀌었고, 게르다는 편지 구절에 다시 이 봄을 맞이할 수 있을까, 라는 자조어린 편지를 보내오곤 했다. 인생의 겨울을 견디고 있는 모습이 느껴졌다. 황혼의 들녘이 저물어갈수록 게르다는 점점 편지 쓰는 것이 힘들어졌다.

'이제 더 이상 널 만나러 베를린에 갈 수 없을 것만 같구나. 몸이 많이 힘들어서 우체통으로 향하는 길마저도 남의 손을 빌려야 하는구나. 내 사랑 경란! 침실의 베이지색 커튼 사이로 작은 햇빛이 스며들 때 그나마 행복하다는 생각을 한단다. 아주 작은 것의 행복, 그리고 지금 네게 쓰는 이 편지의 따스함이 내겐 너무 소중하다. 행복하길 오늘도. 너의 Mama 게르다가.'

지난달 게르다의 편지를 받고 한 달 이상 편지가 오지 않았다. 그녀의 아들을 통해 많이 아프다는 소식을 들었다. 내 삶의 분주함 속에 그녀가 사는 곳을 방문할 생각은 하지 못하고 시간은 흘렀다. 그러면서도 굳이 답장을 기다리진 않지만 바닥난 통장 잔고처럼 마음이 허물어졌다. 언젠가 더 이상 답장이 오지 않는 날이 오겠지만 손끝이 가진 따스함의 온도를 유지하고 싶어 불면의 밤을 지새웠다. 부치지 못할 편지가 된다 할지라도, 그녀는 한 구절마다 찾아와 읽어줄 것 같은 생각이 들었다.

내 생애 가장 외로웠던 이방인의 시간 동안 위로라는 단어를 알게 해준 그녀. 삶의 질고 속에 함몰되어 놓쳐버리고 말았던 따스함을 하나로 모아준 그녀였다. 그래서 더더욱 지금 그녀를 향한 지독한 사랑앓이를 하고 있다.

독일 시골에서 농사를 알다

　　베를린에서 출발한 기차가 몇 개의 간이역을 거쳐 목적지에 도착했다. 차창 밖 풍경은 여행객에겐 이국의 낭만을 선물한다. 마치 오래된 사진처럼 지고지순하다. 하지만 막상 정착민의 시선은 치열한 삶의 현장일 뿐이다. 갑자기 우두둑 비가 떨어졌다. 유리창을 향해 달려드는 물빛은 이국땅에서 흘리는 누군가의 눈물처럼 처량하다. 이곳에서 살아왔고 살고 있고, 살아내야 하는 사람들의 고통의 흔적인지 모른다.

　　한 시간여를 달려 도착한 곳은 도심에서 떨어진 채소 농장이다. 기차에서 내리니 비는 그쳐 있고 조그마한 햇살이 고개를 내밀었다. 농장까지의 길은 오솔길을 따라 20분은 족히 걸어야 했다. 길은 조용했다. 가끔 다람쥐가 뒷걸음질쳐 달아나기도 하고, 이름 모를 새들의 지저귐이 귓전을 때린다. 농장 가는 길 속에서 만난 길동무다.

길가에 몇 채의 가옥들이 있지만 마치 사람이 살지 않는 것처럼 움직임이 느껴지지 않는다. 구 동독 지역 특유의 딱딱함과 아직 채 개발되지 않은 우중충함이 시골 마을을 덮고 있다. 전쟁의 폭우를 이겨내지 못하고 주저앉아버린 집들과 개발 비용에 엄두를 내지 못해 방치해 놓은 잔상 그대로다. 시골 마을의 작은 농가 앞에는 직접 키운 듯한 탐스런 사과들이 인적이 드문 길가 행인의 발을 잡아끈다. 인근 주민 외에는 살 사람도 없고, 쉬이 팔리지 않을 것 같다. 하지만 사과는 위엄이 있다. 무인 판매였다. 아무도 찾지 않아도 사과 바구니는 하나의 정물처럼 아름다웠다. 큰 바구니 가득 3유로면 제법 솔깃하다. 사과를 좋아하는 큰딸 생각이 났다. 게다가 이곳의 사과는 당도가 높고 사각거리는 맛이 좋다고 한다. 그렇게 이곳 시골 사람들은 그들만의 가을을 마무리하고 있었다. 한 입 베어먹고 싶은 충동을 참고 서둘러 길을 재촉했다. 농장에서는 벌써 일을 시작할 터였다. 오전 9시부터 일을 시작하지만 시작 전에 잠깐의 커피타임도 있다.

농장 입구에서부터 한참을 걸어 오두막집에 이르렀다. 농장 주인이 직접 지은 오두막집은 작지만 튼튼해 보였다. 석양 무렵에 바알간 빛이 오두막집에 스며들 때면 문득 고향의 저녁이 그리워졌다. 어린 시절, 마당에 있는 솥에 밥을 하고 군불 위에 갈치를 얹고, 불더미 속에는 고구마가 익고 있었다. 필름 사진 속 어린 시절은 한없이 풍요로워지는 풍경이다. 그것은 엄마, 아버지의 치열한 삶이 녹아 있었기에 가능했다.

농장의 주인인 김 씨 어르신은 70년대 후반 독일에 왔다. 당시로 선 흔치 않게 한국에서 명문대학을 졸업했다. 동대문시장에서 큰 사업체를 운영해 제법 돈을 벌었다 한다. 당시 젊은 피가 흘렀던 그는 가족을 남겨두고 독일로 향했다. 공부를 더 하기 위해서였다. 하지만 운명은 그에게 공부가 아닌 일을 선물했다. 꼼꼼하고 성실한 성품이 알려져 독일의 유수 자동차 회사에서 기술자로 근무했다. 조용한 말투와 자신이 가지고 있는 학식이 은근슬쩍 배어 나왔다. 뭔지 모를 범접할 수 없는 경륜이 느껴졌다. 그에게는 풍요했던 인생의 궤적이 말하는 교만함은 눈을 씻고 찾을 수 없었다. 이마의 나이테는 고단했던 이방인의 삶을 적나라하게 드러냈다. 일일이 토로하지 않아도 그의 굵은 손바닥이 고된 풍상의 시간을 말해주고 있었다. 그의 지나온 인생 스토리를 몰랐다면 그저 편안하고 너털한 웃음이 영락없는 70대 시골 농부를 떠올렸을 것이다.

그를 맥가이버라고 불렀다. 순전히 내가 지어낸 별명이다. 맥가이버는 내 어린 시절 미국에서 날아온 TV 프로그램 속 인물이다. 난 솜씨가 좋은 사람을 보면 그런 별명을 붙이곤 했다. 주인 어르신의 손은 그야말로 마법이었다. 그의 열 손가락이 거치면 집이며 전기제품이며 새것으로 변신했다. 요리 솜씨도 일품이었다. 베를린에서 식당이나 반찬가게를 내면 대박일 거라고 부추겼다. 그럴 때면 어르신은 늘 조용히 웃기만 했다. 그의 재능을 빌려 반찬가게를 낼까도 생각할 정도였다. 그가 만들어낸 달걀찜은 특허를 내도 될 법했다. 한 번은 레시피를 달라고 했더니 묵묵부답이었다. '레시피를 알려면 인터넷을 보라'고 하며 웃었다. 요리를 즐긴 데다 맛이 좋다는 핑계로 점심 준비는 늘 어르신 몫이었다. 옆에서 요리하는 모습을 잠깐 지켜보던 중 오랜 세월 흙과 살아온 그의 손을 보았다. 그 손으로 우악스럽게 툭툭 재료를 퍼다가 누구도 흉내 내지 못할 깊은 맛의 달걀찜을 완성해냈다. 나물 반찬도 남달랐다. 초라한 행색의 시금치가 어르신의 손과 닿으면 왕후의 찬이 되었다. 그건 인생이 뿜어내는 그분만의 향기와 함께이기에 가능했다.

"박 선생! 요리를 하다 보면 인생이 느껴져."

어느 날 어르신은 음식을 만들다 불쑥 말을 꺼냈다. 인생의 깊은 맛은 음식의 깊은 맛과 같다는 아리송한 말도 덧붙였다. 인생의 달고 쓰고 시린 맛을 이미 알아버린 듯한 달관의 언어였다. 그때까지도 난 그 말을 이해하지 못했다.

오전부터 열심히 일하다 보면 11시가 조금 넘은 시간에도 벌써 출출해졌다. 농장에서 재배한 상추와 갓, 깻잎, 부추 등을 곧바로 채취했다. 날 것으로 씻어 밥과 얹어 먹는 식탁은 밥도둑이 따로 없었다. 독일에서 평소 한국 야채를 길러 먹기란 베란다에 화분들을 비집고 바지런을 떨어야 가능한 일이었다. 난 깻잎 몇 장을 겨우 먹을 수 있는 짧은 여름을 늘 아쉬워하곤 했다.

농장 일을 하면서 흙을 만지는 건 신선한 느낌이었다. 부추를 잘라내는 일을 처음 할 때 문득 재밌다는 생각까지 했다. 하지만 하루 종일 부추를 잘라내고 잡초 등을 뽑아내면서 점점 농사일이 쉽지 않다는 것을 실감했다. 허리가 끊어질 듯 아팠다. 쪼그려 앉아 있자 치질이 걸릴 것 같은 통증이 엄습했다. 농부의 삶을 실감했다. 하지만 좋은 점이 많았다. 오래전부터 위장 질환이 있었던 나는 농장 일을 시작하면서 밥

맛도 좋아졌다. 특히 주인 어르신의 점심 식사는 그동안 이국 생활하면서 허기졌던 한국 음식에 대한 갈증이 채워지는 시간이었다. 맛난 한국 야채와 콩나물 반찬과 김치만으로도 두 공기는 거뜬히 비워냈다. 그동안 느껴왔던 향수병은 흙을 만지면서 점차 치료되었다.

농장에는 청년 두 명이 일하고 있었다. 조선족 청년 M과 아프리카에서 온 청년이었다. 조선족 청년은 성실한 모습이 어르신의 눈에 들었던 것 같다. 농장에서 숙식을 해결하며 월급까지 두둑이 받았다. 스무 살에 와서 벌써 삼십 대 중반의 나이가 되었으니 족히 15년은 이곳에서 일한 셈이다. 중국에 돌아가서 살기 위해 매달 번 돈을 보내 적금을 넣는 청년이었다. 그의 그을린 얼굴이 성실한 삶을 그대로 보여주었다. 그의 천진한 웃음은 살아갈 소망을 보여주었다. 중국에는 그를 15년 동안 기다린 여인이 있었다. 청년 M은 연인의 사진을 늘 가슴에 품고 있었고, 때론 마음껏 자랑했다. 자신은 중국에 돌아가면 채소 판매 사업을 크게 하겠다고 야심찬 포부를 밝히기도 했다. 그는 어릴 적 이야기를 했다. 연변이 고향인 M은 어릴 적 어머니와 떨어져 살았던 때를 이야기하며 눈물을 글썽였다. 어머니는 돈을 벌기 위해 한국으로 갔고, 식당일 등 궂은일을 마다하지 않았다. 돈은 어느 정도 모았지만 가족은 떨어져 사는 아픔을 겪었다. 당시 초등학생이었던 M은 늘 어머니를 그리워했다. 자신은 나중에 나이가 들면 자식들과 떨어져 살지 않겠다고 다짐했다. 그래서 얼른 돈을 벌어 중국으로 가고 싶다고 했다. 그동안 독일 체류 허가가 나오지 않아 어려움을 겪었고 쫓겨다니는 경험을 이야기할 때는 눈시울이 벌게졌다.

M의 이야기를 들으며 한국의 외국인 노동자들을 다시 한 번 생각하기도 했다. 나 또한 외국에서 살고 있다. 삶을 위해 분투하고 있다는 생각에 동류의식이 느껴졌다. 그동안 철없게만 살았던 삶에 대한 반성이 가슴을 때렸다. 나보다도 훨씬 어린 M에게서 참으로 많은 인생의 의미들을 알게 되었다.

그는 2017년이 저물어가던 때, 오랜 소망처럼 중국 연변으로 돌아갔다. 15년 독일 삶의 마지막은 덜렁 트렁크 하나였다. 하지만 그 안에는 이십 대와 삼십 대 청춘을 지나며 겪었던 숱한 눈물과 고뇌의 덩어리가 꿈틀거리고 있을 게 분명하다.

나는 농장에서 그리 긴 시간을 보내지는 못했지만 늘 고향처럼 따스한 기억으로 남았다. 가끔씩 M에게서 반가운 문자가 온다. 사랑하는 연인과 결혼해 자신을 꼭 닮은 아들까지 낳았다며 사진을 보내왔다. 지금 자신은 정말 행복하다고 했다. 그가 뿌린 수고의 열매는 정직하다. 그리고 땀에 젖은 땅은 성실했다. 땅에게 허리를 굽혀 정성을 기울였을 때 그 열매는 확실히 달다고 확신한다.

연변 청년 M도, 농장 주인 김 씨 어르신도, 이제 갓 인생의 오감을 알게 된 나에게도 땅은 많은 것을 선물했다. 짧은 시간이었지만 값진 선물을 준 경험이었다.

불면의 기억

　　2007년, 독일 온 지 딱 6개월 만이었다. 한국에 대한 그리움이
극에 달해 한국행 비행기표를 샀다. 가족 전체가 향수병을 앓은 탓이
다. 독일에 사는 한인 친구는, 우스갯소리로 나에게 한국에 가면 다른
병은 가져와도 향수병은 가져오지 말라고 했다. 마음은 시시때때로 흔
들리고 몸의 기억은 시간을 감당하지 못했다. 시선의 화살표는 자꾸만
내가 지금까지 살아왔던 곳을 향했다.

　　석양이 무너질 무렵이면 그리움이 늘 고개를 내밀었다. 그럴 때
면 된장국을 한 사발 끓여 입으로 들이밀었다. 구수한 된장 맛이 위장
을 달궈 잠시나마 위안이 되는 듯했다. 하지만 동일한 반복에서 결코
헤어 나오지 못했다. 이국땅에서 균형을 잡는 일에는 작은 떨림과 긴장
이 함께 한다. '마이 웨이'를 외치지만 삶은 쉬이 다른 길을 재촉하는 것
같다.

12월의 어느 날, 우리 가족이 탄 비행기는 서서히 랜딩을 준비하고 있었다. 비행기 안에서도 불면을 껴안고 있었다. 의식은 잠을 청했지만 몽롱한 상태만 계속될 뿐이었다. 마치 어두운 방안을 뒤척이며 돌아다니는 기분이었다. 인천공항에 내리자마자 알싸하면서도 편안한 공기가 엄습해왔다. 목구멍까지 울컥해지는 덩어리 눈물이 봇물처럼 쏟아질 것만 같았다. 이렇게도 내 땅이 뿜어내는 공기와 온도가 좋은 줄 이전엔 몰랐다.

그러나 막상 한국에 오니 그동안 내재된 불안이 터지기 시작했다. 심한 몸살을 앓았다. 한국에서 먹으리라 벼르던 음식 리스트는 기억 저 밑으로 사라졌다. 그동안 미뤄두었던 건강 청구서가 내 앞에 달려들었다. 건강 검진을 하고 가라는 부모님의 종용에 병원 나들이를 했다. 한국 국적이었고, 의료보험을 정산하기에 가능한 일이었다. 겉으로 견고해 보이는 일상이 사실은 균열과 붕괴의 가능성 위에 위태롭게 서 있었던 거였다. 검진을 받을수록 그 어떤 불안이 나의 삶을 점령할지도 모른다는 위기감이 들었다.

"그 몸으로 어딜 간다고? 몸을 회복하고 가렴."

부모님의 만류였다. 내 몸 깊은 곳에서 요란한 사이렌이 울리는 것 같았다. 그동안 빨간 구두를 신고 춤추는 아가씨처럼 멈추지 않고 삶을 살아왔던 것에 대한 슬픈 보상이었다. 그날 난 독일에서도 마시지 않았던 맥주캔을 쥐고 희붐하게 밝아오는 새벽을 바라보았다. 지독한 절망감이 날 감쌌다. 인생의 터닝포인트를 위해 내 뿌리를 등지고 떠난 지금, 꺾여진 날개의 잔해 속에서 헤매야 했다.

묵직한 어둠 속에 있을 때 여고 친구 선아에게서 연락이 왔다.

"너 왔다는 소식 들었어. 연락하지 않구선."

선아는 나를 차에 태우고 무작정 고속도로를 향했다. 우리는 30분 동안 말을 하지 못했다. 아니, 선아는 무슨 말인가를 했을 것이다. 하지만 난 침묵했다. 그것은 고속도로 너머로 거대한 봉분처럼 하늘에 걸려 있는 아름드리 산들의 자태에 놀라서였다. 한국 살 때는 산을 잘 보지 못했다. 하지만 산이 없는 베를린에 살면서 산의 거대한 응집력을 새삼 기억해냈다.

선아와 터벅터벅 살아가는 우리네 이야기를 나눴다. 선아는 5년 동안 정열적으로 연애해 결혼한 남편과 2년 전 이혼하고 딸아이와 살고 있었다. 난 독일에 와서도 그녀와 간간이 연락을 주고받던 터였다. 선아에게서 2년이라는 시간의 무게가 느껴졌다. 그냥 지나치기엔 너무나 아팠던 시간이었으리라.

"그 기분 아니? 나 혼자 황량한 광야로 내동댕이쳐진 느낌 말이야."

분명 선아가 이야기했지만 내가 꼭 그런 기분이었다. 지금은 괜찮아졌다는 선아가 날 데리고 간 곳은 산이었다. 공원 같기도 하고 산처럼 보이기도 했다. 대전에 있는 장태산 자연휴양림이었다.

한국 살 때, 언젠가 이곳 휴양림이 크리스마스에 가볼 만한 휴양지로 선정되었다는 기사를 본 적 있다. 마침 크리스마스가 다가오고 있었다.

"이곳에 오면, 난 완전한 체념이 되어서 애쓰지 않아도 돼. 너도 이곳에서 힐링이 될 거야."

장태산은 전날 내린 눈으로 나무들이 흰 눈과 어우러져 아름드리 무늬를 수놓고 있었다. 그 형상은 마치 시루떡을 연상케 했다. 문득 어릴 적 어머니가 떡시루를 놓고 만들었던 고슬고슬 멥쌀시루떡이 생각났다. 시간이 지나 약간 굳은 시루떡은 더 감칠맛이 났다. 입에 넣어 단물을 빨듯이 먹다 보면 마치 어릴 적 뒷산 이름 모를 묘 위에 자란 '삐삐'라는 풀껌을 빠는 느낌이었다. 나뭇가지의 하얀 눈을 입으로 담다 선아에게 된통 소리를 들었다. 결국 나는 대전 시내 떡집을 뒤져 시루떡을 사고야 말았다. 시루떡을 나눠 먹으며 휴양림을 산책하는 기분은 뭐랄까? 고향과 어린 시절, 그리고 향수병의 교집합 같은 감정이었다.

이곳 휴양림은 자연 상태의 잡목 숲을 배경으로 메타세콰이아, 독일 가문비나무 등 외래 수종을 배열하여 독특하게 조성된 아름다운 곳이었다. 쭉쭉 뻗은 메타세콰이어의 강직함이 '이겨내라'는 무언의 목소리처럼 들렸다. 그들은 하늘 향해 두 팔을 벌려 마음껏 끌어안았다. 오랜 불면을 해소하기라도 하듯 난 그 휴식 공간에서 오랜 숙면을 취했다. 나에게 그동안 인색했던 잠은 나무들의 향연 속에서 순식간에 자취를 감추고 한없이 너그러워졌다.

숲이 내뿜는 즐거운 기운을 듬뿍 들이마시며 내 심신은 물 속에서 소금이 녹듯 스르르 편안함에 녹아들었다. 장태산 숲은 멈추지 않고 추었던 내 삶에 제동을 걸어준 고국의 선물이었다. 복잡다단한 내 인생의 필모그래피는 장태산에서 순간의 정점을 찍었다. 그리고 나는 다시 삶을 위해 일어섰다. 선아도 분명 그러했을 것이다.

베를린에 돌아와 가끔 숲을 찾았다. 베를린에 유일한 산이라면 일명 쓰레기산이라 불리는 '악마의 산'이다. 2차대전에 파괴된 잔해들을 쓰레기더미로 묻어 만들어진 산이다. 산 정상으로 올라가면 평평하고 광활한 공간이 펼쳐진다. 바람을 이고 서 있다 보면 세상을 다 얻은 것처럼 충만해진다.

그해 겨울 이후, 총총걸음을 걷다 싶으면 무작정 숲을 향한다. 그곳에 가면 날 애쓰지 않아도 된다. 산을 다녀오면 복잡했던 뇌의 화면이 하얗게 비어버린 것처럼 시원하다. 그곳에서는 체념하듯 터덜터덜 걸어도 된다. 그러다 보면 숲이 선물한 삶의 내공과 지혜가 내 텅 빈 마음을 살포시 어루만진다.

가끔 악마의 산 허파에서 내뿜는 바람을 맞으러 간다. 정상은 시원하고 또 때론 지루한 듯하다. 그럼에도 산길을 올라가는 재미가 쏠쏠하다. 산을 오르는 현재가 아름다운 이유다. 천천히 걷는 산은 내 불면의 시간을 지워주는 친구이자 동료다. 그리고 산이 들려주는 소리에 가만히 집중하면 내일은 더 행복해질 것 같다. 그리고 어제를 돌아보지 말라고 말한다. 한 발자국만 더 걸으면 된다고 말한다.

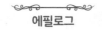

에필로그

독일 교육을 비빔밥처럼 버무리다

독일에 처음 왔을 때, 50대 한인 1.5세 여성을 만났다. 그녀는 창의력 있는 아들과 착하고 똑똑한 딸을 둔 엄마였다. 그녀의 말 한마디는, 독일에서 아이들을 키우는 나에게 커다란 울림처럼 다가왔다. 나는 그녀를 '언니'라고 부르며, 종종 교육 관련 도움말을 듣곤 했다.

그녀는 독일 생활에 초보였던 나에게 입에 침을 튀어가며 강조하는 말이 있었다.

"내가 살아보니까 삶에서 남는 건 딱 두 가지야. 애들 잘 키워내는 거하고, 자신이 무언가 끊임없이 배우며 성장하는 거."

언니의 말은 비수처럼 꽂혔다. 돌이켜보니, 난 두 가지를 잘했는지 장담은 못하겠다. 애들 잘 키우는 게 말이 쉽지, 정확한 기준이 없지

에필로그   ⚫   350

않은가? 난 특출 나진 않아도 남들에게 비교적 아이들을 잘 키웠다는 소리를 듣는 것은 맞다. 무엇보다 공부 면에서는 독일 아이들에게 그리 뒤떨어지지 않는 딸들로 자랐다. 시간은 어찌어찌 흘러, 지금 첫째 딸은 대학생, 둘째 딸도 김나지움을 졸업했다. 분명 내가 키운 것은 아닌 것 같다. 독일 교육 시스템에 잘 따라가주었다는 정도라고 해야 맞을 것 같다.

나는 인성과 지성의 두 마리의 토끼를 놓치지 않으려 애썼다. 이왕 독일에 살고 있으니, 거주하는 동안 독일 교육의 좋은 점은 챙겨보자고 욕심을 내었다. 너무 욕심을 부린 것 같으면 '워워' 하며 고삐를 늦췄다. 아이들과의 대화와 토론을 주저하지 않았고, 허리를 구부려 경청하려 애썼다. 그 애씀을 글쎄 아이들이 알기나 할까? 자녀 교육은 어렵고, 난해하고 버겁다. 그럼에도 좀 더 고민하고 끝내 사랑하는 것이 정답이다. 이 땅에서 치열한 하루를 견뎌낸 나에게 미소 짓고 다음날을 기약하면 그만이다.

이곳의 한인 2세들은 청소년기에 대부분 뿌리에 대한 정체성의 혼란을 경험한다. 스스로를 독일인이라고 생각했는데, '어라, 남들은 날 한국인이라 보네! 뭐지?' 이곳에서 나고 자라 독일어를 아무리 잘 구사해도 뿌리는 한국인이다. 어느 누구도 '너는 독일인이야!'라고 인정해주지 않는다. 그 점을 나는 미리부터 주지하고 있었다. 나의 아이들은 자신들이 독일에 살고 있다는 것과 자신이 외국인이라는 것을 먼저 인정하고 출발했다. 독일 문화 속으로의 통합이나 동화가 아닌, 한국 문화를 기반으로 한 다양한 문화를 습득한다는 인식이 중요했다. 사춘기에 국가적 정체성의 혼란을 막는 방법은, 어린 시절부터 아이들에게 '너는 한국인이야'라고 정체성에 못을 박아주면 된다. 코스모폴리탄으로 키운다 해도 일단은 성장기에 자신의 국가 정체성은 튼튼하게 인식시키는 게 중요하다. 그러한 정체성의 토대 위에서 자존감과 동기부여가 힘을 얻는다는 것을 알게 되었다.

나는 아이들의 어린 시절과 사춘기를 지켜보면서 독일 교육을 하나하나 경험했다. 독일 제도권 교육의 불편함도 목격했다. 나름 터득한 경험을 토대로 창의력 부모교육 강의도 해보았고, 자연스럽게 주변 아줌마들의 롤 모델 역할을 하기도 했다. 그럼에도 나는 여전히 자녀 교육에 있어서 좌충우돌 서툰 엄마다. 그래서 지금도 더 알기 위해 공부를 하는 등 배움에 열심이다. 배우는 엄마 밑에서 아이들은 성장하는 것을 알기 때문이다.

사실 독일에서 아이들을 키우면서 경험한 시간을 이 책 한 권에 일일이 담기엔 너무 버겁다. 한국 시중에도 독일 교육 관련 책들이 많다. 인문학적 교양서도 더러 보인다. 그럼에도 일상의 문화와 교육을 깨알 같은 시선으로 비빔밥처럼 담아낸 책은 쉽게 눈에 띄지 않는다.

내가 사는 베를린은 독일이 아니라는 말이 있을 정도로 다채롭다. 버스를 타면, 여러 민족을 배경으로 한 사람들이 각각의 언어로 이야기를 나누는 풍경은 자연스러운 일상이다. 그야말로 베를린은 전 세계 언어가 운집하는 시장이다. 그들은 모두 '다름' 속에서도 묘하게 조화를 이룬다. 하지만 다양성은 때론 위험을 동반한다. 깊이 내재된 인종차별과 민족 간의 보이지 않는 대립이 가끔은 일상을 긴장으로 몰아간다. 나를 비롯해 소수 민족으로 살아가는 한국인들은, 무거운 감정이 들 때마다 객기보다 '깡'으로 버티며 그나마 순조로운 적응을 해왔다. 지극히 개인적인 생각이지만, '아이들은 이런 데서 키워야 한다. 그래야 인식의 폭이 넓어진다'고 나는 주장한다. 여러 인종의 친구들을 통해 남과 다른 나를 발견하고 결국 인간애로 확장할 수 있기 때문이다.

결국 독일 사회도 무조건 통합을 유도하는 것이 아닌, 다양한 문화를 보유한 멀티쿨티형 이민자 정책으로 전환하는 시점에 있다. 앞으로의 아이들은 자신의 모국어를 기본으로 다문화를 꿰뚫고 있는 전천후 인간형으로 성장해야 한다.

앞으로 내가 이국의 삶을 얼마나 더 지속할지 미래를 알 수 없다. 그저 존재하는 모든 것들에 순응하고 살아가려 한다. 그러다 보면 더 성숙한 15년 후가 기다리고 있을 것이다.

밤이 깊어졌다. 다시 오늘의 문장을 쓴다.

"인생의 해피엔딩을 위해서 지금 꾸준함과 사랑, 그리고 추억을 만들기를!"

독일 교육, 성숙한 시민을 기르다

초판 1쇄 인쇄 · 2022년 12월 5일
초판 1쇄 발행 · 2022년 12월 15일

지은이 · 박경란
펴낸이 · 천정한
펴낸곳 · 도서출판 정한책방

출판등록 · 2019년 4월 10일 제2019－000036호
주소 · (서울본사) 서울 은평구 은평로3길 34-2
       (충북지사) 충북 괴산군 청천면 청천10길 4
전화 · 070－7724－4005
팩스 · 02－6971－8784
블로그 · http://blog.naver.com/junghanbooks
이메일 · junghanbooks@naver.com

ISBN 979-11-87685-93-7 (03370)